大学生

职业生涯规划与就业指导 （第三版）

主　编　罗明忠

副主编　吴静怡　马啸尘　蔡依依

参　编　陈晓静　温雪婕　赵宇晴
　　　　邹卓君　杜一凡　肖福刚

西安交通大学出版社
XI'AN JIAOTONG UNIVERSITY PRESS

内容提要

本书结合当代大学生实际，以问答的方式，阐述了什么是大学以及大学生该如何度过绚丽多彩的大学生活；同时根据职业生涯规划相关理论和方法，较为系统地介绍了职业适应与发展及如何进行职业生涯规划、大学生就业基本知识及相关政策等，通过理论与实践、量表测试与练习、案例分析与讨论的结合，希望可以为在校大学生职业生涯规划及求职择业提供系统化、全程化的帮助和指导。本书适用于分阶段教学，其中第一阶段包括第一篇"我的大学"和第二篇"职业规划"以及第三篇"创业教育"，适合大一新生入校时进行；第二阶段包括第四篇"求职指导"，适合大三学生学习。本书引据翔实，信息新准，力求突破传统，有所创新；在内容编排方面，既立足实用性、指导性，又注重方向性、教育性。

本书编写时充分考虑了当前大学生的特点，既可作为高校对大学生进行职业生涯规划及就业指导的教材，也可作为大学生生活中的案头备用书随时查阅和学习，还可作为相关培训参考用书。

图书在版编目（CIP）数据

大学生职业生涯规划与就业指导 / 罗明忠主编. —
3 版. —西安：西安交通大学出版社，2024.1
ISBN 978-7-5693-3660-3

Ⅰ. ①大… Ⅱ. ①罗… Ⅲ. ①大学生—职业选择—研
究 Ⅳ. ① G647.38

中国国家版本馆 CIP 数据核字（2024）第 011904 号

	DAXUESHENG ZHIYE SHENGYA GUIHUA YU JIUYE ZHIDAO (DI-SAN BAN)
书　　名	大学生职业生涯规划与就业指导（第三版）
主　　编	罗明忠
责任编辑	郭　剑
责任校对	李逢国
出版发行	西安交通大学出版社
	（西安市兴庆南路 1 号　邮政编码 710048）
网　　址	http://www.xjtupress.com
电　　话	（029）82668357　82667874（市场营销中心）
	（029）82668315（总编办）
传　　真	（029）82668280
印　　刷	陕西思维印务有限公司
开　　本	787mm×1092mm　1/16　印张 16.5　字数 366 千字
版次印次	2024 年 1 月第 1 版　2024 年 1 月第 1 次印刷
书　　号	ISBN 978-7-5693-3660-3
定　　价	49.80 元

如发现印装质量问题，请与本社市场营销中心联系。
订购热线：（029）82665248　（029）82667874
投稿热线：（029）82668133
读者信箱：xj_rwjg@126.com

第三版前言

随着社会经济发展及就业政策的变化，原版教材内容已不能很好地适应或满足广大教师及学生的需求。所以，我们适时对原教材进行了修订和再版。在修订过程中，我们继承和吸纳了第二版的核心内容，丰富了就业教育和职业生涯发展学科最新进展的内容，并对有些数据进行了更新；另外，还对部分章节的内容进行了调整和修改。

本教材由西安建筑科技大学罗明忠老师担任主编，参加本教材编写的人员还有在高校长期从事大学生职业生涯规划及就业指导教育的一线教师团队：马啸尘、陈晓静、吴静怡、蔡依依、温雪婕、赵宇晴、邹卓君、杜一凡、肖福刚。本教材第一篇"我的大学"由陈晓静负责，并完成了第一章"大学与学业"的修订任务；第二篇"职业规划"由马啸尘负责，其中，第二章"初识职业生涯"和第四章"职业基本认知"由温雪婕修订，第三章"大学生的自我认知"、第五章"职业决策"和第六章"大学生职业生涯规划制定与实践"由吴静怡修订；第三篇"创业教育"由赵宇晴负责，并完成了第七章"创新与创业"和第八章"创业实践"的修订任务；第四篇"求职指导"由罗明忠负责，蔡依依、邹卓君、杜一凡、肖福刚分别完成了第九章"大学生就业形势、就业制度及政策"、第十章"求职准备"、第十一章"求职应聘"、第十二章"就业程序及就业权益"的修订任务。本教材修订期间蔡依依做了大量的组织协调工作。

本教材在修订、再版过程中得到了西安交通大学出版社工作人员的支持和帮助，以及西安建筑科技大学华清学院的大力支持，在此一并表示感谢！

由于编者水平有限，加之编写时间仓促，书中难免存在不足，恳请广大读者和同行批评指正！

编　者
2024 年 1 月

目 录

第一篇　我的大学

第一章　大学与学业

第一节　认识大学

亲爱的新同学们，从踏进大学校门的这一刻起，你们将要离开父母的呵护，独立面对新的挑战，也预示着你们的人生里程开始了新的一页。你们的心里是否充满激动、兴奋，还夹杂着一丝不安？如果把大学生活比喻成一场演出，那么演出的主角就是你们，是否精彩就要看你们的表现。请你带着这些问题，拉开演出的帷幕：

十年寒窗苦读的目的是什么？

上大学的动机是什么？

通过大学的学习，能收获什么？

怎样才能迈着坚实的步伐从学校毕业，顺利走向职场？

……

带着这些问题往下看、往下做，阳光将逐渐穿透你心中的迷雾，带领你探寻大学生活，领略什么是真正的大学。

对于每一个经历十年寒窗苦读的大学生而言，大学是一道亮丽的风景线，是众人心目中的知识殿堂。大学承载着每个学生的梦想，大学生活是每个人知识和技能积累的重要阶段，是莘莘学子生命中最为关键的转折点。大学生要想在大学期间更好地获取知识、提升素质、培养能力，就必须从认识大学、适应大学生活开始。

一、什么是大学

国内外学者关于大学的认识，可谓众说纷纭。

大教育家、北京大学原校长蔡元培认为，"大学者，'囊括大典，网罗众家'之学府也"；"大学者，研究高深学问者也"；"大学为纯粹研究学问之机关，不可视为养成资格之所，亦不可视为贩卖知识之所"。

清华大学原校长梅贻琦曾在 1931 年 12 月 4 日就职演说中说过，"一个大学之所以为大学，全在于有没有好教授"；"所谓大学者，非谓有大楼之谓也，有大师之谓也"。

专门研究高等教育的学者杜作润，从研究学问、传授知识等方面界定大学："大学是学术殿堂，它研究高深的学问，发展和传授知识；大学是专业教育机构，它实施高等专业教育计划，培养专家和专门人才；大学是社会服务机构，它为国家和地区的社会、经济生活提供服务；大学是岗位培训站，它通过各种形式的教育和教学，培训各类职业岗位人员，使他们能够胜任本职工作或适应工作的变换。"

在西方，从中世纪大学与行会组织的产生来看，学者及教育家们认为"大学是学者的社团"；"大学是由学者和学生共同组成的追求真理的社团"；"大学是供人们进行思想、知识交流，并从中进行文化保留、传播和创造的'智者之家'"。

德国柏林洪堡大学的创始人、德国现代大学之父威廉·冯·洪堡认为，大学是必须经常给予社会所需要的东西的地方，是探索知识和培养人才的基地。

美国著名的教育学家弗莱克斯纳认为，"大学本质上是一个做学问的场所，致力于保存知识，增进系统化的知识，培养远高于中等教育水平之上的学生"；"现代大学在最高层次上全心全意并毫无保留地致力于增进知识、研究问题（不管它们源自何方）和训练学生"。

美国加州大学伯克利分校原校长伯代尔教授立足于大学传承知识、解决现实问题的角度来阐述大学的功能，他指出："21世纪的大学不仅要担负起保护知识的重任，也要担负起保护文化遗产和向人们解释不断增加的含混意识的责任。大学还必须增强研究的能力，解决现实中的问题。"

从国内外学者关于大学的界定来看，我们认为大学应当具备以下特征：①大学是一个有大师的地方；②大学是一个传播知识、探寻真理、研究科学的地方；③大学是一个培育人才，使大学生提升自我的地方；④大学是一个有馆藏丰富的图书馆、设备先进的教学大楼、实验室和浓郁校园文化氛围的地方。

二、大学的职能

大学职能是大学与社会关系的集中反映。伴随着社会进步，大学职能呈现出由单一性到多元化、由经院性到社会化的发展轨迹[①]。现今以高科技为基础的新经济的兴起，进一步要求大学从社会的外围、边缘走向中心，从而赋予大学职能以新的内涵。

世界大学经历了从单纯的教学发展到教学与科研的统一，再到教学、科研与社会服务的统一。现在一般都认为大学被赋予了四种基本职能：人才培养、科学研究、服务社会、文化传承创新。

（一）人才培养

大学从起源能够延续至今，并具有广阔的发展前景，最重要的原因就在于它所承载的人才培养的职能。但在不同的历史时期、不同的国家，大学人才培养职能的内涵是不同的。

近现代大学起源于12、13世纪的欧洲中世纪大学。最早出现的有意大利的萨莱诺大学、法国的巴黎大学、英国的牛津大学和剑桥大学等。那时，西欧各国的封建制度已经基本建立，国家机构逐步完善，需要配备官吏、教会人员和各类专门人才，这些都形成了中

---

①大学的起源可以追溯到古希腊的"学园"（希腊语 Academia）。现在所称的大学一般是指以12、13世纪产生于西欧的中世纪大学为代表的高等教育实施机构，故大学的职能是指具有中世纪大学结构之特征的高等教育机构的职能。

世纪大学办学的主要职能。可见，中世纪的大学远离社会生产和生活，培养满足教会、政府、统治阶级需要的各种专门人才，为上层社会的利益服务，例如通晓教义、能说会道的神职人员，懂得法理、善言辩的律师、法官，精通医术的医生等。

当今时代，经济全球化、社会知识化、文化多元化、网络信息化等，社会各行各业都需要全面化、高素质、专业化的人才。培养符合社会需要的人才则恰恰是大学的任务所在，集中体现在培养什么人和怎样培养人，因而大学一方面为大学生提供学习知识、培养技能、成长成才的机会和条件；另一方面，要培养学生树立正确的价值观、人生观、世界观，塑造学生的性格，培养学生高尚的道德品质。

（二）科学研究

大学具有良好的物质条件和精神条件，作为社会的组成部分，大学应当成为知识创新和推动科技成果向现实生产力转化的重要力量。

传统大学是传授知识的场所，将研究和发现知识排斥在大学之外。文艺复兴后，神学的地位受到人文主义的挑战，但科学家并没有在大学中找到自己的位置。直到19世纪初，威廉·冯·洪堡以新人文主义思想为指导创建了柏林大学。柏林大学把培养学者和学术发展当作自身的目的，推崇"学术自由"和"教学与研究的统一"，其原则是"通过研究进行教学"和"教学与科研"相统一，将扩增人类知识和培养科学工作者作为自己的主要任务。柏林大学的精神推动了德国的科学事业发达昌盛，对世界高等教育产生了深远的影响，也为科学研究成为大学主要职能之一奠定了基础。

在科技日新月异的今天，科学研究的地位越来越受到各国大学的重视。各大学将科学研究成果广泛应用于国家各项事业的发展中直接转化为生产力，从而推动了社会的发展。像以美国斯坦福大学为主发展起来的硅谷科学工业园、依托于北京大学雄厚的人力与技术资源建立的方正集团等，都体现了大学在以科研技术为基础形成产学研相结合的科技发展基地中的重要作用。

可见，发展科学研究是每个国家对大学发展的必然要求，也是大学自身与时代步伐保持一致的必由之路。

（三）服务社会

大学应致力于满足社会需要，如果没有社会的支持，大学就不可能获得生存。面对社会变革的新要求，大学走出了象牙塔，主动融入社会之中。如果脱离社会而去追求纯粹的"大学精神"，不仅不利于科学的进一步发展，也会影响大学自身的发展。

在服务社会方面，大学通过培养社会需要的人才、开展科学研究间接地为社会服务。但大学发展到今天，社会各行各业更需要大学直接为社会服务。现代大学是社会科学文化的中心，在科学研究、文化研究方面处于领先地位，它们有能力担负起对社会机构的指导与咨询责任，帮助解决社会发展过程中遇到的各种理论及实际问题。

（四）文化传承创新

文化传承创新是对大学职能认识的拓展。世界大学在文化传承与创新中占有重要地位，胡锦涛同志在清华大学建校100周年庆祝大会上曾做过重要讲话，在讲话中，胡锦涛同志首次将文化传承创新作为大学教育的一个重要职能提出来，使之与大学其他职能——人才培养、科学研究、服务社会处在同一地位。

教育历来就是传递人类文化、传授知识的一种活动，大学是最高等的教育机构，也是文化传承与创新的专门机构，推动着民族文化的发展。大学集人类几千年的文化发展之精华于讲坛上、书本中、讲义中，用特定的形式感染着学生、培养着青年一代。大学造就着我们文明的知识先驱——律师、政治家、医生、科学家和人文学者。大学集中了大批专业领域的教师和专家学者，有计划地把专业的、高深的文化知识传授给大学生。青年一代富有创造精神，在大学中继承了许多优秀的传统文化。

同时，世界上任何一所大学，由于其语言的民族性、育人的目的性及其与知识发生联系的生活方式、组成者对至善的追求等因素，决定了其自诞生之日起，就承担着文化使命，只是与它的其他职能比起来，这种使命未被充分认识而已。以周易"观乎人文，以化成天下"的本意来看，文化这一概念本身即有教育的意思。文化始终被认为是民族精神的结晶，是民族凝聚力与创造力的源泉，是此民族与彼民族区别的重要标志，也是一个民族被其他民族要么向往要么远离的精神磁力。在当今，文化也是一个国家经济社会发展的主要支撑，有时也被称为软实力。守

护、传承、创新软实力，已是大学必须承担的新功能，也是大学应有的第四大职能。

三、现代大学在人才培养过程中的主要特点

习近平总书记着眼新时代中国特色社会主义教育的全局，在党的十九大报告中指出："要全面贯彻党的教育方针，落实立德树人根本任务，发展素质教育，推进教育公平，培养德智体美全面发展的社会主义建设者和接班人。"[①] "大学是立德树人、培养人才的地方，是青年人学习知识、增长才干、放飞梦想的地方。"[②] 培养什么人，如何培养人，历来是党和国家教育的根本问题。

对于以人才培养为重要职能的大学而言，大学应结合当前形势积极思考现代大学人才培养的目标问题，在人才培养的过程中凸显出以下四个方面的特点：

（一）"以学生为中心"的人才培养理念

人才培养理念是一个总体性的称谓，是涵盖一切关于大学人才培养问题的理念体系。纵观大学的发展历史，从中世纪欧洲现代大学的出现到现在，大学的人才培养理念随着大学的变迁而变迁。在传统的大学教育中，人才培养理念的问题往往容易被忽视或未被引起足够重视。传统的教育理念忽视学生的个性发展，在很大程度上束缚学生，影响学生想象力、创造力的培养，使学生在传统教育理念的影响下，形成固定的、统一的思维模式。直到1952年美国著

①习近平．决胜全面建成小康社会 夺取新时代中国特色社会主义伟大胜利——在中国共产党第十九次全国代表大会上的报告 [N]. 人民日报，2017-10-28（4）.

②习近平．在北京大学师生座谈会上的讲话 [N]. 人民日报，2018-5-3（2）.

名心理学家卡尔·罗杰斯在哈佛大学教育学院的主题为"课堂教学如何影响人的行为"的学术研讨会中首次提出了"以学生为中心的教育理念"，该理念强调开放式的、以人为中心的教育方法。美国大学率先将"以学生为中心"的教育理念应用在人才培养的改革与创新中，这一教育理念逐渐被世界各国的大学所接受和认可。

对于大学而言，人才培养理念的转变，实质上就是在人才培养的过程中，一切以学生为出发点，以学生发展为中心，尊重学生的主体意识，培养学生的创造能力和创新性，构建和谐的人文教育环境。

（二）注重培养学生的社会责任感

教书育人，育人为本；德智体美，以德为先。蔡元培曾说，怎样才配做现代学生？要有"狮子样的体力、猴子样的敏捷和骆驼样的精神"，其中"骆驼样的精神"，第一是对学术上的责任，第二是对国家的责任，第三是对社会的责任。无数的事例说明，做人、做事、做学问，首先是做人。

党的十八以来，以习近平同志为核心的党中央，始终把立德树人作为学校的根本任务。习近平总书记强调："人才培养一定是育人和育才相统一的过程，而育人是本。人无德不立，育人的根本在于立德。"[①]

因此，现代大学把育人作为首要目标，注重培养学生的社会责任感，用中国特色社会主义理论体系武装头脑，把社会主义核心价值体系融入人才培养全过程，促进学生把个人梦想和"中国梦"紧密融合在一起，把

个人价值与社会价值紧密结合在一起，把个人命运与国家命运紧密联系在一起，使每一位学生都能够成为对国家、对社会、对人民有用的人才。

（三）人才培养的着力点在于创新能力和实践能力的培养

享誉国际的高分子材料专家艾伦·麦克迪尔米德任教于宾夕法尼亚大学，他说："我在新西兰上大学的时候，人们认为自然界只有92种元素，这是上帝为整个宇宙所创造的；而现在我们知道，还有更多的人造元素"。由此，他认为，尊敬老师是应该的，但是不必盲从、迷信老师说的每一句话，而要敢于怀疑，敢于向老师发问，这是产生变革的必由之路，也是取得重大突破和科学新发现的唯一办法。可见，思想的力量是无穷的，只要学生具有了这种创新意识，敢于探索新事物、敢于创新突破，那任何难题只不过是进步的阶梯。

创新源于什么？创新来源于独立思考和勇于探索的精神。大学作为人才培养的机构，鼓励学生个性发展，注重挖掘学生潜力，努力营造鼓励独立思考、自由探索、勇于创新的良好环境，使学生在校期间养成终身受用的良好习惯和获得未来发展的多种准备。目前，部分大学结合市场需求制订个性化的培养方案，有的将本科期间分为大类培养、专业培养、多元培养三个阶段，帮助学生选择适合自己的个性化成才通道，建立专业准入、准出标准，学生只要满足标准，都可以从该专业毕业。

同时，现代大学在人才培养上，不仅注重学生基础知识的学习，也注重学生实践动

---

① 习近平. 在北京大学师生座谈会上的讲话 [N]. 人民日报，2018-5-3（2）.

手能力的培养。各大学在教学实践环节，增加实践教学比重，确保各类专业实践教学学时、学分；在社会实践活动环节，推动大学生广泛参加社会调查、生产劳动、志愿服务、公益活动、科技发明和勤工助学等活动。同时，大力推进校企合作，加强学生实习实践基地建设。

（四）人才培养的落脚点在于适应社会需要

人才培养质量高不高，关键在于是否能够满足社会需求和人的发展需要。蒙着头、关着门、脱离社会需求是办不好大学的。现代大学注重以社会评价为导向来衡量人才培养质量，把社会需求的信息及时反馈到人才培养环节上。大学准确把握并及时研究分析毕业生就业状况和重点产业人才供需情况，以此引导学校的专业设置和课程调整，不断增强学校人才培养工作对经济社会发展的适应度。

📖 拓展阅读

他们眼中的大学

第二节　为什么上大学

在过去从小学到中学毕业的 12 年的历史，我们经历了艰苦卓绝的奋斗，因为如果我们不努力、不奋斗，就不可能走进大学。但是，走进大学，只是一次生命真正的开始。

——俞敏洪（新东方教育科技集团董事长兼总裁）

近年来，随着大学生就业越来越难，参加高考的人数逐年下降，"学好数理化，不如有个好老爸"等热门词语不断刺痛着人们的神经，"读书无用"的消极论调开始在家长、学生中弥散开来，知识改变命运的命题受到全新挑战，特别是来自偏远、困难家庭的学生开始怀疑读书改变命运的传统认知。于是，一些刚刚踏入大学校园的学生受社会不良思潮的影响，开始迷茫、困惑：为什么要上大学？上大学究竟能给自己的人生带来什么？

一、大学提升了学生的思想境界

有人说大学的价值并不仅仅在于它提供的知识，而在于学有所成后能够以崭新的思想境界观察和审视学生时代所属于的这个世界。正如德国学者雅斯贝尔斯说过的："教育的过程首先是一个精神成长的过程，然后才成为科学获知过程的一部分。"

人生是需要有境界的，没有境界的人

生，站不高，看不远。所谓的思想境界，就是对信仰的坚守和对理想的追求。表面上看来，境界对学生没有什么用处，不会给学生带来直接效用，但实际对学生的人生影响很大。美国哈佛大学每一届大学校长的就职典礼上，新老校长都要传递两把钥匙，一把钥匙象征开启信仰之门，一把钥匙象征开启理想之门。人们从中可以领悟到，有了对信仰的坚守和对理想的追求，人就会放弃眼前利益，追求长远利益；放弃个人利益，追求公众利益。

大学就是要将一种崇高的社会理念和历史责任传递给学生，唯有如此，大学生才能在追求理想、追求真理、追求知识的整个进程中不断超越、提升自我。

二、大学为学生提供了多样化的文化体验

作为文化传承和创新的场所，大学集合了多样的文化资源。社会与文化在这里聚合荟萃，科学与人文在这里交相辉映，历史与现实在这里汇集交融。更形象地说，大学就是"南来北往"和"南腔北调"。在多元文化的互动中，大学生犹如在时空隧道中穿梭和转换，会产生各种各样的"条件反应"。通过各种讨论和交流，大学生在比较和择取中慢慢将人类社会积累的丰富经验和智慧内化为自我成长的重要组成部分，练就应对各种文化环境的承受力和适应力。相反，倘若没有这样一种多元文化的熏陶以及多样文化的体验，每当他们遇到新的文化环境，就难以避免出现"适应性休克"。

可以说，如果没有文化的熏陶，大学生的思想意识就会窒息，对各种事物的认知就会变得十分麻木。他们对文化掌握得越丰富，对社会发展的感受力就越准确，走向社会的信心就越坚定。他们未来发展的一切判断、观点、动机、标准以及付诸行动的决心，就集中在他们所获得的文化视域和思想范围里。

三、大学为学生的成长提供了一个新的起点

对大学生而言，在大学岁月以前，生活、学习等事务几乎全部由家长、亲人、老师包办。进入大学之后，新的学习环境、生活环境以及新的人际关系，为大学生的成长提供了新的挑战与起点。

在学习上，"谁想在茫茫的学海中取得成功，就必须要有强烈的好奇心"。大学不仅传承知识，更注重求知欲和探索精神的培养。大学学习主要以自学为主。大学的老师不像中学班主任那样管理得具体、细致，他们的主要职责是通过指导、组织学生开展多种活动，培养学生主动思考的能力，激发他们去钻研、去探索，更多的是教会学生科学的学习方法和分析、解决问题的能力。

在生活上，每个人都在单独生活，这对于已经习惯父母照顾的学生来说既是考验也是锻炼。也可以这么说，生活琐事料理得成功与否，也决定着学生未来的路是否会在自己的掌握之中。因为只有学会生活的人，才会勇敢地面对更大的挑战。

在人际关系上，学生第一次进入社会生活，将要面对为人处世、人际交往，以及各种复杂的问题。美国著名企业家、职业生涯指导专家卡耐基说过："一个人事业上的成功，只有15%由于他的专业技术，另外的

85%是靠人际关系、处世技巧"。可见，现在的个人竞争，越来越需要他人的配合和合作。在大学这个社交平台，学生可以通过各种途径和渠道，学会与人相处、与人交往、与人和谐共存。良好的人际关系可以成为有效的人际资源，为学生今后的工作及职业生涯发展创造一个良好的空间。

新的学习平台、新的生活平台和新的人际交往平台为学生展开一个新视野，将带领学生走进一个新天地、一个新空间，使学生面对新问题学会正视、思索、处理，最终使问题能够迎刃而解。

四、大学培养了学生立足未来职业发展的专业知识和实践能力

随着科学研究的不断深入，社会的专业化程度越来越高，职业分工也越来越细。在这样的社会环境下，当代大学的专业越来越细化，专业知识的学习和实践能力的训练在大学普遍开展。

美国科学社会学家巴伯认为："专业知识是非常高度专门化的观念系统，只有那些在有关领域接受长期训练的专业人员才能得到"。大学正是这样一个地方，这里有藏书丰富、类别齐全的图书馆，有各行业的相关专家、学者，有丰富多彩的学术活动，在这里学生们可以尽情地漫游在知识的殿堂、知识的海洋，汲取自己所需要的知识营养。大学专业知识的学习主要是围绕课堂教学、实验、生产实践、调查研究、论文写作等展开的。每个与专业学习相关的环节都是教育者的精心设计，都需要学生细细地体会与理解。比如课堂教学是学习知识的过程；做实验是规范运用知识的过程；生产实践是理论知识结合实践的过程；调查研究是寻找知识依据的过程……每一个教学过程都是为了促进学生走向更高的学习阶段，直至满足未来职业发展的需求。

对每一位大学生来说，完成某一领域的专门任务，不仅需要把握专业理论知识和方法，还要具备一定的实践能力。大学日程安排较宽松，学生有大量的课余时间，可以拓展学习的内涵和外延，训练自身多方面的能力。在课余时间学生可以结合专业学习和个人特长，选择个人能力拓展的平台。大学为了让学生感触更真实的职场环境，给学生提供了与专业人士、成功企业家进行面对面交流的机会，同时鼓励学生多参加各种活动和学生社团及校外社会实践，为学生基本能力的锻炼提供了校内外的各种资源保障。

大学是承载大学生人生经历和青春记忆最美好的场所。"为什么要上大学"这是一个很好的问题，每个人的答案都是不一样的。"千里之行，始于足下"，每一个立志成才的大学生，只有选择适合自己的大学生活，好好把握自己的青春时光，才能让跨越单纯与成熟的四年变得充实而有意义。

第三节　大学，学什么

　　大学是人的一生中重要的人生阶段，是一个完善自我、提高综合素质的阶段，是一个为将来的学习和工作打基础的阶段，是一个真正学本领的阶段。那么，在大学里，学生究竟该学什么？

　　"人非生而知之者，孰能无惑？"对许多刚刚踏入大学校园的学生来说，小学、中学一路都在学习，但学什么、怎么学往往是在老师、家长的指导下完成。然而进入大学阶段，学习压力变小，自主时间变多，校园文化活动丰富多彩……很多学生面对生活学习中的众多选择，感到困惑迷茫，不知道要学什么？

　　对困扰当今大学生的这个问题，联合国教科文组织雅克·德洛尔等撰写的《教育——财富蕴藏其中》报告把大学生在校期间的主要任务界定为"四个学会"：学会做人（learn to be）、学会学习（learn to how to learn）、学会做事（learn to do）与学会与人相处（learn to be with others）。

一、学会做人

　　学会做人，即培养学生懂得做什么样的人和如何做人，强调的是学生的思想道德素质。人是一种社会动物，学会做人的过程实质就是适应社会，妥善处理人与人、人与社会、人与自然之间关系的过程。

　　大学生作为受教育主体，老师所教授给学生的不仅仅是知识还有如何做人，并将做人的道理渗透到大学教育教学的全过程。因而，学生在学校的各个教学环节过程中、在思想政治教育活动中、在校园文化活动中、在社会实践环节中，都要有意识地学习做人。从世界各国的改革趋势来看，目前的教育理念已从单纯的个人道德完善转为注重社会所需求的基本思想品德素质的培养。因而，学会做人，必须注重以下几种素质的培养。

　　学会做人，要有积极的心态。人的心理素质是人格中不可忽视的重要内容，思想感情、认识追求、思维方式、价值取向等都与心理素质密切相关。校园中，学生每天会碰到各种各样的问题，也会碰到各种各样的机会；然而，有的人成功了，有的人却失败了。有些学生会认为命运不公，为什么机遇总是偏爱成功的人，经不起挫折和失败，以消极的心态看待问题，由此影响了个人的长远发展；有些学生认为命运对每个人都是公平的，关键在于自己要保持一种积极的心态，不向困难低头，能够正确处理人生遇到的各种困难和矛盾，坚信命运掌握在自己手里。后者往往具有以下心理特征：自信、诚实、乐观、勇敢、进取、慷慨、隐忍、机智、诚恳等。人可以改变自己的心态，进而影响自己的一生。

　　学会做人，要有良好的品格，即在人生

的发展过程中，道德品质修养所应达到的境界。中国传统文化对"品"和"格"就有明确的界定："品"含有人品、品行、品质、品评、品位等意思，而"格"则含有资格、人格、格调、境界等内涵。西方的成功学之父塞缪尔·斯迈尔斯在《品格的力量》中说："品格是世界上最强大的动力之一。高尚的品格是人性的最高体现形式，它能最大限度地展现出人的价值。"从古至今，品格历来被人们所重视，它是一个人在社会上赢得尊重的必要前提。无数历史事实证明，一个人要想保证事业成功、实现自我价值，正义、勇气、忠诚、爱心、信任、诚实、勤劳、节约、协作等品格是必不可少的条件。一切人类价值的基础是道德。大学承担着学生品格教育的重要任务，应该教育学生养成较高的道德修养，具有较强的责任心和道德感，学会关心父母、师长和他人，关心学校和社会。

学会做人，个人价值观必须与社会价值相统一。人的价值离不开社会价值，必须通过社会价值体现出来。离开了社会，人的价值就无从谈起。所以人的价值只有与社会价值相一致，以奉献社会为前提，才能从社会得到尊重和回报，才会由此产生崇高的成就感。如果抱有自私功利的价值观，即使获得一时的成功，也得不到社会及他人的认可与尊重。也就是说，人只有承担了社会责任，为社会做出贡献，才能实现个人价值与社会价值的统一。

学生接受知识教育的过程，就是学生社会化的过程，目的在于实现自我价值与社会价值，在于获得人生幸福。学做一个快乐的人，一个高尚的人，一个成功的人。

二、学会学习

学习是大学生活的主要内容，是大学生身心健康成长的必要途径。学习顺利与否、成绩好坏，直接影响着大学生的成就感、自信心，影响着他们的成才就业和人生发展。

美国著名未来学家阿尔温·托夫勒说："未来的文盲不再是目不识丁的人，而是那些没有学会怎样学习的人。"1979年，国际著名学术团体罗马俱乐部发表名为《学无止境》的研究报告，报告认为，"我们的学习方法是令人震惊的落后，这种状况使个人和社会在应对全球问题所提出的挑战方面，都未能做好准备……学习的失败从根本上说是我们一切问题的根源。因为这种失败制约了我们对付其他问题的能力"。这些精神给予我们极大的冲击和启迪，因此当代大学生要想适应大学生活，让自己成为学习中的佼佼者，就必须学会学习。那么大学期间学生主要该学什么呢？

（一）专业知识的学习

从被录取的那一刻起，专业方向即被确定，大学的学习都是围绕着这一大方向来安排的。专业知识通常是指大学生各自所学专业课程的知识，是学生知识结构的主体，是学生今后走向工作岗位赖以生存的技能基础。因此学生在校期间必须系统地学习和掌握本专业的知识，对所学专业和最新成就要有广博和深层次的认识。这种知识结构通常被称为"宝塔形"的知识结构。然而，社会对专业的要求是变化和发展的，既要求高度分化又要高度综合。这就要求大学生还要扩大自己的学习范围，在大学期间除了要学好本专业知识外，还应学习通识教育方面的知识，即根据自己的能力、兴趣和爱好，选修或自修其他课程，或利用实践环节提高自己的能力。

（二）英语的学习

英语是最重要的沟通工具，因此英语学习的根本目的是掌握一种重要的沟通工具，但很多学生仅把英语当作一种求职必备的技能来学习。现今，世界上一些先进的思想和技术，以及大多数国际学术交流都用英语进行。因此，在大学阶段，英语的学习至关重要。

（三）计算机的学习

在 21 世纪，使用计算机和网络就像使用纸和笔一样是人人必备的基本功。学生在校学习期间，都应熟练使用计算机、互联网、办公软件和搜索引擎，都应能熟练地在网上浏览信息和查找资料。

（四）数学的学习

绝大多数理工科专业知识体系都是建立在数学的基础之上。同时数学也是人类几千年积累的智慧结晶，学习数学知识可以培养和训练人的思维能力。通过学习数学，学生可以学会用归纳、演绎等推理方法来思考和求证；通过对概率统计的学习，学生可以知道该如何避免钻进思维死胡同，该如何让自己的机会最大化。例如，计算机专业的学生要想学好专业知识，就必须要有离散数学、线性代数、概率统计和数学分析等方面扎实的基本功。然而在数学学习过程中，不能仅仅局限于选修多门数学课程，而是要知道自己为什么学习数学，要从数学的学习中掌握认知和思考的方法。

在科技日新月异的今天，世界科技与文化、自然科学与人文科学已呈高度融合之势，综合优势与博才取胜正成为各国科技和教育发展的共同取向。因此，大学生在学习中要正确处理通识教育与专业教育的关系，既要加强"专"的学习，又要掌握一定的专业知识与技能，要在"通"的基础上有所专，掌握一门知识并且能融会贯通。从当前学生的知识结构现状来看，学生的知识结构体系还不够完善，存在人文科学和自然科学相分离的现象，因此在学生学习过程中要注意文理相通、人文教育与科学教育相融合，使自己真正成为一个全面发展的人。

最后值得一提的是，学习不可能在学校教育中单独完成。学习的过程永无止境，并可通过各种经历得到进一步充实，"但如果最初的教育提供了有助于终身继续在工作之中和工作之外学习的动力和基础，那么，就可以认为这种教育是成功的"[①]。

三、学会做事

学会做事，是培养学生具备适应社会发展需要的能力，强调的是学生的科学文化素质。传统意义上的"学做"，更多地与通过职业技术训练养成劳动技能联系在一起，而现代意义上的"学做"，要着眼于 21 世纪知识经济对劳动力的要求和终身学习社会对人的要求，学会做事，必须具备以下三个方面的能力：

（1）要培养独立生存的能力。大学生要把自身需要与社会需要紧密联系在一起，适应客观实践的需要，艰苦奋斗，敬业创业，努力提高自己的专业才能，养成良好的行为习惯，

---

① 雅克·德洛尔. 教育：财富蕴藏其中 [M]. 联合国教科文组织总部中文科，译. 北京：教育科学出版社，1996：78.

培养自主自立能力，在为社会服务的过程中实现自己的成才，锻炼自身生存的能力。

（2）要培养合作交往能力。科学技术发展到今天，无论是从事创造发明还是现代化大生产，几乎一切成果都是人类共同劳动协作的结晶。美国的阿波罗登月计划，前后集合了两万多名科学家的智慧才最终完成。与人合作的技能是社会行为技能，主要不是从课堂和书本中学习的，而更多地要从工作实践和人际交往中去培养。

（3）要培养科学的思维能力。要具有较高的文化素质，增强对客观事物的规律性认识，在实践中提高综合分析能力和鉴别能力。从实际出发，科学认识事物的本质，注重对思维方式的培养，努力成为具有健康思维方式的人。

学会做事与其说是掌握胜任某项具体工作的"本事"，不如说是在认知过程中培养综合素质的基础上，掌握适应未来社会的应变能力。

四、学会与人相处

在大学这个美丽的、特定的环境里，学会与人相处又有着别样的内涵。朋友、同学、老师、父母、恋人等构成了大学生活的主要交往对象。

人们为了更好地发挥自己的潜能，需要得到周围环境的支持和帮助，至少不受到别人有意的阻挠。而良好的人际关系是营造个人工作和生活环境的必要前提。即使彼此不能成为朋友，也至少需要相互尊重，这是人际关系的基本原则。

大学生活的最大特点就是要求学生独立自主，不论衣食住行，还是学习交友乃至认识社会和人生，都需要更多地依靠自己的知识、能力去思考、判断、选择和行动。要学会与人相处，就要积极适应大学校园独特的生活方式。

学会与人相处首先是要认识自己，关心、尊重他人。那么在人际交往中如何认识自我呢？在人际交往中他人对自己的赞赏、尊重和友好合作常常与自己身上的某些优点相联系；相反，他人对自己的否定、厌恶、疏远态度常常暗示着自己的某些缺点。因此，大学生可以通过同学的某种反应来分析自我，看看自身有哪些令人欣赏的优点、哪些令人生厌的缺点，然后才能扬长避短。然而，别人对自己的评价也不一定很准确。由于人们认识的局限性，如偏爱、成见、缺乏了解等因素的影响，别人的评价往往也会有歪曲或夸张的地方。因此，要正确看待别人的评价，多与人接触，在众多的评价中认识更加真实的自己。

大学的同学来自五湖四海，因为地域文化、生活习惯、为人处事的差异，互相之间难免产生摩擦、纠纷。对于一些性格不同、兴趣差异的同学，可以适当接触了解，这样既可以加深自己对各种人的了解，培养与人打交道的能力，同时也可以弥补自己的不足。

为了适应大学生活，还要学会调整改变自己。大学生应该懂得，任何新环境和生疏的地方，都会有新的困难和不习惯的地方，必须正视困难，并努力克服。比如在同一寝室，作息时间往往不一致，有的人喜欢"开夜车"，睡觉较晚，有的人爱早起；要处理好同学的关系，委婉地说服大家按时就寝，遵守作息制度。如果有的人实在不愿意按时休息，就应建议他尽量不要影响他人休息。在处理问题时，要勇于承担自己的责任，不要过于计较对方的态度和言辞，要谦让大度、克制忍让，做到"宰相肚里能撑船"，退一步海阔天空。这种宽容大度能使人在相处时感到舒畅也能为自己赢得更多的朋友。

大学是一个积学储宝的过程，积什么学储什么宝关键在于自己的选择，每个人都有相同的四年生活，但是不同的人却会选择不同的生活方式，于是四年后就显出了不同。

第四节　大学，怎么学

有这样一个故事：在大草原上，有一只狮子不停地奔跑，但是前方却没有猎物，问它为什么要奔跑，狮子说："我只有跑得比猎物快，才能获得食物。"同样，一只小鹿也在独自奔跑，问它为什么要奔跑，小鹿说："我只有跑得比其他鹿快才能不被吃掉。"这则小故事就告诉我们：不论强弱，只有先行一步，不断努力，不断超越，才能生存。对大学生而言，也是一样的。那么，大学生该如何先行一步呢？在大学应该怎么学呢？

一、世界著名校长谈"大学怎么学"

下面来看一下那些著名高校的校长是怎样看待这一问题的。

（1）耶鲁大学校长理查德·莱文教授：参加课外活动培养领导能力。

迄今为止，耶鲁大学已经培养了五位美国总统。其中最近的三位，布什父子和克林顿均毕业于耶鲁大学。耶鲁大学不仅培养了站在政治舞台上的人物，还奠定了美国金融帝国的基础，它所培养的美国大公司的领袖人物比美国其他任何大学都要多。

耶鲁大学为何能培养出如此之多具有领导能力的人物呢？莱文教授认为其中的秘诀在于：耶鲁大学特别鼓励学生参加课外活动，在课外活动中培养学生的领导能力。耶鲁大学有200多个课外文化小组活跃在校园中，包括辩论小组、新闻小组、音乐小组、社区小组以及政治团体等。课外活动小组是培养未来领导人素质的实验室。小布什就曾经积极参与社团活动，这对他竞选总统起到了一定作用。

耶鲁大学非常注重校园文化的熏陶对学生培养的不可替代作用。他始终认为，教育重在思想的形成和品格的养成，但教育不仅停留在课堂，如果大学生疲于奔波在教室之间，校园文化将无法发挥作用。莱文教授坚信，大学的环境创造出的特有文化氛围对培养领袖具有不可替代的作用。

（2）柏林工业大学校长库尔特·库茨勒教授：理工科学生需要想象力和经济头脑。

数理化是所有理工科的基础，理工科学生要对数理化有强烈的兴趣和敏感性。但数学博士出身的库茨勒教授认为："理工科固然需要缜密的思维，但千万不能制约学生大胆的幻想力。"

在本科低年级阶段，要夯实数理化基础知识，训练缜密的推断能力。但缜密的推理，并不妨碍学生大胆"幻想"的可能。"在头脑清醒和目标明确的前提下，理工科学生要充分发挥自己的想象力，假设所有的可能性，然后进行求证推理。鉴于这种想象力的需要，理工科学生在学习本专业以外，应该多学习文化、艺术和社会学方面的知识。"

（3）牛津大学副校长威廉姆·D.麦克米伦教授：质疑精神与分析能力很重要。

在麦克米伦教授的眼中，中国留学生"聪明"，并且"学习非常努力"，但在解决问题的方法上，由于中英两种教育的文化差异，中国学生普遍易于接受知识，而英国学生则善于分析问题，并且提出质疑。

"分析能力是在英国大学里最重要的学习能力要求"。教师不是简单地把知识传授给学生，而是每周组织学生通过讨论来进行学习。任课教师提前将问题布置给学生，并要求学生阅读指定的书单。学生则要根据问题，广泛阅读书籍、查阅资料，进行深度思考，认真进行分析总结，并根据自己的结论撰写5000字左右的报告。在下次上课时，学生分别陈述自己的观点，学生的观点可以相同也可以大不相同，他们通过自己的论证来挑战别人的说法，捍卫自己的观点。同一门课程，学校也会安排不同的老师从自己的角度为学生讲述课程，其目的就是为了培养学生的质疑与分析能力。

（4）莫斯科国立罗蒙诺索夫大学校长维·安·萨多夫尼奇教授：本科生学习宜博不宜专。

罗蒙诺索夫大学产生过8位诺贝尔奖得主。萨多夫尼奇教授担任了十几年的校长，他主张："对大学本科生来说，广博地学习各个领域的知识很重要。"萨多夫尼奇说，大学本科阶段学校先要对学生进行通识教育，再进行专业教育。"先进科学技术的掌握需要以广泛的通识教育为基础，如果学生不了解各个领域最基本的原理，也很难专业化。"

在萨多夫尼奇教授看来，培养具有宽泛知识面的专家比培养具有狭窄知识面的专家更重要。他举例说："我们有土壤系，培养土壤方面的专家应该了解物理、化学、生物、数学以及现代的农业问题，应该让专家在富饶的土壤中成长起来，这种土壤比金子重要。""所有受过高等教育的人，都应该掌握自然科学的基础知识。"萨多夫尼奇认为，自然科学通过改变人的思维和生活方式而具有改变世界发展方向的能力。

萨多夫尼奇教授提出学生学习自然科学必须注意三个方面的问题："一是纯粹理工科的学生，主要障碍是知识面过窄，对整个自然科学没有一个全面的理解；二是学习实用知识的学生，主要障碍是他们学的东西过于实用化、模式化；三是对人文学科的学生来说，主要障碍是他们没有足够的动力，害怕学习自然科学。"

📕 **课堂** 活动

我打算这样度过大学生活

（1）将学生分成若干小组，以"我打算这样度过大学生活"为题进行交流讨论，并分享各自的观点和计划。

（2）把相同、近似的观点和规划内容写在一张大纸上，把每组的大纸都挂在墙上，由每组的代表分别进行交流发言。

活动目标：希望通过此项活动帮助学生梳理自己的大学之路，审视当下，明确自己的大学目标。引导学生关注其个人发展，初步具备规划意识，并以长远的目标指导、安排自己大学期间的学习和生活。

二、大学到底怎么学

大学四年，要学的东西很多，如何在有限的四年时间里不碌碌无为，应当从以下几个方面规划和实施。

（一）树立全新的学习理念

大学阶段与中学阶段不同，学习的环境、方式、目标有了很大的变化，这就需要学生树立全新的学习理念。

1. 自主学习

根据专业特点、教学计划和社会需要，合理确定学习目标，科学安排学习时间，掌握正确的学习方法，全面提高自主学习的能力。在教师的指导、启发下，坚持自主学习，培养个人强烈的求知欲和主动性。

2. 全面学习

在大学阶段，学生不仅要学好专业知识，而且要掌握、具备与专业有关的各类"本领"，主要包括知识的学习、科学方法的掌握、求知热情的孕育、科学精神的培养，以及理论和实际问题的分析、解决等。通过全面的学习，努力使自己成为"专才"的同时也成为"通才"。

3. 创造性学习

学习过程中，在夯实专业基础的同时，还要善于思考，勇于开拓，努力探索，敢于突破思维定式，不断激发自己的创新意识，培养创新精神。

4. 终身学习

要树立终身求知、终身学习的理念，为终身学习、继续学习奠定好基础，不断地学习新知识、获得新本领。

（二）学习的主要途径

大学有很多的学习资源，但这些资源不会主动找上门来，现实中有大部分学生都不知道如何去获取这些学习资源。

1. 向大师"学"

什么是大师？《资治通鉴》中提到"经师易遇，人师难遭"。大师应该是"经师"与"人师"的统一，也就是"道德文章，堪为师表"，不但有渊博的知识，有原创性、奠基性、开拓性、前言性的学术成就，还能做到文以载道，是知识和品格完美结合的代表，是知行统一的典范。

在大学里，学生向大师学习的机会很多，

与大师对话的方式主要是通过学术讲座。通过听讲座，不仅可以系统了解专业知识，也可以获得一些学科发展前沿的知识，甚至可以让学生获得新的思维方法。然而对于听讲座一定要有所取舍，因为并不是每场讲座都值得听，一定要进行认真甄别之后选择自己感兴趣的、高质量的学术讲座去聆听。

除了向大师"学"，大学课堂是学生学习的主要阵地。大学里知识渊博的老师很多，他们虽然算不上大师，但在课堂中有一些问题可能困扰自己很久，在向老师请教时，老师简单、直观的表述经常可以使自己茅塞顿开。还有一些观点，在与老师短暂的交流中可以得到修正。在这个过程中，学生不但能切身感受老师的魅力，更能享受与其进行思想交流所带来的乐趣。

2. 利用图书馆"学"

在一所大学的新生交流会上，一位学长在给新生传授经验时说，大学四年能取得多大的学习成果，关键就要看对学校图书馆的运用程度。图书馆被誉为"智慧和知识的海洋""没有围墙的大学""无言的教师""永恒的朋友"等，它是知识的殿堂，更是学生学习的最佳场所。

在大学期间，学生的学习方式由主动学习取代被动学习，自己可以支配的学习时间更加多。学生在课堂学习之外，往往需要借助各类参考资料来提高对所学知识的理解与运用，而图书馆恰恰是高校学生的第二课堂。大学生应充分利用图书馆和互联网，培养独立学习和研究的本领。在大学学习阶段，学生要学会利用互联网和图书馆查找文献，以便接触更广博的知识和前沿领域。当学生在专业知识学习过程中发现自己感兴趣的知识点，就可以通过学校提供的教学资源，及时掌握和充分使用图书资源，这是大学生特别是那些有志于投身科学研究的大学生的必备技能。

从大学的职能来看，现代大学注重对学生学习方法及独立思考能力的培养。学生利用图书馆资源的过程，就是通过独立的检索，获取、处理信息的过程。这个过程一方面锻炼了学生信息处理的能力，另一方面培养了学生的信息意识，从而使学生掌握了独立学习的能力。

3. 通过实践"学"

在北京大学师生座谈会上，习近平总书记要求广大青年"要力行，知行合一，做实干家"。"学到的东西，不能停留在书本上，不能只装在脑袋里，而应该落实到行动上，做到知行合一、以知促行、以行求知，正所谓'知者行之始，行者知之成'。"[①] 在大学里，学生应该懂得每一个学科的知识、理论、方法与具体的实践应用如何结合起来，尤其是理工科的学生更是如此。

无论学习何种专业、何种课程，如果能在学习中努力实践，做到融会贯通，学生就可以更深入地理解知识体系，可以牢牢地记住学过的知识。因此，在大学学习中，学生应多选修一些与实践相关的专业课。实践中，最好与他人合作，这样既可通过实践理解专业知识，也可以培养团队精神。

---

① 习近平. 在北京大学师生座谈会上的讲话 [N]. 人民日报，2018-5-3（2）.

4. 向他人"学"

大学的学习不像高中阶段的学习，学生在学习方面既要向老师和长者学习，也要重视向同学和朋友学习。每个人对问题的认识和理解不尽相同，只有互帮互学，才能共同进步。例如，同样是会计学专业的学生，有些人可能将更多的精力放在研究专业知识领域，有些人可能喜欢通过实践锻炼自己的职业能力。这就是为什么大学生应当向他人学习的原因之一。要善于与同班同学交流，以他人之长补己之短；要善于与其他专业的同学交流，不断拓宽自己的知识面；要善于与高年级的同学交流，主动吸取他们的经验教训，及时地调整自己的学习方法。

通过向他人学习，学生走出了自己的小圈子、小世界，这将对个人获得一个成功、丰富、多彩的大学生活，获得一份学生时代的友谊，以及今后个人的成功和发展，都具有非常重要的影响。

课堂活动

撕纸条

（1）按照班级人数分为若干小组活动，每组人数尽量控制在 8～10 人左右。

（2）需要提前准备纸条（大约 1 米长，2 厘米宽），要求每个同学人手一条，所有纸条统一规格。

（3）活动规则：每人手里的纸条代表个人一天所拥有的时间——24 小时，按照老师所说的内容从纸条上撕去相应的时间段。老师可准备生活中出现频率高的内容，如吃饭、睡觉、看电视、网游 / 手游、运动、聊天、发呆等。

（4）进行到一定时间，老师应让学生看一下自己手中的纸条还剩有多少，接下来再让学生继续往下撕，并把手中剩下的这段时间里的非学习时间通通撕下去，要求完成的同学举起手中的"学习时间"，然后分析究竟他们自己每天有多少时间在学习中度过，撕掉的时间是否可以用在更有意义的地方。

（5）在黑板上贴一张原始纸条，学生可以站上讲台将自己手中的纸条与原始纸条进行对比，然后回到座位。最后，进行小组交流并分享活动感受。

活动目标：通过该活动使学生了解时间的特性，理解时间的重要性，反思个人平时时间管理的习惯与问题。通过小组讨论、交流，记录学生在讨论过程中陈述的时间利用方法，利用集体的智慧寻找更好的时间利用方法。最后，由撕纸条活动引申出下面的时间管理内容。

（三）学会管理时间

所谓时间管理，通俗地说，就是指用最短的时间或在预定时间内，把事情做好。大学生在校的时间是短暂的，但在这个过程中需要学习的知识和提高的能力却很多。在短暂的时间内，有效地进行时间管理，是完成学业的基本保障。纵观国内外，关于时间管理的方法有很多种，这些方法都从不同的角度运用一定的技巧、方法和工具实现对时间的灵活、有效运用，从而实现组织或个人的既定目标。在这里为大家介绍几种常见的时间管理方法。

1. 四象限时间管理法

四象限时间管理法是美国的管理学家科维提出的时间管理理论。该方法是将事情分为重要紧急、重要不紧急、不重要紧急和不重要不紧急四类。该理论是以优先顺序决定哪些事情必须先做，哪些事情是放在第二位处理，哪些事情可以延缓处理，即在处理事情之前，应该先对事件进行归类：A类重要紧急、B类重要不紧急、C类不重要紧急和D类不重要不紧急，如图1-1所示。

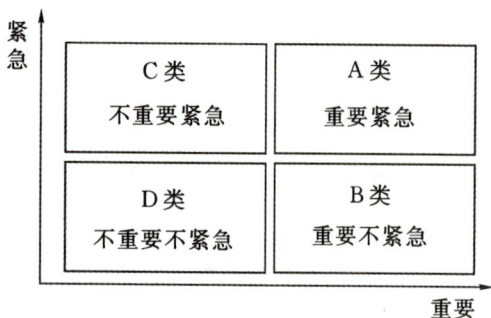

图1-1 四象限时间管理法示意图

面对四类不同的事件时，人们应该采取不同的应对措施。

A类重要紧急事件，往往要求本人集中精力即刻去做，例如明天要交的作业、即将到期的工作任务、临时的重要会议等。

B类重要不紧急事件，则要求本人花大量的时间进行规划。如个人长期的发展规划、工作中的长期目标、期末考试等，这些事件要求我们在生活、工作中花费大量的时间和精力。但在B类事件的处理过程中，事先的规划、准备和预防措施就显得尤为重要，而且在较长时间内要求人们主动去做，从而避免B类象限事件向A类象限转变。这一点也是传统低效管理者与卓越管理者的重要区别。

C类不重要紧急事件，往往包含很多日常事务，也就是那些必须很快解决的任务，但从长远观点来看并不十分重要。工作中，许多日常性的工作可以本人自己干或者委托他人来完成，从而发挥组织中团队的作用。在处理此类事件时，如果处理得不够及时，也会演变成A类任务。例如，造成干扰的电话，某些信件、文件的处理，某些必要而不重要的会议、活动等。

D类不重要不紧急事件，则可以不去处理。通常这样的事情会给人们的生活带来乐趣，例如上网、聊天、逛街、运动等。虽然这些事情没有什么重要意义，但属于人们喜欢做的事情，可以在没有重要或紧急安排的情况下去做。如果遇到重要或紧迫的事情，那么则要处理好这些喜欢的事情与其他事情之间的关系。

2. 艾维利的效率法

该方法是效率大师艾维利向美国一家钢铁公司提供咨询时提出的，它使这家公司用了5年的时间从濒临破产一跃成为当时美国最大的私营钢铁企业，艾维利因此获得了2.5万美元的咨询费，故管理界将该方法誉为"价值2.5万美元的时间管理方法"。

这一方法要求每天花费5分钟列出明天（下周、下月）要做的6件重要事情，然后把这6件事情按重要性程度进行排序，将最重要的事情排为一号，次要事件排为二号，依次类推。再把这6件事写在纸上，在上班开始后按照重要性次序一一执行，当第一件工作完成后，开始第二件工作，这样可以保证每分每秒都在做最有价值、最重要的工作。艾维利的时间管理法最注重的是工作任务的重要性程度和价值，而不是紧急性程度。

每个人的时间有限、资源有限，而工作任务不可取舍的前提下，要有效地利用时间，就必须有所取舍，应选取最重要、最有价值的工作来执行。

3. 帕累托理论

帕累托理论又称为二八定律，其核心内容是生活中80%的结果几乎源于20%的活动，意思就是说在工作或生活上可能有一现象，就是少数的几件事却成就了大部分的价值，如果人们能管理好这少数的几件事，就掌握了大部分的利益。二八定律时间管理的要诀就是做事要做重点，如果不善于管理，整天忙着80%的事情，结果发现这些事情带来的利益只有20%而已。

二八定律在经济学、管理学领域应用广泛，受到世界许多国际大公司的关注。比如通用电气公司永远把奖励放在第一，它的薪金和奖励制度使员工们工作得更快也更出色，但只奖励那些完成了高难度工作指标的员工。摩托罗拉公司认为，在100名员工中，前面25名是好的，后面25名差一些，应该做好两头人的工作。对后25人，要给他们提供发展的机会；对表现好的，要设法保持他们的激情。诺基亚公司也信奉二八定律，

为最优秀的20%的员工设计出了一条梯形的奖励曲线。

在生活中，二八定律对人们自身发展也有重要启示，让人们学会避免将时间和精力花在琐事上，要学会抓主要矛盾。一个人的时间和精力都是非常有限的，在庞杂的社会关系网中，一大部分的人只是泛泛之交，只有小部分的人际关系等于大部分的情感价值，数量少但程度深厚的人际关系好过广泛而肤浅的人际关系，所以要把80%左右的时间花在20%的重要人物人际关系的处理上。要想真正"做好每一件事情"几乎是不可能的，要学会合理分配个人的时间和精力，抓住关键点，进行重点突破。

纵观国内外，关于时间管理的方法还有很多种，比如日程表时间管理法、生理节奏法、麦肯锡的30秒电梯理论等，这些方法都从不同的角度运用一定的技巧、方法和工具实现对时间的灵活和有效运用，从而实现组织或个人的既定目标。

（四）做好学业规划

大学生的学业规划，就是学生根据自身情况，结合现有条件和制约因素，为自己确立整个大学期间的学业目标，并为实现学业目标而确定的行动方向、行动时间和行动方案。换言之，就是大学生通过解决学什么、怎么学和什么时候学等问题，以确保自身顺利完成学业，为成功实现就业或开辟事业打下良好的基础。

以四年本科为例，学生可以按照以下的思路实施学业规划：

（1）大一探索期。在探索期，大学生应充分认识自我，了解个人的兴趣爱好、职业技能和职业倾向，如果不是很明确，可以利

用专业的测评工具或向专业人士咨询，从而帮助自己进行自我认知；然后结合职业的要求，安排自己的学业计划。

（2）大二定向期。在这一阶段，大学生已经基本适应了大学生活，也顺利完成了角色转换。他们通过一年的大学学习，已经对所学专业、社会需求、职业方向等方面有了较为详尽的了解。在这一阶段，可以尝试利用业余时间参加社会实践或各类社团活动。一方面通过实践环节丰富课本以外的知识；另一方面在实践活动中，根据职业的发展要求，更加明确自己未来的职业发展方向，从而围绕未来的职业发展建立合理的知识结构和培养相应的实践能力。

（3）大三分化期。大三进入大学生生涯的分化期。这时有的学生开始为考研积极准备，有的学生开始积极搜集招聘信息，无论未来的重点目标是什么，都要不断完善、提升自我。大学生可以利用搜集到的招聘信息、职业访谈等，更加深入了解职业要求具备的岗位技能，根据岗位要求考取相应的职业资格证书。

（4）大四冲刺期。经过大三的分化期，对于选择就业的学生而言，冲刺期的关键就是求职。求职的成功与否，就是对学业规划目标是否实现的最好检验。此时，要依据个人职业倾向，对同类用人单位进行调查与分析，最终筛选出几家目标单位。在求职过程中，对职业的了解更加深入和全面，同时也能清楚自己与职业人之间存在的差距。那么，在即将走向工作岗位的毕业前夕，应充分利用好这段时间去完善个人的综合素质，为今后真正进入职场做好准备。

进入大学意味着经过多年的寒窗苦读，终于有了收获，终于敲开了那向往已久的象牙塔的大门。但这不是奋斗的重点，而恰恰是人生的又一个起点，是生命历程中一条新的起跑线。作为新时代的大学生，未来的人生理想在这里确立，未来的发展在这里奠定，丰富充实的身心在这里锻造，肩负使命的梦想巨轮在这里起航。

拓展阅读

名人如何度过大学时光

第二篇　职业规划

第二章　初识职业生涯

　　有两兄弟，他们住在一幢八十层的公寓楼里。一天，他们一起去郊外爬山。傍晚时分他们回到公寓楼，发现大厦停电了！这真是一件令人沮丧的事情，因为这两兄弟住在大厦的顶楼，而且还背着大大的登山包。出于无奈，他们背着包开始爬楼梯。

　　到了二十楼的时候，他们觉得累了。弟弟提议说："哥哥，行李太重了，不如这样吧，把它放在二十楼，我们先上去，等大厦恢复电力，我们再坐电梯下来拿吧！"哥哥一听，觉得这主意不错。于是，他们就把行李放在二十楼，继续往上爬。卸下了沉重的包袱后，两个人觉得轻松多了，他们一路有说有笑地往上爬。好景不长，到了四十楼，两人又觉得累了。想到还有四十层楼要爬，两人就开始互相埋怨，指责对方不注意停电公告，才会落到如此下场，他们边吵边爬，就这样到了六十楼。

　　到了六十楼，两人筋疲力尽，累得连吵架的力气也没有了，他们一路无言，安静地继续向上爬着。终于，到了八十楼的家门口，哥哥长吁一口气，说："弟弟，拿钥匙来！"弟弟说："有没有搞错？钥匙不是在你那里吗？"大家可能猜到了结局。是的，钥匙还留在二十楼的登山包里！

　　其实，这个故事反映了我们的人生。二十岁之前，我们活在家人、老师的期望之下，不停地学习、考试，背负着很多压力，就好像是背着一个很重的登山包，加上自己各方面条件都不够成熟，所以走得很辛苦。二十岁以后，从学校毕业出来，踏上工作岗位，开始自己的职业生涯，依仗年轻的资本，喜欢做什么就做什么，想怎么做就怎么做，就好像是卸下沉重的包袱，随心所欲地生活。

　　四十岁，人到中年，发现青春已逝，但还有很多遗憾，于是开始埋怨，骂老板不识货，怪家人不体恤……就这样在抱怨遗憾中又过了二十年。

　　六十岁，发现人生所剩不多，于是告诉自己，不要再埋怨了，珍惜剩下的日子吧。于是，默默走完自己最后的岁月。到了生命的尽头，突然想起：好像有什么忘记了，是什么呢？原来是我的钥匙，我人生的关键。我把我的理想抱负都留在了二十岁，没有完成。

　　是不是我们都要等到几十年以后才来追悔？想不想做一些什么来避免这个遗憾呢？可见，

合理规划自己的职业生涯，是迈向成功的第一步。正如有人说：你今天站在哪里并不重要，但是你下一步迈向哪里却很重要！

第一节 职业生涯规划的相关概念

一、什么是生涯

日常生活中，我们常听到"生涯"一词，如"艺术生涯""戎马生涯""学术生涯"等。中国古诗词中也有"生涯"一词，如陆游在《秋思》中写道："身似庞翁不出家，一窗自了淡生涯。"《辞海》对"生涯"的定义是指"从事某种活动或职业的生活。"

"生涯"的英文为"career"，字源上来自罗马文字"via carraria"以及拉丁文字"carrus"，均指古代战车，后来引申为道路，即人生发展的道路，并蕴含着竞赛的意思。

目前多数学者较为接受的是舒伯在1976年对生涯的界定：生涯是生活中各种事件的演进方向和历程，它统合了个人一生中各种职业和生活角色，由此表现出个人独特的自我发展形态。

舒伯还认为，生涯作为一个人终其一生所扮演角色的整个过程，由三个层面构成：第一，时间，即个人的年龄或生命的历程；第二，经历，即每个人一生所扮演的各种不同角色；第三，投入，即个人所扮演的各种角色投入的程度。

如此看来，生涯具有下面几个特征：

（1）终生性。生涯概括了一个人一生中所拥有的各种职位、角色，因此生涯不是个人在某一阶段所特有的，而是终生发展的过程。

（2）独特性。每个人的生涯都有所不同，是个体依据自己的人生理想，为了实现自我而逐渐展开的独特生命历程。

（3）发展性。生涯是活跃和动态的发展历程，个体在此历程中表现出主动性。虽然个体在人生的不同阶段有不同的发展任务和追求，但这些任务和追求会不断地调整、变化与发展。

（4）期望性。生涯不仅需要适合个人的特质，同时也是个人所期望的。

（5）工作性。个体在一生中所扮演的角色有多种，其中，工作是最重要的一个角色，因此个人的生涯以工作为中心。

（6）综合性。生涯并不是某一时段个人所拥有的职位、角色，而是一生中所有的职位、角色的总和。

二、什么是职业生涯

职业生涯是一个人的终生职业经历，不仅包括一个人的过去、现在和未来可以实际观察到的、连续从事的职业发展过程，还包括个人对职业生涯发展的见解和愿望。

具体而言，职业生涯是一个人一生中所有与工作相联系的行为与活动，以及相关的态度、价值观、愿望等的连续性经历的过程；是以心理开发、生理开发、技能开发等人的潜能开发为基础，以工作内容的确定和变化、工作业绩的评价、工资待遇、职称职务的变动为标志，以满足需求为目标的工作经历和内心体验的经历。

如此看来，职业生涯具有以下特征：

（1）职业生涯是满足人生需求的重要手段。作为个人生命中投入时间和精力最多的一段人生历程，职业生涯使我们体验到受人尊重的成就感。

（2）职业生涯是促进人全面发展的重要手段。人在渴望拥有健康、知识、能力、良好人际关系的同时，也渴望事业的成功，并享有幸福和谐的家庭生活以及丰富的休闲时光。追求成功的职业生涯，最终目标是要获得个人的全面发展。

（3）职业生涯体现着个人发展的丰富历程。职业生涯会受到各种主客观因素的影响，是多方面因素相互作用的结果。比如教育形成自己的知识结构和才干，对人的职业生涯影响巨大；家庭会影响个人的择业以及就业之后的职业流动；需求、动机、价值观等都会影响职业生涯的发展。

三、什么是职业生涯规划

职业生涯规划（career planning ）是指个人与组织相结合，在对一个人职业生涯的主客观条件进行测定、分析及总结的基础上，对自身素质，例如兴趣、爱好、能力、特长、经历及不足等各方面进行综合分析与权衡，结合时代特点，根据自己的职业倾向，确定最佳的职业奋斗目标，并为实现这一目标做出行之有效的安排。

从时间角度划分，职业生涯规划包括短期规划（2年以内）、中期规划（2～5年）、长期规划（5～10年）和人生规划四种类型。

从主体角度划分，职业生涯规划包括个人职业生涯规划和组织职业生涯规划两个方面。本书内容仅限于个人职业生涯规划。个人职业生涯规划又分为择业设计和调整职业规划两个部分，两者都受各种因素，尤其是社会环境的直接影响和制约。一般来说，良好的职业生涯规划应该具备以下特征。

（1）可行性。职业目标的确定要建立在主客观因素分析的基础上，不能空想、幻想。

（2）时效性。职业生涯规划要可预测，对于已经确定的未来规划目标，要具备详细的步骤和完整的时间安排。

（3）开放性。良好的职业生涯规划不仅需要分析个人所处的主客观环境，听取多方面的意见，也要进行多次修改和挑战，绝非一成不变。

（4）持续性。良好的职业生涯规划需要确保职业生涯的每个阶段的持续发展，并做到有效衔接。

（5）个性化。由于每个人的成长环境、性格类型等主客观因素不尽相同，职业生涯规划也不可能相同。因此个人的职业生涯规划应该是一种个性化的职业发展蓝图。

大学生对职业生涯概念的认识，应着重把握以下三点：

（1）职业生涯规划分为认知、设计、行动三大部分。认知包括对人生理想、职业价值观、兴趣爱好、个性特征、能力状况等主体方面的认知，也包括对家庭条件、社会环境、职业分类、工作性质的认知，还包括对职业生涯相关理论和方法的认知；设计是指个体根据认知的结果，有针对性地树立职业目标、制订实施方案、确定阶段任务；行动则是将设计的内容付诸实践，三者环环相扣、浑然一体。

（2）职业生涯规划以职业实现和职业维持为中心，但同时也包含对性情的培养、家庭角色的扮演、生活方式和状态等非职业因素的规划。对绝大部分大学生而言，职业将是物质生活来源的基础，也是心理塑造的重要因素，所以职业生涯规划的核心是找到适合自己的理想职业，并努力坚持下去。但也需要明确，职业实现和职业维持并非孤立的，两者需要职业生涯的其他方面作为支撑。

（3）职业生涯规划受客观条件的影响，具有框架性。首先，职业生涯规划属于一种社会科学，本身无法做到像自然科学那样严谨精确；其次，职业生涯规划调整的是主体与客观因素的适应关系，由于客观因素无法完全预料，所以职业生涯规划既需要根据现实情况安排路线和行动，也需要在客观因素变化时，运用合理的方法去应对。大学生由于还没有走入职场，客观因素的可控性更差，如果不进行科学、有效的职业生涯规划，就不可能为其提供一个合理有序的发展框架。

第二节　职业生涯规划的发展历程

一、国外职业生涯规划理论的发展历程

国外早期职业生涯规划发源于职业指导，着重研究人与职业的匹配。后期则以人生命历程中的生涯发展为核心，关心个体一生当中的教育、职业，并涉及与教育、职业有关的生存角色的选择和发展。国外职业生涯规划理论的发展大体可分为萌芽期、形成期与发展期。

（一）萌芽期（20世纪初至50年代）

最早提出"职业指导"这一概念的是美国波士顿大学教授弗兰克·帕森斯。1908年，他倡导成立了世界上第一个职业指导机构——波士顿地方职业局，开始实施并宣传职业指导。1909年，帕森斯的遗著《选择职业》出版，书中指出"明智的职业选择"必须考虑三个主要的因素：第一，准确地了解自己；第二，懂得在不同领域获得成功所需要的条件和环境；第三，对以上两部分事实相互关系的明智思考与准确认知。正是由于帕森斯开拓性的工作及其所产生的深远影响，他被后人尊称为"职业生涯规划之父"。

后来在心理学、教育学、社会学等多学科发展基础上，在人力资源管理实践的推动下，职业规划的理论与技术都有了进一步发展。1927年，斯特朗编制完成了第一个正式的职业兴趣量表；1928年，纳尔出版了《性向测试》等。这些崭新的心理测量工具，为职业规划提供了全新的辅助手段，但应用得并不多。

这个时期的工作有两大贡献：一是重视职业指导工作；二是提出了职业指导的匹配理论。

（二）形成期（20世纪50年代至70年代）

20世纪50年代以后，涌现了大量有关职业生涯规划的理论。尤其是60年代前后，除了金斯伯格、舒伯的生涯发展理论外，罗伊的人格理论、鲍丁的心理动力理论、霍兰德的类型论、克朗伯兹的社会学系理论和斯列皮兹的认知发展理论也在这一时期发展成型。理论的发展与完善为职业生涯规划的实践和运用打下了坚实的基础。

20世纪60年代末，职业生涯辅导终于取代了职业辅导的地位，成为职业生涯规划的一个重要组成部分。"职业生涯规划"一词也开始在职业生涯理论的学术文献中大量涌现。

这一时期，经历职业观念本身的转变和职业指导观念的变革，职业指导活动进入了一个新阶段，主要表现在：一是用发展的职业观取代了静止的职业观；二是对职业选择过程的研究更加深入，为科学地进行职业辅导奠定了基础；三是摆正了辅导者与被辅导者的地位，使职业辅导体现出成长性。

（三）发展期（20世纪70年代至今）

20世纪70年代，生涯教育运动在美国的提出与实施，为职业生涯规划在学校内的运用起到了推波助澜的作用。1971年，美国联邦教育署署长马兰正式提出了"生涯教育"一词，同年5月通过了实施"生涯教育"的拨款计划，要求学校设置职业预备课程。

20世纪80年代，生涯规划理论已经成为现代学校教育与心理辅导的一个重要部分。舒伯提出了终身职业生涯发展理论，并创造性地描绘了包括多重角色生涯发展的彩虹图。哈佛大学的施恩教授在组织心理学研究中，系统地考察了人的生涯发展，发现了人的生涯发展规律，提出了职业锚理论和以"组织和个人互惠"为核心的组织激励动力理论。

1997年，美国咨询师认证管理委员会、美国职业发展协会和美国国家职业信息协调委员会三方创立的全球性的职业规划师认证培训体系，专门用来培训专注在职业规划与职业指导领域的专业人士。全球职业规划师项目成为职业生涯规划发展的一座里程碑。2000年开始，全球职业规划师项目已经陆续在多个国家完成了本土化的过程，并开始了培训实施和认证工作。

这一时期生涯发展理论的贡献主要有两个方面：一是职业的谋生职能相应弱化，全面地提高生活质量与实现人生价值成为新的目标；二是职业辅导进入组织管理的行列，成为组织管理的一项内容。总之，职业生涯规划发展至今天，已成为学校教育的重要组成部分。

二、我国职业生涯规划发展历程

20世纪90年代，职业生涯规划从欧美国家传入我国。随着我国高等教育管理体制改革的深化和毕业生就业方式的转变，大学生面临着越来越激烈的就业竞争，就业形势也越来越严峻。如何提高学生的综合素质和就业竞争力，成为社会关注的焦点，职业生涯规划理论与实践也正是在这一背景下逐步得到重视和发展的。

（一）新中国成立前的职业指导发展概况

20世纪初，在黄炎培等教育家的倡导和一些回国留学生的推动下，我国的职业指导有了一定程度的发展，当时主要是调查毕业生的职业需求及各实业家的聘用条件等。

1916 年，清华大学校长周寄梅先生首次将心理测试的手段应用在学生的职业选择中，这标志着职业指导在我国的开始和建立。1917 年，黄炎培联合蔡元培、梁启超等人，在上海创立了中华职业教育社，使教育者能"为己治生，为群服务"，达到以"无业者有业，有业者乐业"的终极目标。他还投入相当多的精力致力于职业指导和职业心理测验，并于 1919 年成立了职业指导部，创办职业指导刊物，从介绍西方国家职业指导的理论和经验入手，结合我国实际情况，强调了开展职业指导的必要性和重要性。这一时期的代表人物还有邹韬奋先生，他研究和编译了《职业教育研究》《职业智能测验法》《职业指导》《职业心理学》等著作，并发表了多篇文章。

1929 年召开的全国教育会议，通过了《设立职业指导所及厉行职业指导方案》，规定了一些实施职业指导的办法。1931 年 9 月 21 日全国职业指导机构联合会成立。尽管当时的南京政府及中国的职业指导者们做了大量有益的工作，但由于旧中国经济萧条社会动荡不安而收效甚微。

（二）新中国成立后的职业生涯规划发展概况

新中国成立后的职业生涯规划发展，大致可以分为以下三个阶段。

1. 停滞空白阶段（新中国成立至 20 世纪 70 年代）

由于这一时期实行的是计划经济体制，劳动人事制度是统包统配政策，既没有择业的自主性，也没有用人的选择性，因此，职业指导实际上处于停滞状态。

2. 酝酿探索阶段（20 世纪 70 年代末至 90 年代初）

我国从 1977 年恢复高考到 1989 年，大学毕业生实行的是"统招统分"的计划分配制度，主要是由政府解决就业问题，择业和创业问题尚未浮出水面。随着社会经济的发展和就业形势的变化，党和政府从国情出发，开始酝酿就业指导工作。

1989 年国务院批准国家教委《关于改革高等学校毕业分配制度报告的通知》，统包统配的就业制度被打破。1993 年，中共中央、国务院颁布了《中国教育改革和发展纲要》，明确提出了大学生"自主择业"要求，就业指导问题随之开始引起注意。1994 年，劳动部颁发了《职业指导办法》，明确规定职业介绍机构应开展职业指导工作；国家教委颁发的《普通中学职业指导纲要（试行）》中指出学校职业生涯辅导的任务是"帮助学生了解社会、了解职业和专业，了解自己的生理、心理、兴趣、才能和体质等特点，教育学生正确处理国家、社会需要与个人志愿的关系，增强职业意识和对未来职业适应能力，使学生能正确选择符合社会需要及其身心特点的职业或专业"。这些探索为我国的职业生涯规划教育奠定了基础。

3. 起步实施阶段（20 世纪 90 年代中期至今）

随着我国毕业生就业制度改革的不断深入，以就业指导为重点的职业指导被提上重要日程。

1995 年，国家教委下发通知，要求各普通高校正式开设就业指导课。1997 年，国家教委又颁发了《普通高等学校毕业生就业工作暂行规定》，对高校就业指导工作做出了明确指示，各高校纷纷建立了相应的就业指导机构。1999 年，劳动保障部颁布了《职业指导人员国家职业标准（试行）》，并出版了相应的培训教材。

2000 年，我国开展了职业指导人员职业资格鉴定工作，标志着我国职业指导队伍建设迈向规范化。2007 年，教育部办公厅下发了《大学生职业发展与就业指导课程教学要求》，我国职业生涯规划教育逐步走上了科学化、规范化的发展道路。

纵观我国职业生涯规划曲折的发展历程，突出的特点是：初期起步早，中断时间长，目前呈现出快速发展的势头。

第三节　大学生职业生涯规划概述

一、大学生职业生涯规划的类型

结合大学生职业生涯规划的特点以及一般职业生涯规划的时间维度划分方法，可以把大学生的职业生涯规划分为两种类型，即近期规划和远期规划。近期规划包括短期规划和中期规划，远期规划包括长期规划和人生规划。其中，短期规划是指 2 年以内的职业生涯规划，其目的主要是确定短期目标，制定短期应完成的任务；中期规划是指 2 ~ 5 年的职业生涯规划，是最常用的一种职业生涯规划；长期规划是指 5 ~ 10 年的职业生涯规划，其目的主要是设定较长远目标；人生规划是指对整个职业生涯的规划，时间跨度可达 40 年左右，其目的是确定整个人生的发展目标。

（一）大学生职业生涯规划的近期规划

近期规划的时间年限基本与大学生涯年限吻合，一般在 5 年以内。

大学时期正处于职业准备和选择阶段，这一阶段的主要目的就是通过选择、尝试与磨合，找到最合适自己的职业。大学生职业生涯的近期规划，就是大学生根据这一阶段的主要特点和任务，在确立总体目标之后，以实现就业为阶段目标，对自己的大学学业生涯制订相应的行动计划和实施方略。特点主要是以大学学制为阶段进行目标分解和策略实施，侧重于就读期间的职业学习和职业准备。

对大学生而言，近期规划更具针对性，也更具可操作性。通过近期规划，大学生可以在认识自我、了解职业的基础上，从自身的条件和社会的需求出发，确定职业发展的方向，明确职业目标，制订大学期间的学习、培训、实践计划，不断地挑战自我、超越自我，为将来迈出校门、走向社会做好准备，为总体目标的实现打下良好的基础。由于近期规划的时间跨度不长，易于评估与修正。因此，倡导大学生在规划自己的职业生涯时采用这种目的和策略极为明确可行的规划类型。

（二）大学生职业生涯规划的远期规划

远期规划时间年限在 5 年以上，即一般分类中的长期规划和人生规划。对职业生涯进行远期的规划，能够使大学生明晰各个阶段的职业目标，保持整个职业生涯发展的连贯性和持续性，使总体目标（比如成为某上市公司的董事长）更容易循序渐进地达成和实现，进而产生最大的职业动力。大学生如果有条件的话，应该进行这种远期的职业生涯规划，激励自己为达到各个阶段的目标而不懈努力。

不过，时间跨度较长的职业生涯规划要求对自我、对职业有比较充分的认识，同时对社会形势和客观环境有敏锐的观察力和超前的预测能力，需要花费较长的时间对职业目标和职业要求进行深入的研究、调查、论证，并制订切实可行的、比较完整的实施方案。同时，由于远期规划的时间跨度较长，实施过程中会受到个人和环境不断变化的影响，规划目标的实现难度非常大。大学生尚处于职业生涯的探索阶段，对社会、对职业的了解都相对有限，因此远期规划的制定可以先以简略的职业理想和职业目标为主，具体的远期规划要建立在近期规划的基础之上，根据职业发展的实际情况进行调整和修改。

二、大学生职业生涯规划的意义

美国哈佛大学曾进行过一项非常著名的调查，就是以一批智力、学历、环境等条件相差不多的大学毕业生为对象，了解他们是否有明确的人生目标。调查结果显示，有27%的人没有目标，60%的人目标模糊，10%的人有清晰但短期的目标，只有3%的人有清晰而长远的目标。25年后，哈佛大学对这批人进行了跟踪调查，结果发现，占3%的有清晰而长远目标的人几乎都成了社会各界的成功人士；占10%有清晰短期目标者，大都生活在社会的中上层，成为各行各业不可或缺的专业人士；占60%的目标模糊的人生活稳定，但没什么突出成绩；剩下27%的没有目标的人，工作与生活都很不如意。这些人之间的根本差距就在于25年前是否规划了职业发展的目标。

大学阶段是一个人生涯规划的重要阶

段，学生在大学阶段对自己的职业生涯能否进行及时有效的规划，十分关键。如果此时对职业生涯规划采取冷漠的态度，那么未来职业发展的空间将是极为有限的。大学生职业生涯规划对人一生的发展具有基础性、尝试性的价值，其具体意义如下：

（1）职业生涯规划有利于大学生全面客观地进行自我认知，审视与评价自己的性格、兴趣、能力、核心价值观等方面。

（2）职业生涯规划有利于大学生正确认识工作的世界。

（3）职业生涯规划有利于大学生树立正确的生涯目标，也能帮助大学生反思自己在重大问题上常用的决策风格。

（4）职业生涯规划还能促使大学生不断探索并细化职业目标和实施策略。

总之，通过职业生涯规划，大学生在充分认识自己，客观分析环境的基础上，能够科学树立目标，正确选择职业，并运用适当的方法，采取有效的措施克服职业生涯中的困难和阻力，避免求职陷阱。同时，按照规划经过针对性的、系统性的学习和充分的就业准备，大学生的就业竞争能力无疑将得到极大的提升，这也有助于大学生毕业后顺利就业，实现一生的职业生涯目标。

三、大学生职业生涯规划的主要任务

大学时代是个人职业生涯的探索阶段，进行职业生涯规划时，大学生需要从个体的实际情况出发，根据大学阶段不同的年龄特征，制定具体可行的发展规划，同时兼顾近期目标和未来发展的关系。具体说来，大学生职业生涯规划的主要任务如下：

（一）确立职业发展的目标和方向

大学生理想的职业发展目标不仅应该

符合个体的性格、兴趣，而且应该具有一定的挑战性。首先大学生要运用各种方法，包括测评手段，了解自身的能力、性格和兴趣偏好，然后积极地思考外部环境和职业发展资源，最后为自己设定一个具体的发展目标。

（二）制定职业发展策略

大学生制定职业发展策略大致有三种方式：

（1）一步到位型，是指针对在现有条件下可以达成的职业目标，动用现有资源一次实现。

（2）多步趋近型，是指对于那些目前无法实现的目标，先选择一个与目标相对接近的职业，然后逐步趋近，以达成自己的理想目标。

（3）从业期待型，是指在自己无法实现理想目标，也没有相近的职业可以选择的情况下，应该先选择一个职业投入工作，等待机会，以实现自己的理想目标。

（三）明确职业生涯发展路径

设计可行的职业发展路径是大学生实现理想目标的必要条件。职业发展路径需要贯穿人的一生。在生活中，每个人都会面临很多选择，需要思考每种选择可能的发展道路，包括可能达成的目标、遇到的困难、外界的评价、所需的帮助等。当然，我们也应该根据实际情况的变化不断调整发展路径。

（四）设计具体的活动计划

大学生在进行活动计划的设计时应主要考虑其可操作性，这就要从个体的实际情况出发，根据细化的子目标，制定具体职业活动的时间表，并保证效果的可检查性。当然，因为外界环境是可变的，计划制订需要考虑调整的空间。

大体说来，大学四年应做好如下几方面的准备。

（1）大一期间：发展自己的兴趣与能力。参加各类学生组织，参与体育锻炼、通识教育和课外活动；逐步熟悉就业制度和政策，主动了解不同职业的相关资料，与家人、朋友、老师等有过工作经历的人谈谈自己的职业兴趣；进行一些职业倾向测试，更好地进行自我探索，确认自己的专长和喜欢的职业，刻苦学习，争取获得好成绩。

这期间需要思考的问题包括：我是谁？适合我的位置在哪里？我做得最好的事情是什么？我的职业兴趣是什么？

（2）大二期间：扩展自我生涯平台，继续探索和搜集有关职业生涯发展领域的信息。可以通过暑期实习实践和参加志愿者活动等，获得第一手资料。

这期间需要思考的问题包括：我了解我的专业吗？我能通过本专业做什么？我的专业未来会有怎样的发展？

（3）大三期间：在实践中提升自己的能力，建立更广泛的职业发展网络，通过各种渠道丰富实践经验；探索自己在目标职业能力需求方面的优势与不足，并有计划地改进；评估个人早期职业目标需要的路径支持，做好相关准备，比如自己的职业选择需要更高的学历，就应着手准备考研；开始建立专门的联系渠道，以便辅助自己的求职整体战略计划的实施。

在这期间需要思考的问题包括：我在进行职业选择时最看重的因素是什么？在我尝试接触的职业中，哪一个最适合我？我需要为此做哪些准备？

（4）大四期间：确定职业生涯目标和路

径，制订具体实施计划。面对从学生到职业人的转变，应提前准备好求职材料；通过就业信息的搜集，进一步明确目标岗位；参加模拟招聘会，丰富求职经验；整理个人社会关系，从中获取求职建议，甚至推荐就业的机会。

这期间需要思考的问题包括：在当前的就业形势下，哪些职业可能提供给我？我该采取何种方式求职？

拓展阅读

职业生涯规划能解决什么问题？

如果有人问职业生涯规划究竟是做什么的？用一句话解释，其实就是帮你搞明白：你是谁？你想去哪里以及怎么去？

小卫是一家重点院校的本科学生，今年大三，进校时因分数偏低，虽然被录取了，但是被调剂到了植物学专业。在上完大一的基础课和大二的专业课后，小卫发现自己对这个专业一点也不感兴趣，了解了一下就业方向更是失望，如果毕业以后从事与专业相关的工作，那么自己将要一辈子忍受下去。如果不从事相关专业的工作，那么自己到底要去做什么工作呢？在剩下的两年里，小卫不知道该顺其自然还是应该做一些其他准备。

小安学的是工商管理专业，专业知识多而杂，缺乏准确就业方向。小安当时的想法只是想当管理层，但是听毕业的学长们说得多了，知道刚毕业的学生不可能刚工作就走上管理岗位，必须要从基层做起。但是这个基层范围很广，很多人做了很多的基层岗位工作还是升不到管理层。自己现在已经大四了，一眨眼就要毕业，很多同学都开始找实习单位了。那么自己该怎么选择呢？现在学的知识能帮自己就业吗？现在该做些什么事情呢？很迷茫！

分析：很多在校大学生认为只有走出校园，开始工作了才需要职业规划。其实最早的职业规划应该是高考选择专业，甚至文理分班时就确定了。否则，选择了自己不适合的专业，在学校里或者进入职场后，需要付出比别人多几倍的时间精力以及财力成本。而已经进入大学校园，急需把握时间，确保少走弯路。就以上两个案例来看，反映的就是当代大学生的普遍问题。

第一，就读的专业自己不感兴趣，或者觉得专业就业方向不适合自己。进入大学校园，大一学习完专业基础课，如果觉得就读的专业不适合自己，一般院校在大二开学会有一部分名额或有一次转换专业的机会。但是如果过了大二还没有转换，那么就只能在保证顺利完成自己本专业课程的同时，再做好转换就业方向的工作。小卫就属于这种情况。如果对自己的专业不感兴趣，那么以后就业自然也不想再从事这方面的工作。但是大学生职业生涯规划顾问认为，现在大学生就业困难，求职偏离专业方向的学生竞争力更是比不上专业对口的学生。所以在剩下的两年时间里，类似这样的学生应该在对职业生涯的主客观条件进行测定、分析和总结的基础上，对自己的兴趣、爱好、能力和特点进行综合分析与权衡，并结合职场现实环境因素，根据自己的职业倾向以及价值观确定最佳的职业发展方向，即明确毕业后自己适合且易于切入的、有发展的工作平台在什么行业、岗位等，并为实现这一就业目标于在校期间进行有效的安排，做好就业准备工作，有针对性地增强自己的就业竞争力。

第二，希望向专业相关的方向发展，但是就业范围广，自己根本不知道切入哪个点是适合自己的，或者是有发展的，并且怎样去发展，发展路线是怎样的。因为现在大学教育注重专业知识的教导，以应试教育为主，学生缺乏实际操作能力，对职场要求以及专业背景不能系统化地了解，导致与市场需求脱离。那么在无力改变大环境的背景下，自己就必须行动起来，做好相关准备工作，否则毕业后可能要走更多的弯路，浪费更多的时间和精力。小安的情况就是较为典型的一个，他学的是工商管理专业，主修企业管理，专业基础知识涉及管理学、经济学、财务学和法学等方面的内容，多而不专。那么这个时候就必须根据自己的实际情况结合主客观条件，以及与职场行业岗位的相关联性和发展趋势做出正确选择。和小卫一样，在其确定好自己适合的职业发展路线后，必须规划好在校的就业准备工作，包括知识的再学习以及相关实习实践，以增强自己的核心竞争力。

不少大学生毕业后因为没有根据自身实际情况结合职场状况确定自己准确的职业规划，拿着简历到处求职，希望能找到好工作，但是往往结果不如人意，困难重重。即使求职成功，也很有可能会觉得和自己想象的不一样，从而工作不长久，浪费了大量的时间、精力与资金。这样一直在探索自己适合的职业发展之路，结果导致和同龄人的差距愈来愈大。这部分大学毕业生其实并没有充分认识到职业生涯规划的意义与重要性，认为职业生涯规划纯属纸上谈兵，只有到屡屡碰壁的时候才会醒悟：磨刀不误砍柴工！做好职业生涯规划，对自我以及职场有更清晰的认识和明确的目标之后做好前期准备工作，才更科学、更经济，也更实际。

第四节 职业生涯规划理论概述

明确了大学生职业生涯规划的意义和任务后，掌握一些职业生涯规划的基本理论就显得尤为重要。自20世纪初美国职业辅导先驱弗兰克·帕森斯提出特质因素理论以来，职业生涯规划领域的专家们提出了一系列职业生涯规划的相关理论。

一、特质因素理论

帕森斯的特质因素理论又称帕森斯的人职匹配理论，特质因素论是最早的职业辅导理论。该理论认为个人都有自己独特的人格模式，每种人格模式都有其适应的职业类型。

所谓特质，就是指个人的人格特征，包括能力倾向、兴趣、价值观和人格等，这些都可以通过心理测量工具来加以测评。所谓因素，则是指在工作上要取得成功所必须具备的条件或资格，这可以通过对工作的分析而了解。

特质因素理论建立在差异心理学的基础上，认为所有的人在发展与成长方面都存在着差异，即特性。这种特性与某种职业因素存在着相关性。人的特性又是可以运用科学手段客观地测量的，职业因素也是可以分析的，职业指导就是要解决人的特性与职业因素相适应的问题，使两者达到一种合理的匹配。这种理论通过职业指导者的测量与评价，了解被指导者的生理、心理特性，分析职业对人的要求，帮助被指导者进行比较，使之在清楚地了解自己和职业因素的基础上做出明智的职业选择。

可以说，特性因素理论进行职业指导是以对人的特性的测评为基本前提。它提出了在职业决策中进行人职匹配的思想，奠定了人才测评理论的理论基础，至今仍然正确有效，并影响着职业管理学、职业心理学的发展，推动了人才测评在职业选拔与指导中的运用和发展。

人职匹配分为两种类型，即因素匹配和特性匹配。

（1）因素匹配（"活"找人）。例如需要有专门技术和专业知识的职业与掌握该种技能和专业知识的择业者相匹配；脏、累、苦等劳动条件很差的职业，需要有吃苦耐劳、体格健壮的劳动者与之匹配。

（2）特性匹配（人找"活"）。例如具有敏感、易动感情、不守常规、个性强、理想主义等人格特性的人，适宜从事审美性、自我情感表达的艺术创作类型的职业。

二、职业生涯发展理论

职业生涯阶段的划分是职业生涯规划的一个重要内容，指的是个人职业生涯中具有各种不同特征的时期。可以把这些不同的时期划分为连续的几个阶段，每个阶段都有各自的特征和相应的职业发展任务。本书重点介绍代表性较强的舒伯职业发展理论。

美国职业管理学家舒伯是职业生涯发展研究领域中最具权威性的人物之一，他从人的终身发展角度出发，把整个人生分为成长阶段、探索阶段、立业与发展阶段、维持阶段和衰退阶段，并介绍了各个阶段的发展特点，如表2-1所示。

表2-1　舒伯职业生涯发展理论的五个阶段

职业发展阶段	工作方面的需求	情感方面的需求
成长阶段 （1～14岁）	希望尝试不同的行为方式，并开始思考自己的能力及工作要求	希望获得他人的认同并逐渐形成独立的自我概念
探索阶段 （15～24岁）	要求从事多种不同的工作，希望自己去探索	进行试探性的职业选择，在比较中逐渐选定自己的职业
立业与发展阶段 （25～44岁）	希望做具有挑战性的工作；希望在某一领域发展自己的专业知识和技能；希望在工作中体现创造性；希望在3～5年后转向其他领域	希望面对各种竞争，敢于面对成败；能够处理工作和人际关系之间的矛盾；希望互相支持；希望独立自主
维持阶段 （45～64岁）	希望更新技能；希望在培训和辅导青年员工中发展自己的技能	具有中年人较为成熟的思想感情；对工作、家庭和周围的看法有所改变；自我陶醉以及竞争性逐渐减弱
衰退阶段 （64岁以上）	计划好退休；从原有工作中退出，转向咨询和指导性工作；寻找自己的接班人；寻找组织外的其他活动	希望把咨询看作对他人的帮助；希望能接受和欣赏组织外的其他活动

在舒伯的职业生涯发展阶段中，每一阶段都有一些特定的发展任务需要完成，并需要达到一定的发展水准或成就水准，而且前一阶段发展任务的达成与否关系到后一阶段的发展。从表 2-1 中的阶段划分可以看出，大学生正处于职业探索阶段，而探索阶段又包括三个时期，如表 2-2 所示。

表 2-2　舒伯职业生涯发展理论中探索阶段的三个时期

具体时期	特点	主要任务
尝试期（15～17 岁）	个人对需要、能力、兴趣、价值观以及就业机会等因素都有所考虑，并通过幻想、讨论、课外工作等方式进行择业的尝试性选择，鉴定出可能合适的工作领域和工作层次	明确一种职业偏好
过渡期（18～21 岁）	个人进入劳动力市场或专门的培训机构，更多地考虑现实并试图补充对自我认知的看法	明确一种职业倾向
试验和初步承诺期（22～24 岁）	个人已经发现了一个大体上合适的职业，开始从事第一份工作并试图把它作为可能的终身职业，在这个时期，承诺仍是暂时的，如果第一份工作不合适，个人可以重新进行选择，确定并实现某种职业倾向	实现一种职业倾向，发展一种现实的自我认知，了解更多的机会

舒伯将职业生涯发展划分为五个阶段（又称大循环），每一个时期至下一个时期之间，称为转换期(transition)，又称为小循环，包括新的成长、再探索以及再建立等三个历程。一个人一旦进入一个新的生涯发展阶段，就意味着一个新的发展循环，需要重新经历成长、探索、建立、维持、衰退等一系列历程。举例来说，一个大学一年级的新生，必须适应新的角色与学习环境，经过"成长"和"探索"，一旦"建立"了较固定的适应模式，同时"维持"了大学学习生活之后，又要开始面对另一个阶段——准备求职。原有的已经适应了的习惯会逐渐衰退，继而对新阶段的任务又要进行"成长、探索、建立、维持、衰退"。

舒伯的职业生涯发展理论，除了原有的发展阶段理论之外，较为特殊的是加入了角色理论（分别是子女、学生、休闲者、公民、工作者、持家者等六个不同的角色），这六个角色相互影响，形成了个人独特的生涯类型。他将职业生涯发展阶段与角色彼此间相互影响的状况，绘制成一个多重角色生涯发展的综合图形，并将其命名为"生涯彩虹图"。图的纵向层面代表的是生活空间，由职位和角色组成。在每一个阶段对某个角色投入程度可以用颜色来表示，颜色面积越大表示该角色投入程度越多，空白越多表示该角色投入程度越少。

图 2-1 为某位当事人为自己所勾画的生涯彩虹图，扫描二维码即可见。半圆形最中

间一层是子女的角色，在 5 岁以前是涂满的，之后逐渐减少，8 岁时大幅度减少，一直到 45 岁时开始迅速增加。早期个体享受被父母养育照顾的温暖，随着成长成熟，慢慢开始同父母平起平坐，而在父母年迈之际，则要开始花费多一些心力来陪伴、赡养父母。

图 2-1　生涯彩虹图

第二层是学生角色。在案例中，学生角色从四五岁开始，10 岁以后进一步增强，20 岁以后大幅减少，25 岁以后便戛然而止。但在 30 岁以后，学生角色又出现，特别是 40 岁出头时，学生角色竟然涂满了颜色，但在两年后又完全消失，直到 65 岁以后。现代科技发展日新月异，青年在离开学校从事一段时间工作以后，常会感到自身学习已不能满足工作需要，需要重回学校以进修的方式来充实自我。也有一部分人等到中年，儿女长大之后，暂离原有的工作，接受更高更深的教育，以开创职业生涯的"第二春"。学生角色在 35 岁、40 岁、45 岁左右凸显，正是这种现象的反映。

第三层是休闲者角色。这一角色在前期较平衡地发展，直到 60 岁以后迅速增加，也许有人会惊讶舒伯把休闲者角色列入了职业生涯规划的考虑之中。其实，平衡工作和休闲是一项非常重要的任务，特别是在如此快节奏、高效率的社会中，正如图 2-1 中的空白也构成画面的一部分一样，休闲也是人们维持身心健康的一个重要手段。

第四层是公民角色。案例中，该角色从 20 岁开始，35 岁以后得到加强。60 ~ 70 岁之间达到顶峰，之后慢慢减退。公民的角色，就是承担社会责任、关心国家事务的一种责任和义务。

第五层是工作者角色。该当事人的工作角色从 26 岁左右开始，颜色阴影几乎填满了整个层面，可见当事人对这一角色相当认同。但在 40 岁时，工作者的角色完全消失。对比其他角色，不难发现，这一阶段学生角色和持家者角色都有不同程度的增强。两三年后，学生角色变小时，持家者角色的投入程度恢复到平均水平，而工作者的角色又被颜色涂满，直至 60 岁以后开始减少，65 岁终止工作者角色。

第六层是持家者角色。这一角色可以拆分为夫妻、父母、（外）祖父母等角色，然后分别绘图。此处持家者的角色从 30 岁开始，前几年精力投入较多，之后维持在一个适当水平，一直到退休以后才加强了这一角色。76 ~ 80 岁几乎没有了持家者的角色。

虽然个体的职业生涯过程中可能还承担其他角色，但对于大多数人来说，上述这些是最基本的角色。在使用生涯彩虹图时，可根据自身情况进行适当调整。

我的生涯彩虹图

生涯彩虹图是职业生涯规划中用于自我了解的有效工具，在其绘制过程中，大学生能够很好地进行生命广度和生活空间的探索。生涯彩虹图可以按照以下步骤绘制。

（1）准备一张如图2-2所示的空白职业生涯彩虹图。

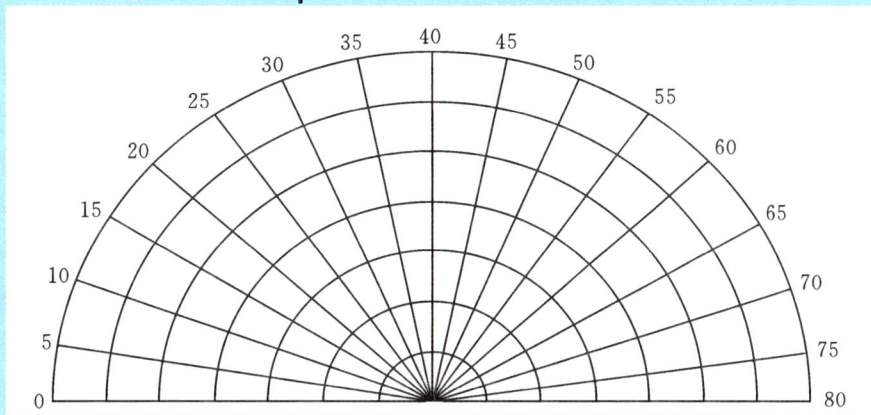

图2-2　空白生涯彩虹图

（2）图2-2的要点是，按照出生到生命终结（可以自己确定，也可以取80岁），按5年一段对圆周进行划分并代表人生的某个时间段，而扇面上被同心圆分割的部分代表不同的角色。角色可以按自身情况选定，通常有子女、学生、休闲者、公民、工作者、持家者等。

（3）用彩笔在图中画出自己所扮演的角色，一种颜色代表一种角色。按照某个年龄段扮演某个角色的多少来决定格子填涂的程度。

（4）生涯彩虹图的目的是要引起大学生对"角色"和人生安排的思索，因此在完成彩虹图后，需要回答以下几个问题：

①你的生涯彩虹图中，哪个年龄段看上去内容最多？哪部分的空白比较多？这意味着什么？需要调整吗？

②现阶段的角色分配是你理想的状态吗？为什么？

③未来5年会发生什么变化？面临哪些挑战？你准备好了吗？

三、工作适应理论

工作适应理论起源于美国明尼苏达大学，由罗圭斯特和戴维斯提出，强调人境符合的心理学理论，简单来说就是只有当工作环境能满足个人的需求（内在满意），个人也能满足工作的技能要求（外在满意）时，个人在该工作领域才能够得到持久发展。

该理论认为，选择职业或生涯发展固然重要，但就业后的适应问题更值得注意，尤其对障碍者而言，在工作上能否持续稳定，对其生活、信心与未来发展都是重要的课题。基于此种考虑，戴维斯等人从工作适应的角度，分析适应良好与否的因素。他们认为每个人都会努力寻求个人与环境之间的符合性，当工作环境能满足个人的需求，又能顺利完成工作上的要求，则符合程度随之提高。不过个人与工作之间存在互动的关系，则符合与否是互动过程的产物，个人的需求会变，工作的要求也会随时间或经济情况而调整，如果个人能努力维持其与工作环境之间符合一致的关系，则个人工作满意度愈高，在这个工作领域也愈能持久，如图2-3所示。

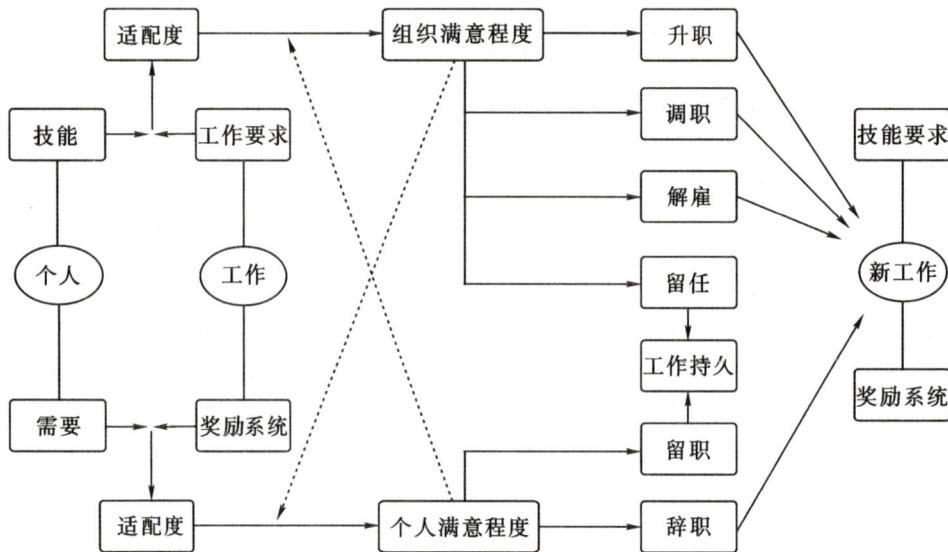

图 2-3　工作适应理论模型

事实上，工作适应理论仍属于特质因素理论的范畴，不过已将其重点扩及个人在工作情境中的适应问题，强调就业后个人需要的满足，同时亦考虑能否达成工作环境的要求。

四、职业生涯决策理论

每个人在职业生涯发展道路上都会面临各种各样的职业决策问题。职业生涯决策理论告诉人们决策的依据和步骤，使人们不再犹豫不决、左右徘徊。

目前职业生涯决策理论常见的有三种，其中彼得森等人的认知信息加工理论最具代表性。下面重点来介绍一下这一理论。

20世纪90年代初，彼得森等人提出了从信息加工取向看待职业生涯问题解决的认知信息加工理论，简称为 CIP（cognitive information processing）理论。这一理论把职业决策的过程看作学习信息加工能力的过程。

该理论假设：生涯选择以认知与情感的交互作用为基础；进行生涯选择是一种问题解决活动；生涯问题解决者的能力取决于知

识和认知操作；生涯问题解决是一项记忆负担繁重的任务；生涯决策要求有动机；生涯发展包括知识结构的持续发展和变化；生涯认同取决于自我知识；生涯成熟取决于一个人解决生涯问题的能力；生涯咨询的最后目标是促进来访者信息加工技能的发展；生涯咨询的最终目的是增加来访者作为生涯问题解决者和决策制定者的能力。

按照信息加工的特点，该理论构架了一个金字塔模型，由三个水平、四个部分组成，如图2-4所示。

（1）知识领域，位于塔底，包括自我知识和职业知识。自我知识包括了解自己的价值观、兴趣、需要和技能，是对自我的认识。职业知识包括理解特定的职业、学校、专业、休闲以及组织状况，是认识自我的选择。这一层次是生涯决策的基础。

（2）决策技能领域，关注个体如何做决策，即对所存储的信息进行加工处理，包括沟通、分析、综合、评估、执行五个阶段。

（3）执行加工领域，也称为元认知。元认知就是一个人所具有的关于自己思维活动和学习活动的认知和监控；是任何调节认知过程的认知活动，或是任何以认知过程和结果为对象的知识；是监督和控制职业生涯决策的过程，决定着如何思考生涯问题，制定决策。执行加工领域包括自我言语、自我觉察、控制与监督。

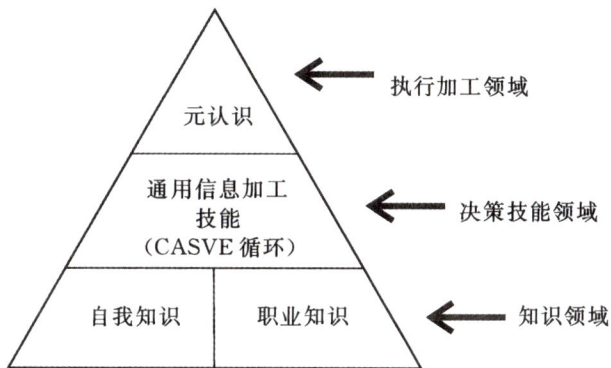

图2-4 信息加工金字塔模型

第三章　大学生的自我认知

第一节　自我认知

自我认知（self-cognition）是对自己的洞察和理解。如果一个人不能正确地认识自我，觉得处处不如别人，就会产生自卑心理，丧失信心，做事畏缩不前；相反，如果一个人过高地估计自己，也会骄傲自大、盲目乐观，导致工作的失误。因此，恰当地认识自我，实事求是地评价自己，是自我调节和人格完善的重要前提。

一、自我认知的概念

自我认知就是人在社会实践中对自己的生理、心理、社会活动以及自己与周围事物的关系进行认知，它包括自我观察、自我体验、自我感知和自我评价等。

二、自我认知的内容、原则和方法

（一）自我认知的内容

美国心理学家威廉·詹姆士认为自我认知有三个要素：

（1）物质自我，即自我的身体、生理、仪表等要素组成的血肉之躯，是可以量化或直观得到的指标。需要提醒大家，一定要愉悦地接纳物质自我，不管长相是美是丑都要接受这个事实。我们不能靠长相吃饭，长相俊俏的人也应该牢记，不能因为天生丽质而放弃努力，否则会耽误自己的前程；如果在这一方面处理得不好，物质自我会在一定程度影响精神自我的发展，进而影响一个人的职业生涯。

（2）社会自我，是指与他人交往时感知到他人对自己的看法以及自己的社会责任感。一个人在社会生活中的名誉、地位、人际关系、处境等，是自我在群体中的价值和作用，是别人对自我的大致评价。社会自我会影响一个人的人际关系以及在社会中的角色地位，进而影响一个人的职业生涯规划。社会自我的认知提醒我们要有社会责任意识，要把自己放在社会这个大背景下考虑自己的职业发展，在关注社会的同时发现更多的职业发展机会。

（3）精神自我，即对自己内在的心理要素的认识，主要包括对自己的智力、道德标准、心理素质、个性、能力、性格、气质、价值观等方面的评估。对精神自我的认知，要建立在物质自我的需求得到满足的基础上。

由于年龄结构、文化素质、群体意识的特殊性，大学期间是大学生形成自我意识和发展自我的关键时期，对于大学生而言，自我认知的重点就要放在精神自我方面，重点从自我的兴趣、性格、能力和价值观这四个维度进行探索。

（二）自我认知的原则

在认识、评价和接纳自己的过程中，需要遵循一定的原则，也只有在遵循这些原则的基础上才能更好地了解和认识自己。

（1）客观性。重事实、重体验、重剖析、重规律，以客观事实为基础和依据，避免受主观因素的影响。

（2）全面性。注重优点与缺点、特殊素质与综合素质、整体因素与占主导地位因素等全面衡量。

（3）发展性。用发展变化的观点认识自我，注意自身的潜能和可塑性，预测自己在知识结构、工作兴趣等方面会有什么样的发展变化，并把它作为选择职业的因素之一。

（4）适度性。注意"度"的把握。评价过高会意识不到自身条件的局限，进而造成由自信到狂傲；评价过低会忽视自己的优势，导致缺乏自信等。

（5）现实性。立足现实，把握现实自我，减少理想自我对现实自我评价的负面影响。

（三）自我认知的方法

1. 约哈里之窗理论

自我认知是自我意识发展的基础。人们对自身的认识和评估不可能在封闭和独立的空间内自发形成，需要与社会接触及在与他人的交流和反馈中了解自己。美国心理学家约瑟夫·卢夫特和哈里·英汉姆在2006年提出关于自我认知的约哈里之窗理论。该理论认为人对自己的认识是一个不断探索的过

程，并将个人的"自我"划分为四个区域：公开区、隐秘区、未知区和盲目区，如图3-1所示。

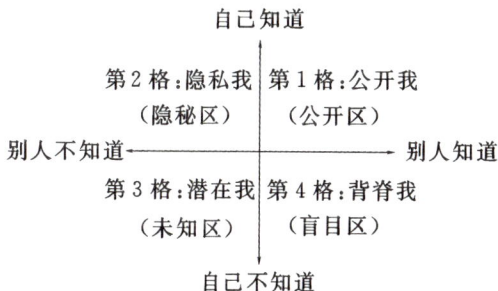

图3-1 约哈里之窗

第1格：代表自己知道，也会让别人知道的区域，是不隐藏或愿意公开的部分，通常为正向信息，也就是透明、真实的自我。

第2格：代表自己知道而别人不知道的区域，是隐藏和不愿意公开的部分，例如惭愧的往事。

第3格：代表自己和别人都不知道的区域，是基于某种原因而没有意识到的部分，通过一些契机可以激发出来。

第4格：代表别人知道而自己不知道的区域，是自己有意无意在别人面前表现出来的部分，通常为负向信息，例如自己习惯性的动作。

约哈里之窗理论认为，每个人的"自我"都由这四部分构成，但这四部分的比例会随着个人的成长、生活经历及教育环境等发生变化。

（1）关注背脊我，促进盲目区的减少。通过他人的反馈减少盲目的自我，扩大公开区域，这样对自己的了解就会更全面、更客观、更真实，在职业生涯的规划和选择中也能扬长避短，发挥自己的能力。

（2）掌控隐私我。当自己的负面情绪长

期积压在隐秘区时，就会影响自我表现甚至影响身心健康。因此，在一段值得信任的关系中，如家人、朋友，可以通过交流或撰写日记等方式把自己的隐私逐渐公开地表露出来，这也是自我认知的重要一步，既能促进个人身心健康，也能增强人际关系。

（3）积极开发潜在我。约哈里之窗理论的独到之处就在于，在这个"共同体"中，使未知通过隐秘区与盲目区的"桥梁"进入公开区，实现自我丰满，发挥个体最大潜能。

研究发现每个人的潜能只开发了极小部分，因此，认识和了解潜在我是自我认知的重点之一。当窗口的每个区域达到合适的比例时，人就会身心平衡，积极阳光。约哈里之窗理论帮人们打开了一扇认识自我的窗口，通过这扇窗能更全面、更客观、更真实地认识自己，进而做出适合自己的、正确的职业规划和选择。

2. 日常生活分析法

（1）比较法。从"我与人"的关系中认识自我。

与他人交往是个人自我认识的重要来源，他人是反映自我的镜子。个人对自己价值的认识，是通过与他人能力和条件的比较而获得的。在与他人比较的过程中，应注意比较的参照系和落脚点。①与别人比较应有标准，而且标准应该是相对标准而不是绝对标准，应该是可变的标准而不是恒定的标准。例如，一个人的容貌和出身是不可更改的，若以此为标准同别人比较是没有意义的。②比较的对象应该是与自己条件类似的人。大学生要努力拓宽视野范围，增加生活阅历，积极参加社会实践和社交活动，这样有助于自己找到正确的参照系来了解自己。

③积极的比较更有意义。例如，同学之间形成良性竞争，与其因为比较经济条件等客观因素不如别人而影响了学习状态和情绪，倒不如比较取得的成绩和能力来得更有意义。

（2）经验法。从"我与事"的关系中认识自我。

从"我与事"的关系中认识自我，就是从做事的经验中了解自己。

①通过自己的成就经验了解自己。通过自己所取得的成果、成就，从做事的经验中了解自己，也是一种学习。不经一事，不长一智。成败得失，其经验的价值也因人而异。

②通过自己的失败经历认识自我。对聪明又善用智慧的人来说，不论成功还是失败的经验都可以促使他们再成功，因为他们了解自己，并具有坚强的人格特征，善于学习，因而可以避免重蹈覆辙。

③通过自己的成败经验获得自我意识。对某些自我比较脆弱的人来说，失败的经验会导致其再次失败。因为他们往往不能从失败中学到教训，在失败后，不敢面对现实去应付困境或挑战，甚至失去许多良机。而对有些狂妄自大的人而言，成功反而可能成为失败之源。他们可能幸得成功便骄傲自大，以后做事便自不量力，往往会遭遇更多失败；或成长过于顺利，又有家世和社会关系，而一旦失去"保护源"，便一蹶不振，不能支撑起独立的自我。因此一个能够通过自己成败经验获得自我意识的人，并对获得的自我意识进行分析和甄别，他才有成功的希望。

（3）自省法。从"我与己"的关系中认识自我。

古人云："吾日三省吾身。"自我观察

是自我教育、自我提高的重要路径。要认识自己，我们必须要做一个有心人，经常反省自己在日常生活中的点滴表现，总结自己是一个什么样的人，找出自己的优点和缺点。

①认识自己眼中的我，是指个人实际观察到的客观的我，包括身体、容貌、性别、年龄、职业、性格、气质、能力等。

②认识别人眼中的我，是指与别人交往时，由别人对你的态度、情感反应而觉知的我。不同关系的人对自己的反应和评价不同，它是个人从多数人对自己的反应中归纳出的统一觉知。

③认识自己心中的我，是指自己对自己的期许，即理想我。

人们还可以从实际的我、自觉别人眼中的我、自觉别人心中的我等多个"我"来全面认识自己。但是，对现代的社会人而言，虽然有多个"我"可供认识自己，但形成统一的自我观念比较困难。因为现代社会急剧变迁，改革开放后受多元价值的影响，使现在社会人的自我认识难以客观、全面，这就需要大学生们不断加强自律，好好学习。

3. 他人评价法

日常生活中可以通过他人对自己的评价来认识自己。其关键在于真实地表现自己，坦率地征求他人对自己的看法。由于交流双方对希望交流的认识不同，因此对希望交流者自我意识确立的作用也不同。通常有以下四种情况：

（1）交流双方都认识到的优点或缺点，有利于形成正确的自我意识；

（2）别人不知道而自己认识到的，易形成肯定的自我认识；

（3）别人认识而自己未认识到的，自我

意识确立的情况要视其对交流者的信任度而定，与自己信任的人交流易形成自我意识，反之，较难形成自我意识；

（4）交流双方均未认识到的，难以形成正确的自我意识。

因此，必要的信任和坦诚的交流有助于形成正确的自我意识。

4. 内外归因分析法

所谓归因，就是人们对自己或他人行为的原因进行推测、判断或解释的过程。根据心理学家弗里茨·海德的归因理论，人通过两种主要的归因方式解释自己或其他人的行为。

（1）内向归因：把事情的起因归因于行动者的性格、态度或人格。比如说，当一个小孩哭时，如果把他哭的原因归因为这个小孩调皮、无理取闹等，这就是一种内向归因，因为把小孩哭的行为看作是他的人格问题。

（2）外向归因：把事情的起因归因于行动者的外在因素或处境。用上面那个例子，如果把小孩的哭归因在小孩其实是肚子饿了或是不舒服才哭的，那归因方式就属于外向归因。

在制定职业生涯规划或职业选择时，如果期望过高，理想与现实脱节，不能对行为的结果进行正确的归因，就会阻碍求职和事业发展。相反，如果平时加强归因训练，正确认识自己，进一步完善和改善自我，养成职业选择的内部控制感，就有助于解决不良就业心理和观念，从而形成科学的就业观。

5. 咨询专家或者实施测评

可以通过专家咨询或者采用现有开发的职业素质测评软件来认识自己。职业咨询专家可以运用他们的专业知识、经验和科学的咨询技术给大学生提供帮助。在咨询过程中，可以获得大量的信息资料和对问题的重新认识，更重要的是，通过专家咨询可以帮助自己进一步认识自我，提高决策的准确性。

现在有一些测评软件也能帮助大学生了解自我。在兴趣方面主要有斯特朗职业兴趣量表、霍兰德职业兴趣量表；在气质方面主要有张拓基、陈会昌编制的气质测验量表；在能力方面主要有智力测试，如比奈·西蒙的智力量表、威克斯勒的成人智力量表；创造能力的测试，如威廉斯创造力倾向测试量表；对特殊职业能力倾向测验，如文书能力倾向测验、机械能力倾向测验、美术能力倾向测验、音乐能力倾向测验、科学与工程能力倾向测验和医学职业能力倾向测验等。

三、自我认知对大学生的意义

职业生涯是指个体职业发展的历程，是一个人一生所有与职业相连的行为与活动以及相关的态度、价值观、愿望等连续性经历的过程，也是一个人一生中职业、职位的变迁及职业目标的具体过程。然而，在当代大学生中，有一半以上的人没有进行过职业生涯规划，他们不知道自己将来要从事什么样的职业，或者对自己所选择的职业缺乏必要的了解。这种状况需要改善，而改善的第一步就是大学生必须清醒地认识自我，因为这是做好职业生涯规划的基础。

也可以说，良好的自我认知对一个人的成功起着关键性的作用。认为自己是怎样的人，就会怎样去表现，这两者是一致的。如果觉得自己是一个有价值的人，自己就会做有价值的事；如果觉得自己一文不值，自己就很难实现有价值的梦想。良好的自我认知

是成功的起点。在真正喜欢别人以前，必须先接纳自己。在未接纳自己之前，动机、设定目标和积极的思考等都不会为之服务。

（一）自我认知是大学生认识个人与社会关系的重要基础

在心理学的领域内，自我认知是一个非常重要的课题，充分客观的自我认知是心理健康的基础。如果一个人看不到自己的价值，只看到自己的不足，觉得什么都不如别人，处处低人一等，就会丧失信心，没有底气，产生厌恶自己并否定自己的自卑感，就会羞于与他人相处，缺乏人际交往的勇气；相反，一个人只看到自己比别人好，认为谁都比不上自己，就会产生盲目乐观的情绪，自以为是，以自我为中心，会导致在交往中自高自大、盛气凌人，或不屑与人交往。可见，如果对自己的评价与他人对自己的客观评价过于悬殊，就会使自己与他人之间的关系失去平衡，产生矛盾，不利于正常的人际交往。大学生进行自我了解是认识个人与社会关系的一个重要基础。

（二）自我认知是大学生立志成才、奋发有为的动力

青年人正处在多思多梦的年华，总在不断地为自己设计未来的路，选择美好的前程，而认识自我、把握自己的优势和劣势，则是大学生择业的基础。人是具有自觉能动性和创造性的主体，人对自我的认识越深刻，就越能发挥这种能动性和创造性。实践证明，一个人有了对自我的科学认识和把握，才能合理设计自己的职业发展道路，才能最大限度地发挥自己的潜能。认识自我是一个长期而复杂的过程，需要根据条件的变化不断进

行再认识，这样才能以一个强者的姿态，应对自如地投入就业市场的竞争活动中。

（三）自我认知是澄清职业价值观的先决条件

当今的部分大学生在职业价值观上常常陷入误区：不但要求月薪高、职位高、生活好，还讲究住房、奖金等林林总总的物质享受；另外，相当一部分学生迷恋著名企业，认为到那些著名企业才能发挥自己的聪明才智，才会有前途。其实，著名企业里人才济济，竞争十分激烈，相对而言，一般小企业对人才的需求如饥似渴。如此一来，盲目追求符合自己个人意愿的工作，无视意愿与社会现实之间可能存在的矛盾冲突，不仅难以实现个人的价值，而且其社会价值也难以实现，这样的职业生涯无法给人带来满足感、愉悦感和成就感。当然，在进行职业生涯设计时，着重探讨的不是应该确立什么样的价值观，或者如何去确立正确的价值观，而是对自己的价值观进行澄清和确认，根据自己的条件，结合整个职业环境，考虑清楚自己到底应该追求什么，自己又能胜任什么，最后做出自己的选择。

（四）自我认知是认清个人能力优势、挖掘自身兴趣的试金石

大学生在毕业前应做好对自身条件的客观分析：①可以对中学、大学的学习生活做一个总体回顾，然后对自己做出自我分析与评价；②可以请自己的师长、朋友对自己提出一些合理的建议；③可以进行一些人才量表化的自我测试。通过以上几种方式的分析与测试，毕业生会对自己的性格、爱好和职业倾向等数据了解透彻。诺贝尔物理学奖获得者丁肇中说过："兴趣比天才重要。"因为人们对某种职业感兴趣，就会对该职业表现出肯定的态度，在工作中调动整个心理活动的积极性，开拓进取，努力工作，这将有助于事业的成功。反之，强迫自己做不愿意做的工作，对精力、才能都是一种浪费。因此，学生在设计自己的职业生涯时，不仅需要知道自己具备何种专业技能，也需要知道自己对哪类工作感兴趣。只有将专业技能和兴趣结合起来考虑，才有可能取得职业生涯的成功。

【动手一测】你认识你自己吗？请扫描以下二维码进行测试。

此问卷仅作为了解自己使用，如有疑问，请咨询专业人员。

第二节　兴趣认知

故事导入

在 2001 年 5 月，美国内华达州的麦迪逊中学在入学考试中出了一道题目：比尔·盖茨的办公桌有五只带锁的抽屉，分别贴着财富、兴趣、幸福、荣誉和成功五个标签，盖茨总是只带一把钥匙，而把其他的四把锁在抽屉里，请问盖茨带的是哪一把钥匙？他把其他的钥匙锁

在哪一只或哪几只抽屉里？一位刚移民美国的中国学生恰巧赶上这场考试，看到题目后，一下慌了手脚，因为他不知道这到底是一道语文题还是一道数学题。考试结束后，他去问他的担保人——该校的一名理事。理事告诉他，那是一道智能测试题，内容不在课本上，也没有标准答案，每个人都可根据自己的理解自由作答，老师有权根据他的观点给一个分数。中国学生在这道 9 分的题上得了 5 分，老师认为他没答一个字，至少说明他是诚实的，仅凭这一点应该给他一半以上的分数，令中国学生不解的是，他的同桌回答了这个题目，仅得了 1 分，同桌的答案是：盖茨带的是财富抽屉上的钥匙，其他锁在这只抽屉里。后来这位同桌写信去向盖茨请教答案，盖茨在信中写了这样一句话：在你最感兴趣的事物上，隐藏着你人生的秘密。

一、兴趣的概念

《论语·雍也》记载着先贤孔子的话："知之者不如好之者，好之者不如乐之者。"诗人歌德也有一句名言："如果工作是一种兴趣，人生就是天堂！"兴趣给人的工作、学习活动带来的乐趣由此可见一斑。

兴趣是指个体力求认识、掌握某种事物，并经常参与该种活动的心理倾向，或者说，兴趣是一个人积极探究某种事物的心理倾向。人的兴趣是在需要的基础之上，在活动之中发展起来的，而且是推动人们去寻求知识和从事活动的巨大的内在动力。一个人在从事自己感兴趣的活动时，注意力往往会更加集中，思维会更加活跃，行为会更加稳定，并能呈现愉快的心理状态。

按照兴趣的不同内容，我们可以从以下三个维度进行分类：

（1）物质兴趣与精神兴趣。物质兴趣主要是指人们对舒适的物质生活（如衣、食、住、行方面）的兴趣和追求，如很多人喜欢购买电子产品等；精神兴趣主要是指人们对精神生活（如学习、研究、文学艺术、知识）的兴趣和追求，如有些人喜欢思考、研究，这是精神层面的兴趣。

（2）直接兴趣与间接兴趣。直接兴趣是一个人对某类事物或某一活动本身感兴趣。比如小孩子喜欢游戏活动，就是一种直接兴趣。而间接兴趣则是对某一事物或某一活动本身并不感兴趣，而是对事物及活动的结果感兴趣。比如孩子在学习英语的时候，往往不喜欢背诵英语单词，但是当他想到学好英语可以做翻译家、做外交家时，就对英语学习有了兴趣。

（3）个人兴趣与社会兴趣。个人兴趣是个体以特定的事物、活动及人为对象，所产生的积极的和带有倾向性、选择性的态度和情绪。社会兴趣是指社会成员对某一领域的普遍兴趣，或社会某一领域对社会成员的普遍需求。

二、兴趣与职业的关系
（一）职业兴趣

随着工业化大生产的不断推进，如何提高工人的生产效率，将合适的工人安排在适当的岗位成为时代的要求。兴趣领域的研究也相应地转入对职业兴趣的研究，同时，职业兴趣研究逐渐成为心理学家兴趣研究领域的基本内容。1984 年，汉森将职业兴趣定义为人们对某种职业和从事该职业的各项活动所表现出的喜欢、不喜欢或无所谓的态度，并认为这是个人选择职业的重要决定因素。我国的许多学者通过兴趣的定义来界定职业兴趣，如：职业兴趣是兴趣在职业选择活动方面的一种表现形式，是个人兴趣在职业上的体现；职业兴趣是个体对职业环境中的人、事、物的喜好程度以及对职业活动主动接触参与的积极心理倾向等。

职业兴趣是兴趣在职业方面的表现，是指人们对某种职业活动具有的比较稳定而持久的心理倾向，能使人对某种职业给予优先注意，并为之向往。简单地说，当人们的兴趣对象指向职业活动时，就形成了人的职业兴趣。职业兴趣主要是回答"我喜欢什么"的问题，职业兴趣对人的职业活动有着重要的影响，一份符合自己兴趣的工作常常能够给自己带来愉悦感、满足感。在选择职业时，人们总会将自己是否对此有兴趣作为考虑因素之一。从感到有兴趣开始，到逐渐形成更加稳定、持久的乐趣，进而与自己的奋斗目标相结合，形成有着明确方向感和意志性的志趣，这是人的兴趣发展的过程。从事自己感兴趣的职业活动时，可以激发出强烈的探索和创造热情，可以在良好的体能、智能和情绪状态之下从事有意义的职业活动，从而心甘情愿地全身心地投入；从事自己感兴趣的职业活动可以使人比较容易适应变化的职业环境，可以使人在追求职业目标时表现出坚定的意志力。可见，职业兴趣是个人在进行职业设计时必须考虑的重要因素之一。

（二）兴趣对职业活动的影响

李开复关于兴趣的问题曾有几点建议可供参考，那就是：选你所爱，爱你所选，把握每一个选择兴趣的机会，忠于自己的兴趣和找到最佳结合点。总之，对个人来说，如果从事有兴趣的工作，就会更加努力，而有努力就会出成绩，从某种意义上甚至可以说，兴趣比能力更加重要。具体来说，兴趣对人们的职业活动的影响主要表现在以下三个方面。

1. 兴趣是人们职业选择的重要依据

兴趣是最好的老师。这句至理名言，无论是对学习、工作，还是对择业来说都有一定的指导作用。正像人们在日常生活中喜欢参加自己感兴趣的活动一样，有兴趣的人更倾向于寻求与此有关的职业，特别是在外界环境限制较小时，人们都会选择自己感兴趣的职业。因此，对个人的兴趣类型有了正确的评估后，就能帮助人们进行正确的职业选择。

2. 兴趣可以提高工作的效率

兴趣可以通过工作动机促进个人能力的发挥，兴趣和能力的合理结合能大大提高工作效率。研究表明：如果一个人从事自己感兴趣的职业，就会发挥他的全部才能的 80% ~ 90%，而且长时间保持高效率却不感疲惫；相反，如果面对所从事的工作没有兴趣，只能发挥其全部才能的 20% ~ 30%。正如诺贝尔奖获得者丁肇中教授所说："任何科学研究，最重要的是要看对自己所从事的工作有没有兴趣。换句话说，也就是有没有事业心，这不能有丝毫的强迫。比如搞物理实验，因为我有兴趣，我可以两天两夜，甚至三天三夜待在实验室里，守在仪器旁，我迫切地需要我所要探索的东西。"

3. 兴趣是保证职业成功的重要因素之一

兴趣影响个人的工作满意度和稳定性。一般来说，从事自己不感兴趣的职业很难让人感到满意，容易导致工作不稳定。古往今来的一些成功人士，他们的职业选择大都是建立在兴趣的基础之上，如我国著名的戏剧家曹禺在中学时就热衷于看文明戏和京剧，最后成为我国著名的戏剧家；世界女子乒乓球冠军邓亚萍也是从小就爱上了乒乓球，最后成为世界乒坛的风云人物。这样的事例很多，都说明了兴趣可以引导人们攀登到达事业的顶峰。

三、霍兰德职业兴趣类型理论

1. 理论概述

约翰·霍兰德是美国约翰·霍普金斯大学心理学教授、美国著名的职业指导专家。他认为人的人格类型、兴趣与职业密切相关，兴趣是人们活动的巨大动力，凡是具有职业兴趣的职业，都可以提高人们的积极性，促使人们积极地、愉快地从事该职业，而且职业兴趣与人格之间也存在着很高的相关性。

霍兰德的理念是：人的内在本质必须在职业生涯的领域中得以充分扩展，期待一个人能在适当的生涯舞台上充分地展现自我，实现自我，不仅能安身，更能立命。他的理论就是协助当事人从迷惑中找到"人之所是"的立命之所。

2. 主要观点

霍兰德认为，某一类型的职业通常会吸引具有相同人格特质的人，而具有相同人格特质的人对许多生活事件的反应模式也基本相似，他们创造了具有某一特色的生活和工作环境。在同等条件下，人和环境的适配性或一致性将会增加个体的满意度、职业稳定性和职业成就感。

📖 课堂活动

兴趣岛测试

恭喜你！你获得了一次免费度假游的机会，有机会去下列六个岛屿中的一个，唯一的要求是你必须在这个岛上住三个月。请不要考虑其他因素，仅凭自己的兴趣按一、二、三的顺序挑出你最想前往的三个岛屿。

A岛——美丽浪漫岛。这个岛上到处是美术馆、音乐厅，弥漫着浓厚的艺术文化气息。岛民们保留着传统的舞蹈、音乐与绘画的技能。许多文艺界人士都喜欢来到这里开沙龙派对寻求灵感。

C岛——现代井然岛。这个岛上处处耸立着的现代建筑，标志着这是一个进步的、都市气息浓厚的岛屿，岛上的户政管理、地政管理及金融管理都十分完善。岛民们个性、冷静、保守，处事有条不紊，善于组织规划。

E岛——显赫富庶岛。该岛经济高度发展，处处都有高级饭店、俱乐部、高尔夫球场。岛民性格热情豪爽，善于企业经营和贸易活动。岛上往来者多是企业家、经理人、政治家、律师等。这些商界名流与上等阶层人士在岛上享受着高品质的生活。

　　I 岛——深思冥想岛。这个岛平畴绿野，人少僻静，适合夜观星象。岛上有很多天文馆、科技博物馆、科学图书馆。岛民们最喜欢待在自己的小房子里，天天钻研学问，沉思冥想，探究真知。哲学家、科学家和心理学家们在这里聚会，讨论学术，交流思想。

　　R 岛——自然原始岛。这是一个自然生态优良的绿色之岛。岛上不仅保留有热带雨林等原始生态系统，而且建立了相当规模的植物园、动物园、水族馆。岛民以手工制造见长，他们自己种植花果，栽培蔬菜，修缮房屋，打造器物，制作工具。

　　S 岛——温暖友善岛。这个岛的岛民们都性情温和，乐于助人，人际关系十分友善。大家互助合作，重视教育后代。每个社区都能自成一个密切互动的服务网络，处处充满着人文关怀的气息。

　　你共有 15 秒钟时间回答以下问题：

　　（1）如果你必须在六个岛之中的一个岛上生活三个月甚至一辈子，成为这里岛民的一员，你第一会选择哪一个岛？

　　（2）你第二会选择哪一个岛？

　　（3）你第三会选择哪一个岛？

　　（4）你最不愿意选择哪一个岛？

　　选好之后，依次记下四个问题的答案。

　　这六个岛事实上分别代表了六种职业类型。问题（1）的答案体现了你最显著的职业兴趣特征、最喜欢的活动类型以及最喜欢（很可能是最适合）的大致职业范围。反之，问题（4）的答案则是你最不喜欢的活动。

　　活动目标：本次测验将霍兰德代码（Holland codes，即 RIASEC）的六种个体类型比喻成岛屿，通过选择岛屿，洞察自己真正的职业兴趣，匹配自己所喜欢和不喜欢的职业内容，帮助自己把握好职业定位和方向。

3. 具体内容

（1）实用型（realistic）。

①实用型人格：典型表现是喜欢从事户外工作或操作机器。具有实用型人格的人大多愿意使用工具从事操作性工作，动手能力强，做事手脚灵活，动作协调，并具有传统的价值观，倾向于用简单、直接的方式来处理问题，用他们的机械和技术能力来进行生产，不善言辞，缺乏社交能力，通常喜欢独立做事。

②实用型职业：那些使用工具、机器，或从事与植物、动物相关的，需要基本操作技能的工作，如技术性职业（计算机硬件人员、摄影师、制图员、机械装配工、特种工程师、军事工作者等）和技能性职业（木匠、厨师、技工、修理工、花匠、驯兽员等）。

（2）研究型（investigative）。

①研究型人格：具有研究型人格的人是思想家而非实干家，典型表现是抽象思维能力强，喜欢逻辑分析和推理，考虑问题理性，

不断探讨未知的领域。具有研究型人格的人喜欢独立的和富有创造性的工作，一般会以复杂、抽象的方式看待世界，并倾向于用理性和分析的方式来处理问题。

②研究型职业：那些对物理学、生物学或文化知识进行研究和探索的职业，如科学研究人员、实验室工作人员、理工科的理论研究人员、工程设计师、程序设计员等。

（3）艺术型（artistic）。

①艺术型人格：典型表现是有创造力，乐于创造新颖、与众不同的成果。具有艺术型人格的人做事理想化，追求完美，渴望表现自己的个性，通常以展示自己的艺术价值来获取成就，以复杂和非传统的方式来看待世界，与他人交往更加感性，他们大多擅长表达，直觉能力强，独立性强，具有表演、写作、音乐创作和演讲等天赋，不善于事务性工作，通常会尽力避免过度模式化的环境。

②艺术型职业：那些进行艺术创作的职业，如艺术方面的职业（演员、导演、艺术设计师、雕刻师、建筑师、摄影师、室内装潢师、广告制作人等）、音乐方面的职业（歌手、作曲人、乐队指挥等）和文学方面的职业（作家、诗人、剧本创作人、漫画师等）。

（4）社会型（social）。

①社会型人格：典型表现是喜欢与人交往、合作；积极关心他人，帮助别人解决困难，善言谈，喜欢给人培训或传达信息；关心社会问题，愿意为他人服务，渴望发挥自己的社会作用，寻求广泛的人际关系，比较看重社会义务和社会道德。社会型的人通常易合作、友好、仁慈、随和、善解人意，但往往缺乏机械能力。

②社会型职业：那些与人打交道的工作，如导游、福利机构工作者、社会学者、教育工作者（教师、培训人员、教育行政人员）、社会工作者（咨询人员、公关人员），以及精神卫生工作者、公共保健护士等。

（5）企业型（enterprising）。

①企业型人格：典型表现是追求权力、权威和物质财富，通常喜欢竞争、精力充沛、自信、自负、热情，有野心、有抱负，具有冒险精神和领导才能，善于控制形势，擅长表达。具有管理型人格的人大多为人务实，习惯以利益得失、权力、地位、金钱等来衡量做事的价值，有较强的目的性，多从商或从政。

②企业型职业：那些通过控制、管理他人而达到个人或组织目标的职业，如项目经理、市场经理或销售经理、营销管理人员、政府行政管理人员、企业管理人员、法官、律师、体育运动策划者、投资商、电视制片人或保险代理人等。

（6）事务型（conventional）。

①事务型人格：典型表现是尊重权威和规章制度，喜欢规范化的工作或活动。他们希望按计划办事，习惯接受他人的指挥和领导，愿意在一个大的机构中处于从属地位。具有事务型人格的人大多具有细心、顺从、有序、有条理、有毅力、效率高等特征，较为谨慎和保守，缺乏创造性，不喜欢冒险和竞争，擅长文书工作，他们通常以传统和依赖的态度来看待事物，并用认真、现实的方式来处理问题。

②事务型职业：那些对事务性工作进行细致有序的、系统处理的职业，如会计、出纳员、图书管理员、秘书、档案文书、税务专家、记事员、行政助理人员、打字员、投

资分析员等。

4.六种职业兴趣类型的相互关系

霍兰德所划分的六大类型，并非并列的、有着明晰边界的，这六种类型的人和职业具有不同的典型特征。一个人的行为表现是职业类型和人格类型相互作用的结果，所以他以一个六边形模型形象地阐述了六个类型之间的关系，如图3-2所示。

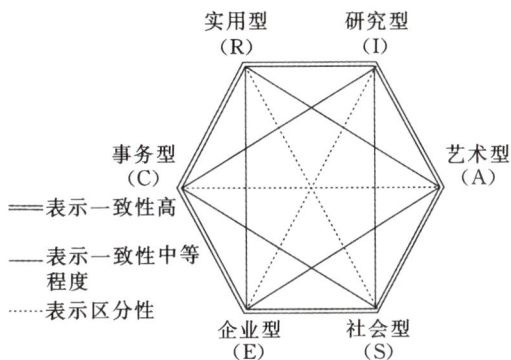

图 3-2 霍兰德的人格—职业六角形模型

然而，大多数人都并非只有一种人格特点，很可能是同时包含两种或三种。霍兰德认为，这些特点越相似，相容性越强，则一个人在选择职业时所面临的内在冲突和犹豫就会越少。因此在进行职业选择时应遵循以下几个原则：

（1）适宜原则：具备某一种人格特点者最好从事具备相应特点的职业，如具备社会型人格者最适宜从事社会型的职业。

（2）相近原则：六边形各角间相邻的类型彼此间具有较高的一致性，即具备某一种人格特点者如果从事六边形中相邻类型的职业，也可以较好地适应，如具备社会型人格者也可适应企业型和艺术型的职业。

（3）相隔原则：相隔一角的类型之间一致性居其次，即具备某一种人格特点的人如果从事六边形中相隔一角类型的职业，需要

付出较大的努力。如具备社会型人格的人通过努力可以从事研究型和事务型的职业。

（4）相斥原则：在六边形上处于对角位置的类型之间为相斥关系，即具备某一种人格特点者最不适合从事处于对角位置类型的职业，如具备社会型人格者最不适合从事实用型的职业。

人们通常倾向选择与自我人格类型匹配的职业，这样可以更好地发挥个人的潜能。但在职业选择中，个体并非一定要选择与自身人格特质完全对应的职业。①因为个体本身常是多种人格类型的综合体，单一类型显著突出的情况不多，因此在评价个性类型时，也时常以其在六大类型中得分居前三位的类型组合而定，组合时根据分数的高低依次排列字母，构成其人格组型，如 RCA、AIS 等；②因为影响职业选择的因素是多方面的，不能完全依据人格类型，还要参照社会职业需求及获得职业的现实可能性来综合评估。

【动手一测】请扫描下面的二维码对自己进行一次职业兴趣测量。

此问卷仅作为了解自己使用，如有疑问，请咨询专业人员。

四、大学生职业兴趣的培养途径

我国当前就业形势严峻，但并不意味着不考虑个人需要和兴趣而随意择业。如果将职业仅仅作为谋生的手段而不是达到个人实现自我价值的途径，将导致职业的稳定性降低，不仅会给个人带来困扰，阻碍个人发展，

还会造成国家资源的浪费。在选择职业时要了解自己的兴趣所在，努力使职业与兴趣点相结合，这样即使再枯燥的工作也会觉得丰富多彩、趣味无穷。大学生必须正确地评价自己的职业理想，客观地看待社会发展条件是否允许实现个人的职业理想。

人可以主动认识世界和改造世界，个人的职业选择也应该是一个动态的过程。人的兴趣是可以培养的，职业兴趣也是一样，虽然职业兴趣一旦形成就具有一定的稳定性，但个体可以通过主动培养自己的职业兴趣，从而改善求职择业状况。

大学生培养职业兴趣有以下四种途径。

1. 培养广泛兴趣

具有广泛兴趣的人，不仅对自己职业领域的东西有浓厚的兴趣，而且对其他方面也有一定的兴趣。这种人眼界比较开阔，解决问题时也可以从多个方面得到启发，在职业选择上有较大余地。

2. 培养中心兴趣

人的兴趣应广泛，但不能浮泛，还要有一定的集中爱好，既广泛又有重点，才能学有所长，获得深邃的知识。如果只有广泛性而无中心职业兴趣，人往往会认识肤浅，没有确定的职业方向，这样难以有所成就。所以，青年学生还应着重培养自己在某一方面的职业兴趣，促进自己的发展、成才。

3. 保持兴趣稳定

青年学生应在某方面有持久稳定的兴趣，不能朝三暮四、见异思迁，这样才能投入更多的热情和精力，深入钻研相关内容。在培养自己职业兴趣的同时，还应客观评价自己的能力，注重匹配程度，在此基础上形成的职业兴趣才是长久的。

4. 积极参加实践活动

职业实践活动内容十分丰富，包括生产实习、社会调查、参观访问以及兴趣小组等。每个人都可以根据社会和自我需要，通过参加各种职业实践活动，有意识地去培养和发展兴趣，为自己的成功创造条件。

五、职业兴趣与职业成就

研究表明一个人从事自己感兴趣的工作，他喜欢这样的工作，就会更加投入，就会影响个人的工作满意度、职业稳定性和个人成就感。这就是我们为什么要给大家在职业规划中介绍兴趣的原因所在。

我们每个人的兴趣很多，并不是所有的兴趣都能成为职业兴趣。人们选择职业时，应充分考虑自己的兴趣因素，即在择业时选择与个人兴趣相关的职业，比如一个喜欢写作的人，选择了当记者；一个喜欢辩论的人选择当律师；一个喜欢计算机语言的人选择了系统研发等。这样，兴趣就转化为职业兴趣了。

良好而稳定的兴趣使人在从事各种实践活动时，能够具有高度的自觉性和积极性。个人根据稳定的兴趣选择某种职业。兴趣就会变成巨大的个人积极性，促使一个人在职业生活中做出成就。反之，如果你对所从事的职业不感兴趣，就会影响你积极性的发挥，难以从职业生活中得到心理上的满足，不利于工作上的成就。

要想了解自己的职业兴趣，就必须明确自己的职业目标，即根据现在所学的专业来确定自己未来的职业方向，明确自己对所学专业是否感兴趣，毕业后是否会去专业对口的单位就业。此外，还要对已确定方向的职业进行更深入的探索，尽可能扩大自己的职业选择面。通过兼职、实习等方式进行社会实践和工作体验，感受意向职业是否适合自己，是否与个人的主观想象一致，自己是否真的有兴趣和擅长从事这份职业，自己的性格是否适合。

第三节　性格认知

为什么有的人能成为优秀的登山者，而有的人走在平地上也会摔跤？为什么有的人一生尽管充满曲折坎坷，但仍然闪耀出炫目的光彩；而有的人一生却浑浑噩噩，碌碌而终？答案是：性格是决定一个人成功与否的关键因素。性格如此重要，它到底是什么呢？新时代的大学毕业生在漫长的职业生涯中，应该怎样认识与发展自己的性格呢？

一、性格的概念及特征

（一）概念

性格是指一个人经常性的行为特征，以及因适应环境而产生的惯性行为倾向，是表现在个人对现实的态度和行为方式中的较为稳定而有核心意义的心理特征，包括显性的行为特征和隐性的心理倾向，是人与人相互区别的主要方面。性格具有独特性、稳定性的个性特征，它能反映出一个人的品德和世界观，因而我们也可以从一个人的性格来判断他的社会价值。

（二）特征

（1）完整性。性格的构成内容彼此联系相互依存，构成了一个在机能上相互适应、相互影响、相辅相成的完整有机系统，使对性格的推测有了现实的可能性。

（2）复杂性。性格构成是复杂的。客观现实中存在种种矛盾，反映到性格内部则构成了各种态度或各种性格特征之间的矛盾，这些矛盾会通过人的行为表现于外，形成行为方式的矛盾。

（3）稳定性。一般情况下，人们对现实的态度及核心价值是稳定的，而这些因素会影响人的性格，因此性格具有一定的稳定性。

（4）可塑性。要想很好地适应社会与环境，保持对外界的最佳适应状态，就必须进行必要的挑战，维持适当的适应性。如果性格中某些部分不适应特定环境，就需要进行调整，这种性格调整的灵活性就是性格的可塑性，它是塑造健全、完善性格的基础。

二、自我性格探索与培养

我们是否都有过这样的经历：当我们用自己常用的那只手签名时，通常会觉得"得心应手"，也不用费什么力气，对自己签名这件事也很有自信。但当我们用另一只手签名时，就会觉得十分别扭、费劲，并且签的名字也是歪歪扭扭。其实我们在其他事情上也是如此，有自己擅长的方面，也有不擅长的方面，它们本就没有好坏、对错之分。如果能够找到一个适合的环境，使我们发挥出自己的优势，那么我们就会很自信，也往往能够取得佳绩。相反，如果让我们做不擅长的事情，那么就会觉得不自在，可能也做不好工作。

综上所述，如果我们能够明确自己性格上的"左右手"，并了解与之相适应的环境和职业，就能帮助我们做出符合自己情况的职业选择。

（一）MBTI 职业性格测试

MBTI 人格理论（迈尔斯类型指标，Myers-Briggs type indicator）是伊莎贝尔·迈尔斯和凯瑟琳·布里格斯在瑞典心理学家荣格有关知觉、判断和人格态度理论的基础上研究发展的心理测评工具。这是一种迫选型、自我报告式的性格评估测试，用以衡量和描述人们在信息收集、决策方式、生活态度等方面的心理活动规律和性格类型。

MBTI 人格理论认为一个人的性格可以从四个维度进行分析：

（1）能量获得的途径：外向（E）"extravert"—内向（I）"introvert"；

（2）接受信息的方式：感觉（S）"sensing"—直觉（N）"intuition"；

（3）决策判断的方式：思维（T）"thinking"—情感（F）"feeling"；

（4）采取行动的方式：判断（J）"judging"—知觉（P）"perceiving"。

大部分的人同时具有一个维度两个倾向的特点，而不是只有其中一个倾向的特点。每个人在某一维度上，会表现出对某倾向的一定偏好。当我们处于某种偏好的倾向时，往往表现更佳，感觉更有效率，而且精力充足。因此，将四个维度结合起来，是正确理解一个人的方法。在 MBTI 人格理论中，四个维度中的两极正好组合成 16 种人格类型，这 16 种性格类型及其特点见表 3-1。

表 3-1　MBTI16 种性格类型及其通常具有的性格

ISTJ	ISFJ	INFJ	INFP
沉静，认真；贯彻始终，得人信赖而取得成功；讲求实际，注重事实，能够合情合理地去决定应做的事情，而且坚定不移地把它完成，不会因外界事物而分散精神；以做事有次序、有条理为乐——不论在工作上、家庭上或者生活上；重视传统和忠诚	沉静，友善，有责任感，谨慎；能坚定不移地承担责任；做事贯彻始终、不辞辛苦，准确无误；忠诚，替人着想，细心；往往记着他所重视的人的种种微小事情，关心别人的感受，努力制造一个有秩序、和谐的工作和家居环境	探索意念、人际关系和物质拥有欲的意义和他们之间的关系；希望了解什么可以激发人们的推动力，对别人有洞察力；尽责，能够履行他们坚持的价值观念；有一个清晰的理念以谋取大众的最佳利益；能够有条理地、果断地去实践他们的理念	有创意的头脑，有很大的冲劲去实践他们的理念和达到目标；能够很快地掌握事情发展的规律，从而想出长远的发展方向；一旦做出承诺，便会有条理地开展工作，直到完成为止；有怀疑精神，独立自主；不论为自己还是为他人，都有高水准的工作表现

ISTP	ISFP	INTJ	INTP
容忍，有弹性，是冷静的观察者，但当有问题出现，便迅速行动，找出可行的解决方法；能够分析哪些东西可以使事情进行顺利，又能够从大量资料中，找出实际问题的重心；很重视时间的前因后果，能够以理性的原则把事实组织起来，重视效率	沉静，友善，敏感和仁慈；欣赏目前他们周遭所发生的事情；喜欢有自己的空间，做事又能把握自己的时间；忠于自己所重视的人；不喜欢争论和冲突，不会强迫别人接受自己的意见和价值观	理想主义者，忠于自己的价值观及自己所重视的人；外在的生活与内在价值观配合；有好奇心，很快看到事情的可能与否，能够加速对理念的实践；试图了解别人、协助别人发展潜能；适应力强，有弹性；如果和他们的价值观没有抵触，往往能包容他人	对任何感兴趣的事物，都要探索一个合理的解释；喜欢理论和抽象的事情，喜欢理念思维多于社交活动；沉静，满足，有弹性，适应力强；在他们感兴趣的范畴内，有非凡的能力去专注而深入地解决问题；有怀疑精神，有时喜欢批评，常常善于分析

ESTP	ESFP	ENTJ	ENTP
有弹性，容忍；讲求实际，专注即时的效益；对理论和概念上的解释感到不耐烦，希望以积极的行动去解决问题；专注于"此时此地"，喜欢主动与别人交往；喜欢物质享受的生活方式；能够通过实践达到最佳的学习效果	外向，友善，包容；热爱生命，热爱人，爱物质、享受、喜欢与别人共事；在工作上，擅于用常识，注意现实的情况，使工作富有趣味性；富有灵活性、即兴性，易接受新朋友和适应新环境；与别人一起学习新技能可以达到最佳的学习效果	热情而热心，富于想象力；认为生活充满很多可能性；能够很快地找出事情与资料之间的关联性，而且自信地依照他们所看到的模式去做；很需要别人的肯定，又乐于欣赏和支持别人；即兴而富于弹性，时常信赖自己的临场表现和流畅的语言能力	思维敏捷，机灵，能激励他人，警觉性高，勇于发言；能随机应变地应付新的和富于挑战性的问题；善于引出在概念上可能发生的问题，然后很有策略地加以分析；善于洞察别人；对日常例行事务感到厌倦；很少以相同方法处理同一事情，能够灵活地处理接二连三的新事情

ESTJ	ESFJ	ENFJ	ENFP
讲求实际，注重现实，注重事实；果断，能很快做出实际可行的决定；能够安排计划和组织人员以完成工作，尽可能以最有效率的方法达到目的；能够注意日常例行工作的细节；有一套清晰的逻辑标准，会有系统地跟着去做，也希望别人跟着去做；会以强硬态度去执行计划	有爱心，尽责，合作；渴望有和谐的环境，而且有决心营造这样的环境；喜欢与别人共事以能准确地、准时地完成工作；忠诚，即使在细微的事情上也如此；能够注意别人在日常生活中的需要而努力帮助他们；渴望别人赞赏他们和欣赏他们所做的贡献	温情，有同情心，反应敏捷和有责任感；高度关注别人的情绪、需要和动机；能够看到每个人的潜质，帮助别人发挥自己的潜能；能够积极地协助他人和组织的成长；忠诚，对赞美和批评都能做出很快的回应；社交活跃，在一组人当中能够惠及别人，具有启发人的领导才能	坦率，果断，乐于作为领导者；很容易看到不合逻辑和缺乏效率的程序和政策，从而开展和实施一个能够顾及全面的制度去解决一些组织上的问题；喜欢有长远的计划，喜欢有一套制定好的目标；往往是博学多闻的，喜欢追求知识，又能把知识传递给别人；能够有力地提出自己的主张

【动手一测】请扫描下面二维码，对自己进行一次 MBTI 职业性格测试。

此问卷仅作为了解自己使用，如有疑问，请咨询专业人员。

在 MBTI 测评结果中，一个人在每个维度上只能是一种偏好，例如：一个人是内向的就不可能是外向的，是知觉型的就不会是判断型的。但是，这并不代表一个人是内向的就没有丝毫外向的特征，这就好像右利手的人不代表他的左手是完全没有用处的，更多时候需要左右手配合，性格也是如此。所以，测评结果的类型所指并不是"非此即彼"，而是"主要"表现。

（二）培养与塑造良好的性格

1. 培养乐观的性格

生活如同一面镜子：你对它笑，它就对你笑；你对它哭，它也以哭脸示人。一个人快乐与否，不在于他处于何种境地，而在于他是否持有一颗乐观的心。对同一轮明月，柳永想的是："杨柳岸，晓风残月。此去经年，应是良辰好景虚设。"而苏轼却说："但愿人长久，千里共婵娟。"同一轮明月，在不同心态的人眼里是不同的，人生也是如此。一个人如果心态积极，乐观地面对人生，那就成功了一半。井冈山斗争时期，面对极端悬殊的敌我力量对比，有人悲观了，而毛泽东则充满信心地说："星星之火，可以燎原。"可见，乐观的性格非常重要，青年学生正值美好的年华，更应该微笑地拥抱这个世界，做人做事保持积极向上的心态。

2. 培养宽容的性格

古希腊神话中有一位大英雄叫海格里斯。一天，他走在坎坷不平的山路上，发现脚边有个袋子似的东西很碍脚，于是踩了一脚，谁知那东西不但没有被踩破，反而膨胀起来，不断扩大着，海格里斯恼羞成怒，拿起一条碗口粗的木棒砸它，那东西竟然长大到把路都堵死了。此时，山中走出一位圣人，对海格里斯说："朋友，快别动它，忘了它，离开它远去吧！它叫仇恨袋，你不犯它，它便小如当初，你侵犯它，它就会膨胀起来，挡住你的路，与你敌对到底！"

在茫茫人世间，我们难免与他人产生误会、摩擦，但一定要有一颗宽容别人的心。宽容是一种艺术，宽容别人不是懦弱，更不是无奈的表现。在短暂的生命中学会宽容别人，能使生活平添许多快乐，使人生更有意义。

学会宽容并没有想象中那么难，它体现在生活的很多细微之处：得理且饶人；爱自己的敌人，因为他会使自己变强大；善于自制；求同存异。

3. 培养谦逊的性格

曾经有人问牛顿："你获得成功的秘诀是什么？"牛顿回答说："假如我有一点微小的成就的话，没有其他秘诀，唯有勤奋而已。"他又说："我之所以比别人望得更远些，是因为站在巨人的肩膀上。"晚年的牛顿总结自己："我不知道在别人看来，我是什么样的人；但在我自己看来，我不过就像一个在海滨玩耍的小孩，为不时发现比寻常更为光滑的一块卵石或比寻常更为美丽的一片贝壳而沾沾自喜，而对于展现在我面前的浩瀚的真理的海洋，却全然没有发现。"

自古以来，劳动人民就有谦虚的美德，有许多的格言警句启迪后人，如"谦受益，满招损""谦虚使人进步，骄傲使人落后""百尺竿头更进一步"。任何一门学问都是无穷无尽的海洋，谁也不应该认为自己已经达到了最高境界而止步不前、趾高气扬，如果是那样的话则必将很快被同行赶上，被后人超越。

4. 培养果断的性格

美国钢铁大王卡耐基早已是成功商业精英的典范，他的事迹被众多成功学大师引为例证。美国南北战争结束后，联邦政府与议会首先核准联合太平洋铁路公司建铁路，再以它所建造的铁路为中心路线，核准另外三条横贯大陆的铁路路线。与此同时，各级政府部门还提出了数十条铁路工程计划，这一切都说明，美洲大陆的铁路革命和钢铁时代来临了。卡耐基就围绕怎样垄断横贯铁路的铁轨和铁桥问题，做出了大胆的决断，他在欧洲旅行的途中买下了两项专利。他在伦敦钢铁研究所得知，道兹兄弟发明了把钢分布在铣铁表面的方法，卡耐基买下了这项钢铁制造的专利。当时的铁轨制造方法是：先铸造成铣铁，再制成铁轨，这种铁轨含有相当多的碳，极容易产生裂纹。而伦敦钢铁研究所发明的这种钢，采用了一种特殊的方法，在炉中以低温还原矿石时，除去了碳和其他杂质，这样就可以提高钢材约30%的纯度，大大延长了铁轨的使用年限。卡耐基承认此项专利给他带来了约2270千克黄金的利润。

果断是指个人能适时地做出深思熟虑的决定，并且彻底执行这一决定，在行动上没有不必要的疑虑。果断的个性可以使人们在形势突然变化的情况下当机立断，使其迅速适应变化的情况。可见，果断的个性无论是对领导者，还是对普通劳动者都是很重要的。

果断的性格可以通过以下几方面锻炼：把握时机，学会决断；善于独立思考，不被别人的意见所左右；当机遇出现时，决策不犹豫；有勇气为自己的行为负责。

三、性格匹配与职业发展

许多初涉职场的大学生都在第一次职业选择时更多的是看重职业外在的价值条件，往往忽略了自己的个性需要，做了自己不喜欢、不擅长的工作，多半会像农斌那样感觉"不舒服"，工作也做不好，没有成就感。相反，一旦找到能发挥自己特长和优势的职业，工作起来就如鱼得水，立刻就变得自信奋发，也更容易出成绩。

案例

农斌的职业选择

农斌，某大学会计学专业2008届毕业生。2008年全球金融危机波及中国，多米诺骨牌效应导致国内众多企业纷纷缩减或是干脆取消原定的人才招聘计划，这一年的大学生就业异常艰难。然而，农斌却幸运地被某电力国企财务部门相中。但是工作半年后他频频在QQ上告诉老师想换工作，透露自己虽然对目前岗位的工资福利待遇都很满意，工作环境宽松，也无压力，就是这样一份许多毕业生梦寐以求的工作却让他感觉"不舒服"。农斌打起精神继续适应半年，发现自己实在难以坚持下去，并于2010年4月转到南方某外企财务部门工作，虽然工作比原来忙且压力大，但他感觉人过得自在、充实，工作具有挑战性更能体现他的专业优势，发展前景也好。

（一）性格与职业的关系

一个人的性格与职业选择的成功有着密切的关系，性格影响着一个人对职业的适应性。每种性格都有其适合从事的相应职业，不同的职业也对从事者有不同的性格要求。因此，大学生在做职业生涯规划时，要根据自己的性格特点和职业对人的性格要求去选择自己最易于适应的职业，以期达到匹配。

（1）性格是个体人格中具有核心意义的部分，并与职业息息相关。性格使一个人更加偏爱某一种环境而不是另一种环境。由于性格不同，每个人在对不同环境的认知过程中，也表现出不同的个性化风格。从事与自己的性格不匹配的工作，个人才能的发挥容易受到阻碍，并感觉"不对劲"。使一个人在某种职业中获得成功的性格，可能会让人在另一职业中大受挫折。因此，在职业选择中，应尽可能充分考虑自己的个性特征与职业要求是否相适应，从而才能在工作中获得独特的满足感，充分发挥自身能力，利用个人资本，体验到更多的快乐和愉悦。

（2）在职业发展方面，性格比能力更重要。目前，用人单位在选人上逐渐认识到性格的重要性并不低于个人能力。其原因是，如果一个人能力不足，可通过培训提高，一年不行，两年；两年不行，三年，总可以开发出来。但一个人的性格和职业或岗位不吻合，要改变起来，可就困难了。因此，用人单位招聘新人越来越重视性格测验，甚至将其放在首位，只有性格与职业或岗位吻合，才对其具体能力进行考查。如果性格与职业或岗位不吻合，再高的学历，再高的能力，也不予录用。因此，在进行职业生涯规划时，性格通常是重点考虑因素。

（二）MBTI 性格类型与职业的匹配

知道自己的 MBTI 性格类型，可以帮助求职者了解其职业倾向。如表 3-2 所示，16 种 MBTI 性格类型各有其职业倾向。其中，职业倾向的描述都是从大类别描述，从中理解自己的职业倾向，重要的是要看到这一类别工作的特点。

表 3-2　MBTI 16 种性格类型的职业倾向

ISTJ	ISFJ	INFJ	INFP
管理者 行政管理 执法者 会计 （或者其他能够让他们可以利用自己的经验和对细节的关注逐一完成任务的职业）	教育 健康护理 宗教服务 （或者其他能够让他们运用自己的经验亲力亲为帮助别人的职业，这种帮助是协助或辅助性的）	宗教 咨询服务 教学/教导 艺术 （或者其他能够促进他们情感、智力或精神发展的职业）	科学或技术领域 计算机 法律 （或者其他能够让他们运用智力创造和技术知识去构思、分析和完成任务的职业）

续表 3-2

ISTP	ISFP	INTJ	INTP
熟练工种 技术领域 农业 执法者 军人 （或者其他能够让他们动手操作、分析数据或事件的职业）	健康护理 商业 执法者 （或者其他能够让他们运用友善、专注于细节的相关服务的职业）	咨询服务 写作 艺术 （或者其他能够让他们运用创造和集中于他们的价值观的职业）	科学或技术领域 （或者其他能够让他们基于自己的专业技术知识独立、客观地分析问题的职业）
ESTP	**ESFP**	**ENTJ**	**ENTP**
市场 熟练工种 商业 执法者 应用技术 （或者其他能够让他们利用行动关注必要细节的职业）	健康护理 教学／教导 教练 儿童保育 熟练工种 （或者其他能够让他们利用外向的天性和热情去帮助有实际需要的群体的职业）	咨询服务 教学／教导 宗教 艺术 （或者其他能够让他们利用创造和交流去帮助、促进他人成长的职业）	科学 管理者 艺术 技术 （或者其他能够让他们有机会不断承担新挑战的工作）
ESTJ	**ESFJ**	**ENFJ**	**ENFP**
管理者 行政管理 执法者 （或者其他能够让他们运用对事实的逻辑和组织完成任务的职业）	教育 健康护理 宗教 （或者其他能够让他们运用个人关怀为他人提供服务的职业）	宗教 艺术 教学／教导 （或者其他能够让他们帮助别人在情感、智力和精神上成长的职业）	管理者 领导者 （或者其他能够让他们运用实际分析、战略计划和组织完成任务的职业）

在运用 MBTI 性格类型时，要清楚每个类型没有好坏之分，更没有对错之分，每种类型都是独特的，会在各自适合的环境中发挥特点。认识自己的性格类型，可以更好地了解自己，理解自己的行为特点，但需要明白，世界上没有完全适合某种性格的职业，也没有完全不适合某种性格的职业，要懂得用己所长，整合资源。

第四节 能力认知

一、能力的概念

一般来说，能力是指人们成功地完成某种活动所必须具备的个性心理特征。能力总是和人的某种活动相联系并表现在活动中，只有从一个人所从事的某种活动中才能看出他具有某种能力，离开了具体活动，能力就无法形成和表现。例如，在绘画活动中，一个人在色彩鉴别、空间比例关系与亮度关系估算等方面特别好，我们称他具有绘画能力；在音乐活动中，一个人有强烈的曲调感、节奏感和良好的听觉表象，我们说他具有音乐能力。

然而，并不是所有与活动有关并在活动中表现出来的心理特征都是能力，只有那些完成活动所必需的、直接影响活动效果的，并能使活动顺利进行的心理特征才是能力。例如人的体力、知识以及人是否暴躁、活泼等，虽然对活动有一定影响，但这些并不是顺利完成某种活动最直接、最基本的心理特征，因此不能称之为能力。

二、职业能力概述

职业能力是人们从事某种职业的多种能力的综合。例如，一位教师只具有语言表达力是不够的，还必须具有对教学的组织和管理能力，对教材的理解和运用能力，对教学问题和教学效果的分析、判断能力等。如果说职业兴趣能决定一个人的择业方向，以及在该方面所乐于付出努力的程度，那么职业能力则可以说明一个人在既定的职业方面是否能够胜任，也可以说明一个人在该职业中取得成功的可能性。

职业能力是多种能力的综合，可以分为一般职业能力、专业能力和职业综合能力。

（一）一般职业能力

一般职业能力主要是指一般的学习能力、文字和语言运用能力、数字运用能力、空间判断能力、形体知觉能力、颜色分辨能力、手的灵巧度、手眼协调能力等。此外，任何职业岗位的工作都需要与人打交道，因此，人际交往能力、团队协作能力、对环境的适应能力以及遇到挫折时良好的心理承受能力都是在职业活动中不可缺少的能力。

（二）专业能力

专业能力是指从事某一职业应具备的专业技术能力。在求职过程中，招聘方最关注的就是求职者是否具备胜任岗位工作的专业能力。例如，当去应聘教学的工作岗位，对方最看重求职者是否具备最基本的教学能力。

（三）职业综合能力

（1）跨职业的专业能力。从以下三个方面可以体现出一个人跨职业的专业能力：一是运用数学和测量方法的能力；二是计算机应用的能力；三是运用外语解决技术问题和进行交流的能力。

（2）方法能力。一是信息收集和筛选的能力；二是掌握制订工作计划、独立决策和实施的能力；三是准确的自我评价能力和接受他人评价的承受力，以及能够从成败经历中有效地吸取经验教训的能力。

（3）社会能力。社会能力主要是指一个人的团队协作能力、人际交往和沟通的能力。在工作中能够协同他人共同完成工作，对他人公正宽容，具有准确裁定事物的判断力和自律能力等，这是岗位胜任和在工作中开拓进取的重要条件。

（4）个人能力。随着中国经济体制改革的深入、法制的不断健全完善，人的社会责任心和诚信将越来越被重视，一个人的职业道德会越来越受到全社会的尊重和赞赏，爱岗敬业、工作负责、注重细节的职业人格会得到全社会的肯定和推崇。

三、职业能力探索

能力按照其获得的方式（先天具有与后天培养）可分为能力倾向和技能。在现实生活中，个人的能力水平往往是能力倾向和技能两方面综合作用的结果。其中，能力倾向是指与生俱来的、天赋的特殊才能，如音乐、运动能力等，也可以理解为潜能。技能是经过后天学习和练习培养而形成的能力，如阅读能力、人际交往能力、表达能力等。技能包括专业知识技能、自我管理技能以及可迁移技能（通用技能）。

（一）能力倾向——多元智能理论

关于人的天赋，传统的智力理论通常以语言能力和数理逻辑能力为整体评判的标准，也就是人们常说的"IQ"（intelligence quotient）。1983年，美国哈佛大学教育研究院的心理发展学家加德纳认为，智力是多元的，是由同样重要的多种能力而不是一两种核心能力构成的，而且各种能力不是以整合的形式存在，而是以相对独立的形式表现

出来的。不同的人会有不同的智能组合，例如，建筑师及雕塑家的空间感（视觉空间智能）比较强，运动员和芭蕾舞演员的体力（肢体动觉智能）较强，公关的人际智能较强，作家的内省智能较强等。

智能是人在特定情景中解决问题并有所创造的能力。加德纳认为人类至少有八种不同的智能：语言智能、逻辑数理智能、视觉空间智能、自然观察智能、个人内省智能、人际沟通智能、肢体动觉智能、音乐智能，如图3-3所示。

图3-3 多元智能理论图

（1）语言智能。其指的是有效运用口头语言、文字能力、听说读写能力。如有语言天赋，能够很快学习外语，表达流利，擅长快速阅读、讲故事等，这种天赋在作家、记者、编辑、节目主持人、播音员等职业上有非常突出的表现。

（2）逻辑数理智能。其表现是，拥有这类智能的人，提出问题并靠实验寻求答案，寻找事物的规律及逻辑顺序，对科学的新发现具有兴趣。拥有这类天赋的人一般会有很强的数理运算能力，对数和事物间的各种关

系非常敏感，善于通过数据分析揭示现象和规律等。最强大脑心算女神陈冉冉以 1 分钟算对 8 道题打破吉尼斯世界加减心算记录，这 8 道题目都有 15 个数而且每个数都超过 6 位数字，每题仅用不到 9 秒的时间，可见她的逻辑数理天赋有多强大。

（3）视觉空间智能。其表现为将形状、结构、色彩、空间关系的敏感以及用平面图形和立体造型将它们表现出来的能力。这种天赋在工程师、建筑师、摄影师、艺术家等职业上表现得很突出，例如著名的画家毕加索从小就展示出了对色彩、线条等的非凡才能。

（4）自然观察智能。其是指能对周围环境中的动物、植物、物品进行有效辨识，如擅长照顾小动物，善于观察动植物园及自然博物馆等地方的动物习性、植物信号等。这种智能的代表人物是袁隆平，他研究了半个世纪杂交水稻，被称为当代神农，他的研究为中国粮食的安全生产及社会进步做出了重大贡献。其代表职业有生物学研究人员、动物学研究人员、农业研究人员、天文学研究人员、生态学研究人员及园艺研究人员等。

（5）个人内省智能。其主要是指认识自己的能力，正确把握自己的长处和短处，把握自己的情绪、意向、动机、欲望，并对自己生活进行规划。著名哲学家苏格拉底是自我认知智能的典型代表人物。这种智能在优秀的政治家、哲学家、心理学家、教师等人员中都有明显的体现。

（6）人际沟通智能。其是指辨识、了解他人的感觉、信念和意向，并做出恰当反应的能力。如善于处理人际交往中出现的各种状况，人缘很好，能与他人融洽相处等。人际沟通智能的代表人物是特蕾莎修女，1982 年她在贝鲁特难民营遭围攻的紧要关头，斡旋以色列军与巴勒斯坦游击队之间实现暂时停火，并成功救出了 37 名儿童，成为最受人们尊重的人。其代表职业有社会学研究者、心理辅导员、心理学研究者、公关人员、护士、推销员、社会工作者等。

（7）肢体动觉智能。具有这种天赋的人善于运动、模仿动作，能够轻松自如地控制身体，动手能力强。运动员、舞蹈家、外科医生和商人等都有这种智能优势，中国舞蹈家杨丽萍是肢体运动的代表人物，她以孔雀舞而闻名。

（8）音乐智能。其是指人能敏感地感知音调、旋律、节奏和音色等能力。中国指挥家曹鹏在音乐智能方面有极高的天赋，在处理作品方面细致、深刻、富有激情，被称为中国顶级指挥家。这种智能在指挥家、作曲家、歌唱家、乐师、乐器制作者、音乐评论家等人员里都有体现。

多元智能理论的提出丰富了人们对自己不同优势领域的认识，人们可以在不同的领域探索自己的优势特长，根据不同的天赋选择不同的职业。然而，是不是人人都有这样的天赋呢？理论上来说，应该是这样的。但现实中每个人是不是都能感觉得到呢？不一定。因为天赋的识别性不同，有些很好识别，而有些天赋隐藏得比较深，不太好识别，比如对自我的认知、对人际关系的认知等。如何发现自己的天赋呢？告诉大家几个线索，大家可以根据这些线索，找到自己的天赋。

线索一，倾听内心的渴望。寻求天赋要

从内心开始。你会不会被什么事情自然而然地吸引，特别渴望去做呢？而这些内心的渴望很多时候都来源于童年，例如有的人从小就非常喜欢花，长大后，利用空闲时间做了一个微信花友群，定期组织大家一起团花，并在群里分享养花的小知识。

线索二，一学就会。哪些事情让你一学就会，能够快速掌握呢？例如有的同学大学参加了轮滑社，之前从未接触过，但是学了一次就能自由滑行了，说明他具有很好的肢体动觉智能，想想你有没有这样的经历呢？

线索三，关注满足度。什么活动令你感到极大的快乐，感到非常满足。有一位学生特别喜欢画漫画，如果哪天心情不好，他就会通过画画来缓解自己的情绪，在画画中能让自己的心情放松和平复，这说明他有很好的空间智能。

（二）技能

1. 专业知识技能

专业知识技能是指通过教育或者培训才能获得的特别的知识和能力，也就是个人所学习的科目、所懂得的知识。一般用名词来表示。专业知识技能不可迁移，需要经过有意识地、专门地学习。专业知识技能并非只有通过正式的专业教育才能获得，参加课外培训、辅导班、专业会议、讲座、研讨会、自学、资格认证考试、娱乐休闲、社会实践、社团活动都可以。

课堂 活动

你有哪些知识技能？

在学校课程中学到的（如英语、地理等）：＿＿＿＿＿＿＿＿＿＿＿＿＿＿＿＿＿

在工作（包括兼职和暑期工作）中学到的（如电脑制图等）：＿＿＿＿＿＿＿＿＿＿＿
＿＿＿＿＿＿＿＿＿＿＿＿＿＿＿＿＿＿＿＿＿＿＿＿＿＿＿＿

从课外培训、辅导班、研讨班学到的（如绘画等）：＿＿＿＿＿＿＿＿＿＿＿＿＿＿
＿＿＿＿＿＿＿＿＿＿＿＿＿＿＿＿＿＿＿＿＿＿＿＿＿＿＿＿

从专业会议中学到的（如心理学在现代生活中的应用等）：＿＿＿＿＿＿＿＿＿＿＿

从志愿者工作中学到的（如小动物饲养等）：＿＿＿＿＿＿＿＿＿＿＿＿＿＿＿＿

从爱好、娱乐休闲、社团活动、家庭职责中学到的：（如摄影、缝纫等）＿＿＿＿＿
＿＿＿＿＿＿＿＿＿＿＿＿＿＿＿＿＿＿＿＿＿＿＿＿＿＿＿＿

通过阅读、看电视、听磁带、做家教等方式学到的（如钢琴演奏、PPT 制作等）：＿＿＿
＿＿＿＿＿＿＿＿＿＿＿＿＿＿＿＿＿＿＿＿＿＿＿＿＿＿＿＿

请家人和同学帮助你回忆在校内外都学习过一些什么专业知识（不管程度如何）：＿＿＿
＿＿＿＿＿＿＿＿＿＿＿＿＿＿＿＿＿＿＿＿＿＿＿＿＿＿＿＿

在盘点了自己现有的知识技能以后，把你的思绪转向未来，想想有哪些知识技能你目前还不具备但希望自己拥有，可以通过一些什么样的途径来获得这些知识。

我尚不具备但希望拥有的知识技能：_____

_____

活动目标： 通过对以上经历进行分析，尽可能全面地列出你所掌握的知识技能，再从中挑选出比较精通的和在工作中应用或希望应用的知识技能，最后排列出对个人而言最重要的五项知识技能。

需要注意的是，技能的组合更为重要。通常所说的复合型人才，就是指具有不同知识技能的人。技能的组合使人能在人才市场上更具有竞争力，也更有可能将工作完成好。例如，如今懂英语的人很多，但既精通英语又精通建筑专业知识的人就不那么多了。而在大型合资建筑工程中，非常需要能与外国专家进行良好沟通的专业人才。再如，一个辅修平面设计专业的心理学专业学生，更有可能在进行设计工作时运用自己的消费心理学知识与客户进行充分的沟通，令客户更加满意。从这个角度来说，不论你现在学习的专业是否是你所喜爱的，或是你将来要从事的，你从中获得的专业知识在某个时候就有可能派上用场。即使你所学专业看上去似乎并不那么起眼，也有可能使你在面试时显得与众不同，比他人略胜一筹。比如，小时候学的绘画可能会使你更具创意和美感，而这样的创意也许正是招聘者所需要的。

2. 自我管理技能

自我管理技能经常被看作个性品质而非技能，因为它们被用来描述或说明人具有某些特征。它涉及个体在不同的环境下如何管理自己：是勇于创新还是循规蹈矩，是认真还是敷衍了事，能否在压力下保持镇定，是否对工作有热情，是否自信等。良好的自我

管理技能能够帮助个体更好地适应周围的环境，应对工作中出现的问题，因此它也被称为"适应性技能"。一个人是如何使用自己的专业知识、以什么样的态度从事工作，这甚至比工作内容本身更为重要。正是这样一些品质和态度，将个人与许多其他具有相同知识技能的候选人区别开来，最终得到一份工作，并能够适应新的环境和规则，在工作中取得成就，获得加薪和晋升的机会。因此，有人称自我管理技能为"资产"。

事实上，人们被解雇或离职更多的时候是因为缺乏自我管理技能，而不是因为缺乏专业能力（比如由于个性上的原因易与他人发生摩擦等）。在用人单位对刚毕业大学生的意见中，经常听到的就是缺少敬业精神、没有服务意识、眼高手低、不认真不踏实、没有主动进取精神等，而这些都是与自我管理技能相关的。很多大学生因为从小受到父母、老师的呵护，缺乏这方面的意识，在处理工作问题和人际关系上往往显得不成熟，以自我为中心。他们没有认识到：企业要求员工是成熟、能负责、能独立解决问题的成年人。可以说，在大学生从校园走向社会之前，培养良好的自我管理技能，学会如何为人处世，是至关重要的。

一个人无论是先天具有的还是后天习得

的自我管理技能，都要进行练习。它们可以从非工作（生活）领域迁移转换到工作领域。也就是说，耐心、负责、热情、敏捷这些技能并不是通过专门的课程学习到的，而是在日常生活中随时随地培养起来的。例如，一位大四同学在回顾自己的实习经历后写道："这段经历为我毕业后进入社会做了良好的准备。在这次实习中，我懂得了在工作中不仅要具备良好的知识技能，还要具备良好的社交能力，才能在工作中营造良好的、和谐的工作氛围。在工作中要积极主动，要虚心地向同事、前辈请教；要知难而上，不能遇到一点困难就放弃；要严格要求自己，不为自己的失职找借口；平时要和同事多多交流，和谐相处"。

课堂活动

他人眼中的我

向你身边的亲朋好友询问一下，如果让他们用三到五个词来形容一下你，他们会说什么？你可以通过面谈、打电话、发短信或电子邮件等多种方式来完成这个练习。请询问 10 人以上。

得到他人的反馈以后，看一看他们对你的描述中，有哪些是你知道的，哪些是你以前没有想到过的。他们所说的符合你对自己的评价吗？哪些方面是你的长处？哪些地方需要你改进？

通过这个练习，你对自己有什么新的认识？

活动目标：通过他人对自己的反馈，更好地了解自己，发现自己的优势及劣势，并进行自我改进。

3. 可迁移技能

可迁移技能就是一个人会做的事，比如教学、组织、说服、设计、安装、帮助、计算、考察、分析、搜索、决策、维修等。

可迁移技能的特征是它们可以从生活中的方方面面，特别是工作之外得到发展，并可以迁移应用于不同的工作之中。因此，可迁移技能也被称为"通用技能"。

可迁移技能也是个人最能持续运用和最能够依靠的技能。随着信息时代的到来、新技术日新月异的发展，知识的更新换代不断加快，这意味着个体需要不断学习新的知识技能才能跟上时代的发展。例如，二三十年前，人们对手机、电脑还几乎闻所未闻，但如今它们却在人们的生活中占据了极其重要的位置，而与它们相关的行业知识也都是近些年来才出现的，并且处于飞速发展变化之中。正因为如此，当今的时代越来越强调终身学习。

与知识技能相比，可迁移技能无所谓更新换代，而且无论人的需求和工作环境有怎样的变化，它们都可以得到应用。随着工作经验和生活阅历的增加，可迁移技能还会得到不断的发展。既然它们在许多工作中都会用到，重要性不容忽视。索尼技术中心会计部经理曾说："我在聘用一个人时，最为看重的是他的人际沟通能力。这项能力极其重要，因为必须有能力与人交谈才能获得需要的信息……我把80%的时间用在与索尼其他部门打交道上，我的员工也花费大量时间与本部门之外的人打交道。"

事实上，知识技能的运用都是在可迁移技能基础之上的。举例来说，你的知识技能也许是动物学，但你将怎样运用它呢？是"教授"动物学，还是当宠物医生"治疗"宠物，或是"写作"科普文章宣传爱护野生动物的知识，抑或在流浪小动物协会帮助"照料"小动物？这些加引号的词都是可迁移技能。你以前可能没有正式当过教师，但是通过当家教、在课堂上汇报讲解小组科研项目等经历，你就具备了"教学"的技能。当你把"教学"技能与"动物学"知识结合在一起时，你就可以去应聘相关的职位了。

从这个意义上说，在求职的时候，尽管你从来没有从事过某个职业，但只要你实际上具备这个职业所要求的种种技能，你就可以证明自己有资格去从事它。因此，如果你并不是"科班"出身，仍然有可能跨专业从事你想从事的职业，尤其是那些对知识技能要求并不是很高而可迁移技能占重要地位的职业。比如，也许你不是营销专业的学生，但凭着良好的人际交往技能，你曾经担任过某杂志的校园代理，并在该地区销售评比中取得过不错的好成绩。从可迁移技能的角度看，这样的经历足以使你成功地应聘一个公司的销售职位。

课堂 活动

撰写成就故事

请写下生活中令你有成就感的具体事件，然后对其进行分析，看看你在其中使用了哪些技能（尤其是可迁移技能）。这些成就事件不一定是工作或学习上的，也可以是课外活动或家庭生活中发生的，比如同学聚会，一次美好而难忘的旅游，等等。它们不必是惊天动地的大事，只要符合以下两条标准，就可以被视为成就：①你做这件事时体验到的感受；②你为完成它所带来的结果感到自豪。如果同时你还获得了他人的认可和表扬那就更好了，不过这并不重要。

在撰写成就故事时，每一个故事都应当包含以下要素：你想达到的目标，即需要完成的事情；你面临的障碍、限制或困难；你的具体行动步骤，即你是如何一步步克服障碍、达成目标的；对结果的描述，即你取得了什么成就，最好能够量化评估（用某种方法衡量或以数据说明）。至少写出七个故事（越多越好）。如果有条件的话，请和两三个同伴一起逐一分析讨论在其中你都使用了哪些技能。最后看看在这些故事中是否有重复出现的技能，它们就是你喜爱施展并且擅长的技能活动目标：掌握撰写成就故事的方法，通过对成就故事进行分析，了解自己的技能，并对这些技能按照优先次序加以排列，就能发现自己擅长的技能。

四、能力与职业的关系

在职业选择中，我们要做到根据自己的职业能力选择相应的职业，除了做到知己，还要做到知彼，即了解用人单位对我们的能力要求是什么，用人单位对我们的能力要求是如何表达的。

案例

请大家看一则招聘信息：北京嘀嘀无限科技发展有限公司招聘行政专员。这则招聘信息中蕴含工作职责和任职资格两部分内容。

1. 工作职责

（1）协助组织部门活动（需要运用的能力有合作、组织）。

（2）负责日常会议安排、撰写会议纪要（需要的能力有组织安排、写作）。

（3）协助各类会务接待，行政支持，妥善安排人员的接访、接待工作（需要的能力有合作、接待、接访）。

（4）负责部门日常差旅报销、合同审批等其他行政事务（需要的能力有报销、审批、合同）。

2. 任职资格

（1）出色的英语或葡萄牙语听说读写能力（需要运用的能力有英语、葡萄牙语的读写等能力）。

（2）逻辑思维清晰，具有较强的沟通、表达能力和学习能力（需要的能力有办事逻辑性、思维清晰，以及沟通、表达、学习的能力）。

（3）细节导向，心思沉稳，耐得住性子做琐事（需要的能力有细心、沉稳、耐心）。

（4）能够制作精美的PPT并熟练使用Excel及其他办公软件（需要的能力是对办公软件的操作）。

梳理这个岗位需要具备的能力：

（1）知识技能，有英语、葡萄牙语、办公软件。

（2）可迁移技能，有合作、组织、安排、写作、接待、接访、外语听读写、沟通、表达、学习、办公软件操作。

（3）自我管理技能，有逻辑性、思维清晰、细心、沉稳、耐心。

通过上面的分析，相信大家已经掌握了如何找到用人单位对我们的能力要求，即可以通过招聘信息的分析，对照自己所具备的能力查漏补缺，提高求职成功率。

你认为专业知识技能、自我管理技能和可迁移技能哪一种最重要？根据大家的年龄和所处的阶段，对以上三种能力的要求是不同的。根据以上招聘信息的分析，我们会发现知识技能的要求是最少的，可迁移技能的要求是最多的。那是不是这就是说明可迁移技能是最重要的呢？

先请大家来做个判断，你认为上大学四年和没上大学直接工作四年之间最大的差别是什么呢？见表3-3。

表 3-3   上大学四年和工作四年的差别

上大学四年	项目	工作四年
	实践积累	√
	社会阅历	√
√	知识积累	
	人脉资源	√
	自我定位	√
	恋爱	
	……	

从表3-3列举的几个方面来看，显而易见，上大学唯一胜出的只有一条，就是知识积累。所以对大学生而言，在大学阶段，知识学习是最重要的，知识技能的培养应放在第一位。那为什么用人单位对专业知识技能的要求少于可迁移技能和自我管理技能呢？真相是专业知识技能都隐藏在可迁移技能中了，例如上述的招聘信息中有一条是协助各类会务接待，表面上我们只看到了可迁移技能的协助和接待，但怎么接待，如何做好接待，背后是有关沟通、会晤、行政管理等专业知识支撑的。

很多用人单位反馈说，现在的大学生上手很快，但是后劲不足，原因是什么呢？上手快，是因为可迁移技能不错，大学阶段大家都会做很多的兼职和实习，但专业知识技能欠缺，缺少工作实践后的知识积累，也就难以提升更高的空间。因此大学阶段不能把精力只放在培养自己的可迁移技能上，还是应该做好自己的本职工作，做好学生，认真学习。

第五节   价值观认知

故事导入

依照自己的价值观来选择自己的工作

2010年3月2日，五名大学生应聘掏粪工，最后与济南市城肥清运管理二处签订聘用合同，引起了社会的广泛关注。

市民甲说，凭个人本事挣钱，没什么丢人的！

市民乙说，父母辛辛苦苦供他们上学，却找了这么一份工作，太丢人了！

当事人张婷说："有人觉得这工作低人一等，但是在我看来，工作不分三六九等嘛！"

价值观对人生道路的选择具有导向作用。价值观不同，价值判断与价值选择不同。市民甲、市民乙、张婷三人的价值观不同，对大学生掏粪工作的认识也不同。市民甲和张婷的观点是正确价值判断和选择的体现，而市民乙则更多地站在个人及家庭角度看问题，是不可取的。

人生的价值在于创造价值，在于对社会的责任和贡献。要在劳动和奉献中创造价值，在个人与社会的统一中实现价值，很难说谁的观点对，谁的观点错，但是需要了解的是自己的价值观以及择业价值观是影响我们自己选择生活方式的重要因素。

价值观是一种高层次的意识，在整个动机活动中，它起到自我意识、自我评价、自我体验和自我调控的作用。当一个人由某种需要产生活动动机时，最初是以愿望、兴趣、爱好、情绪、情感和意志等心态存在的。作为主体的人，又通过头脑中已形成的价值认识来评价该项活动是否有价值，是否应该追求，是趋向还是躲避。这样，人的价值观就具体化为生活行为的意识。当它与一定的客观生活条件相结合，就成为推动、制约、支配和调控生活方式的动力。可见，价值观和生活方式是紧密相连的，它既支配人的生活方式，又在生活方式中得以表现。

一、价值观概述

2014年5月4日，习近平总书记在北京大学考察时强调："青年的价值取向决定了未来整个社会的价值取向，而青年又处在价值观形成和确立的时期，抓好这一时期的价值观养成十分重要。这就像穿衣服扣扣子一样，如果第一粒扣子扣错了，剩余的扣子都会扣错。人生的扣子从一开始就要扣好。[①]"

（一）价值观的定义

价值观就是我们在生活和工作中所看重的原则、标准或品质。它指向我们一生中最重要的东西，因此它也是一套自我激励机制。

（二）价值观的激励作用

马斯洛在1943年提出，人有五个层次的需求：生理需求、安全需求、归属需求、尊重需求和自我实现的需求，如图3-4所示。只有当低层次的需求得到基本满足后，个人才会关注并致力于满足下一层次的需求。这些需求是强大的内在驱动力，我们所做的事情正是为了满足这些需求。它们在我们的生活中反映出来，就体现为我们的价值观。比如：有些学生会比较重视工作能带给自己多少收入，而有些学生可能更多地考虑要做自己喜欢的工作。这两者的不同在很大程度上可以归结于他们所处的需求层次不同，前者在生理需求、安全需求的层次上，而后者是在较低层次的需求已经得到满足的情况下，追求对归属、自我尊重、自我实现的需要。

①徐京跃，霍小光. 习近平在北大考察：青年要自觉践行社会主义核心价值观 [EB/OL]．（2014-05-04）[2019-10-31]. http：//www.xinhuanet.com/politics/2014-05-04/c_126460590.htm.

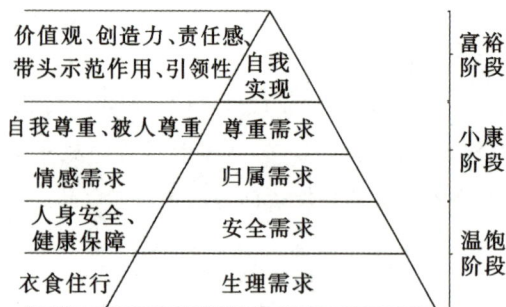

图 3-4 马斯诺的需求层次模型与对应的价值观

（三）价值观的特征

首先，价值观是因人而异的。由于每个人的先天条件和后天环境不同，人生经历也不尽相同，每个人的价值观的形成会受到不同的影响，因此，每个人都有自己的价值观和价值观体系。在同样的客观条件下，具有不同价值观和价值观体系的人，其动机模式不同，产生的行为也不同。

其次，价值观是相对稳定的。价值观是人们思想认识的深层基础，它形成了人们的世界观和人生观。它是随着人们认知能力的发展，在环境、教育的影响下逐步培养形成的。人们的价值观一旦形成，便是相对稳定的，具有持久性。

最后，价值观在特定的环境下又是可以改变的。由于环境的改变、经验的积累、知识的增长，人们的价值观有可能发生变化。

二、职业价值观

（一）职业价值观的内容

由于个人的身心条件、年龄阅历、教育状况、家庭影响和兴趣爱好等方面的不同，人们对各种职业有着不同的主观评价。从社会来看，由于社会分工的发展和生产力水平的相对落后，各种职业在劳动性质的内容、劳动难度和强度、劳动条件和待遇、所有制形式和稳定性等诸多问题上都存在着差别。再加上传统的思想观念的影响，各类职业在人们心目中的声望地位也有了好坏高低之分，这些评价都形成了普遍的职业价值观，并影响着人们对就业方向和具体职业岗位的选择。

价值观是一种内心尺度，它在整个人性当中，支配着人的行为、态度、信念等，支配着人如何认识世界，明白事物对自己的意义和自我了解、自我定向、自我设计等，也为人的行为提供充足的理由。我们这里考察的职业价值观，不是看人们如何看待职业价值的本质，而是注重探讨人们在职业选择和职业生活中，在众多的价值取向里优先考虑哪种价值。

课堂活动

选择你的工作价值标准

阅读以下职业价值观条目，选择你最看重的五条，并标记最吸引你的是什么。

（1）利他性：工作的目的或意义就是提供一个机会，让自己为他人或社会尽一份心力。

（2）美的追求：致力使工作或这个世界更具美感，更有艺术品位。

（3）创意的追求：不墨守成规，欣赏与众不同和别出心裁，追求工作的创造性。

（4）智慧的激发：工作的目的或价值在于提供独立思考、学习成长和找寻规律的机会，通过调研、思考来解决问题。

（5）独立性：看重以自己的方式或步调来开展工作，工作时不希望被过多地干涉或指导。

（6）成就感：能看到自己工作的具体成果，这些成果能得到自己内心的认可，或者得到别人的赞赏，并因此获得精神上的满足。

（7）声望：做这份工作的目的或意义是提高个人身份或名望，这种声望是来自他人的敬佩，而非来自权力与地位。

（8）管理的权力：指挥别人做事，通过组织赋予的权力来统筹、分配、组织、监督工作进度及其他员工。

（9）经济的报酬：看重经济回报，希望获得优厚的酬劳，使个人有能力购买他所想要的东西。

（10）安全感：看重工作能提供安定生活的保障，工作很稳定，即使经济不景气时也不受影响。

（11）工作环境：看重工作环境，包括舒适的物理环境，更包括融洽、和谐的精神环境，期待个人身体、心灵在舒适的环境下工作。

（12）与上司的关系：看重能与主管、领导平等、融洽地相处。

（13）与同事的关系：能与志同道合的伙伴一起愉快工作。

（14）变化性：看重工作丰富多样的变化性，让人挑战不同的工作内容。

（15）生活方式的选择：工作和生活是平衡的，工作不会影响生活质量。

请对你最看重的五条职业价值观进行重要度排序，并回答以下问题。

①你重视的职业价值观是什么？

②你所选择的五个职业价值观是你一直都重视的吗？如果曾经有改变，是在什么时候？

③有哪些职业价值观是你父母认为重要的，而你却不同意的？有哪些职业价值观是你和父母共同拥有的？

④职业价值观的改变是否曾经改变你安排生活的方式？

⑤你理想的工作形态与你的职业价值观之间是否有任何关联？

⑥你是否因为谁说的一句话或某件事，例如考试的成绩，而对自己的职业价值观感到怀疑？

⑦你曾经崇拜哪些人？他们目前对你有什么影响？

⑧你的行为反映你的职业价值观吗？

活动目标：对自己的价值观进行澄清和排序，辨识自己核心的职业价值观，真正认识、了解自己。

（二）职业价值观的类型

职业专家从人们的理想、信念和世界观角度把职业价值观分为九大类型。

（1）自由型（非工资生活者型）。具有该类型职业价值观的人不愿受别人指使，希望凭自己的能力拥有自己的小城堡，不愿受人干涉，想充分施展本领。适合该职业类型的有室内装饰人员、图书管理人员、摄影师、音乐教师、作曲人员、编剧、雕刻师、漫画师等艺术性职业。

（2）小康型。具有该类型职业价值观的人追求虚荣，优越感也很强，很渴望拥有社会地位和名誉，希望常常受到众人尊敬。欲望得不到满足时，由于过分强烈的自我意识，有时反而很自卑。适合该职业类型的有记账员、会计、银行出纳、法庭速记员、成本估算员、税务员、核算员、打字员、办公室职员、计算机操作员、统计员、秘书等。

（3）支配型（权力型）。具有该类型职业价值观的人想当上组织的一把手，无视他人的想法。适合该职业类型的有推销员、进货员、商品批发员、旅馆经理、饭店经理、广告宣传员、调度员、律师、政府行政人员、零售商等。

（4）自我实现型。具有该类型职业价值观的人不关心平常的幸福，一心一意想发挥个性，追求真理；不考虑收入、地位及他人对自己的看法，尽力挖掘自己的潜力，施展自己的本领，并视此为有意义的生活。适合该职业类型的有气象学研究人员、生物学研究人员、天文学研究人员、药剂师、动物学研究人员、化学研究人员、报刊编辑、地质学研究人员、物理学研究人员、数学研究人员、实验员、科研人员、科技工作者等。

（5）志愿型。具有该类型职业价值观的

人富有同情心，把他人的痛苦视为自己的痛苦，不愿做表面上哗众取宠的事，默默地帮助不幸的人会让自己无比快乐。适合该职业类型的有社会学研究人员、福利机构工作者、导游、咨询人员、社会工作者、社会科学教师、护士等。

（6）技术型。具有该类型职业价值观的人认为立足社会的根本在于一技之长，因此他们钻研一门技术，认为靠本事吃饭既可靠，又稳当。适合该职业类型的有木匠、农民、工程师、飞机机械师、自动化技师、野生动物学研究人员、机械工、电工、司机、机械制图等。

（7）经济型。具有该类型职业价值观的人认为世界上的各种关系都建立在金钱的基础上，包括人与人之间的关系，甚至父母与子女之间的爱也带有金钱的烙印。这种类型的人确信，金钱可以买到世界上所有的幸福。各种职业中都有这种类型的人。

（8）合作型。具有该类型职业价值观的人人际关系较好，认为朋友是最大的财富。适合该职业类型的有公关人员、推销人员、秘书等。

（9）享受型。具有该类型职业价值观的人喜欢安逸的生活，不愿从事任何挑战性的工作。各种职业中都有这种类型的人。

（三）职业价值观的三因素

可以从以下三个方面对自己的职业价值观进行分析。

（1）发展因素，包括符合兴趣爱好、机会均等、公平竞争、工作有挑战性、能发挥自身才能、工作自主性大、能提供培训机会、晋升机会多、专业对口、发展空间大、出国机会多，这些职业要素都与个人发展有关。

（2）保健因素，包括工资高、福利好、保险全、职业稳定、工作环境舒适、交通便捷、生活方便等，这些职业要素都与福利待遇和生活有关。

（3）声望因素，包括单位的知名度高、单位规模和权力大、行政级别和社会地位高等，这些职业要素都与职业声望地位有关。

职业价值观是一个复杂的、多维度的心理因素，对职业的选择和衡量有多种要素的参与，但各要素起的作用是不同的。调查显示，当前大学生的职业价值观越来越重视发展因素，而对保健因素和声望因素的重视程度则因人而异，差别较大。

在职业价值分析和测定过程中，个人必须处理好职业价值观不同要素之间的关系，并根据不同时期、不同情况明确自己的职业核心需求，以便合理制定自己的职业生涯规划和相关策略。

好的职业价值观作为一个人的动力系统，是员工对待工作的信念，是能力意愿和态度倾向，是引导或支持工作的行为趋势，更是一种自我实现的方式；主要包括进取观、敬业观、挑战观、责任观、效率观、忠诚观、学习观、团队观、正直观、谦虚观、是非观、感恩观等。

三、价值观与职业的关系

什么是价值观呢？从字面上来看，价值观就是个人认为哪些价值最重要。价值观（values）源自拉丁语词根"valeo"，意思是"坚强起来"。每个人都有过这样的时刻——为某件事情内心充满动力，感觉自己能一直坚持下去。

我们的社会给每一个人指定了一套"标准价值观"，比如，学生要"考高分"，上班要"赚钱"，结婚要"门当户对"。但是，我们也有过这种经历，对于高分、赚钱和门当户对的爱情，我们不仅无法"坚强起来"，有的时候连努力都没有太多动力。这个时候你就需要寻找自己的价值观，你需要定义自己的成功，开始为自己的独特价值观而活——这一天，你会从心理上真正成为一个成熟的、独立的个体。

你的价值观也决定你对职业、公司、企业文化、家庭和社区投入度的看法，这些看法进一步影响你的决策。现在你一定能明白你的职业生涯和价值观紧紧相连的好处。米尔顿·罗克奇写道："个人和周围的各种环境未必总是完美匹配的。"如果你因为工作忽略了自己的价值观，这种脱离就有可能毁掉你自己定义的成功。你会对工作失去兴趣，慢慢酝酿着不满或愤怒的情绪，对于公司也漠不关心。这是一场你和公司的双输游戏。如果你的价值观和公司有紧密的联系，你会觉得在达到了自己目标的同时，也为公司贡献良多。公司是让你既能成功又能幸福的双赢舞台。

职业生涯和价值观相匹配会让你降低工作压力，提升士气、提高工作效率，赢得他人的合作，提升理解力，学会尊重他人，充满成就感。

当你有了价值观的排序，你会发现自己做决策时更加坚定准确。罗伊·迪士尼曾经说过："如果你不确定你的价值观，你简直无法做决策。"每一件事情都要面对取舍。你想要追寻高薪和名声、助人的机会、增加职业安全感，还是更加独立？你也许每样都想要，但是鱼和熊掌不可兼得，你必须做出取舍。最好的方式就是在你的核心价值观的帮助下评估每一个选项，同时你需要评估当下环境中，哪一个选择对你更加重要。总之，价值观提供了"什么对我最重要"这个问题的判断准则。谈到你的职业生涯，没有什么比搞清楚这个问题更重要的。

第四章　职业基本认知

第一节　职业概述

▸ 故事导入

　　在一个小池塘里，住着鱼和青蛙，它们两个是好朋友，都想出去看看，因为鱼不能离开水，只好让青蛙独自去了。有一天青蛙回来了，它告诉鱼，外面有许多新奇有趣的东西，比如说牛吧，它的身体很大，头上长着弯弯的犄角，吃着青草，身上长着黑白相间的方块，长着四只粗壮的腿，一条长长的尾巴。听着青蛙的描述，鱼的脑海里出现了牛的形状：在鱼的身体上，长着弯弯的犄角和黑白相间的方块……听了这个故事，大家可以想一想，职业在你心中，是不是也是鱼牛的样子呢？

　　我们通常对工作的内容比较了解，但是对工作报酬、工作环境等的了解比较少，这样怎么能做出科学的职业决策呢？因此，职业基本认知是非常必要的。

一、职业的产生、内涵及特点

（一）职业的产生

　　职业是社会分工的结果。原始社会早期，生产力水平极其低下，社会生产和社会组织中没有明显的分工，因而也就不存在职业。大约在旧石器时代晚期，氏族公社里开始出现了一定的自然分工，人们开始从事不同类型的活动，这可以说是职业产生的萌芽。随着生产力的进一步发展，原始社会后期出现了农业、畜牧业和手工业的社会大分工，出现了等价商品交换，这样真正意义上的职业如农民、牧民等便产生了。当原始社会过渡到奴隶社会时，脑力劳动从体力劳动中逐渐分离出来。一部分人脱离了体力劳动，形成了依靠剩余产品和以脑力劳动为主的各种职业。到封建社会时，由于农牧业的发展，促进了手工业的迅速发展，不同作坊间的分工越来越细，作坊内的生产者分工也趋于明确。与此同时，农民、手工业者、商人等职业的分工也进一步细化。在封建社会生产力得到较大提高，职业种类逐渐增多。

　　如今，现代科学技术的迅猛发展和广泛运用以及社会化大生产的出现，使得生产力得到空前发展，社会分工越来越细，职业种类和数量越来越多。

（二）职业的内涵

中国自古以来就有"职业"这个术语，在《现代汉语词典（第7版）》中，"职业"被解释为："个人在社会中从事的作为主要生活来源的工作"。

我国有学者在综合不同社会学家对职业定义的基础上，将职业概括为：

（1）职业是一种社会位置。个人取得这种职位的途径可能是通过社会资源的继承或社会资源的获取。但是职业不是继承性的，而是获得性的，是个人进入社会生产过程之后获得的。

（2）职业是已经形成规模并与专门工作相关的人群关系，或者说已经成为模式的工作关系的结合。它是从事某种相同工作内容的职业群体。

（3）职业同权力密切相连。一种是拥有垄断权，每一种职业（群体）的社会分工中都有自身的位置和作用，使别人依赖于他们、需要他们，这就在一定程度上拥有了对他人的权力，而且总要维持这种权力保持自身的垄断领域；另一种是经济收益权，任何一种

职业（群体）凭其被他人所需要、所依赖，获得经济收入。

（4）职业是国家授予的。任何一种职业必定为社会所承认，职业的存在都有法律效力，所以职业为国家所认可。

经济学家从经济学角度对职业进行界定时，认为职业具有以下的内涵：

（1）职业是劳动者进行的社会性活动。

（2）职业具有连续性和稳定性。劳动者连续、不间断地从事某种社会工作，这种工作才能成为劳动者的工作，或者相对稳定地从事某项工作的劳动者，才成为该职业的劳动者。

（3）职业具有技术性。即职业需要才能与特长，并需要一定舞台发挥个人的才能与特长。

（4）职业具有经济性。劳动者从事某项职业，必定要从中取得收入，没有经济报酬的工作即使其劳动活动较为稳固，也非职业工作。

从社会学家与经济学家对职业的分析来看，我们将职业界定为：职业是参与社会分工，利用专门的知识和技能为社会创造物质财富和精神财富，获取合理报酬作为物质生活来源，并满足精神需求的工作。

课堂 活动

了解了职业的概念，你能否判断下面哪些是职业呢？

小偷、乞丐、农民、学生、全职太太。

职业的核心概念是创造和获取，小偷和乞丐只有获取，没有创造，所以不是。学生和全职太太，只有创造，没有获取，所以也不是。只有农民，既有创造，也有获取，所以它是职业。

掌握职业的核心概念，有利于树立正确的职业价值观。想要获取，必须要有付出，而且是同等价值的，因此位高权重责任轻的工作是不存在的，要靠自己的才智和努力去获取相应的报酬和成绩。

（三）职业的特点

1. 专业性

每一种职业都有一定的技术含量或技术规范要求。尤其是在人类进入工业化时代以后，科学技术得以广泛应用，职业的科学技术含量越来越高，以至于在从事某种职业之前，必须经过一定时间，针对某特定的职业进行专业知识学习，并进行专门的技术技能或操作规程训练。例如，汽车维修工就要具备汽车构造、汽车故障诊断与维修方面的知识，以及精益求精的工作态度。随着社会发展与科技进步，劳动的专业化程度越来越高，职业的专业性也越来越强。

2. 多样性

职业的领域宽广，数量巨大，种类繁多。不同职业之间，在职业劳动的内容、职业的社会心理、从业者个人的行为模式等方面存在巨大的差异。我国古代就有"三百六十行"之说，现代职业的种类更是越来越多，并且不断分化出新的职业。比如，我国近几年社区建设的蓬勃发展带来物业管理群体诞生；又比如保险业的蓬勃发展带来保险精算师、保险推销员、保险理赔员等新职业。

3. 同一性

某一类别的职业内部，其劳动条件、工作对象、生产工具、操作内容、人际关系等都是相同的或相近的。由于情境相同，人们就会形成同种行为模式、共同语言，很容易彼此认同，即同行、同事。

正是基于职业的同一性，才构成同业协会、行会等社会组织，才有从业者的利益共同体。职业的这种同一性，往往会被打上社会印记。例如：张三是侦探，人们会认为他精明；李四搞文艺，人们就认为他活泼浪漫；王五当教师，人们则认为他有学问；等等。

4. 层次性

众多的社会职业可以区分成不同的层次。尽管从社会需要的角度来看，职业间不必区分高低贵贱的等级性，但现实社会中对不同职业的社会评价的确存在着差别。这种职业评价的层次性，根源在于不同职业的体力、脑力付出的不同和工作复杂程度的不同，以及工作的环境、教育资格条件在工作组织权力结构中的地位、工作的自主权、收入水平、社会声望等方面的差别。这样，即使同一种职业，也有层次之分。例如，高校教师有助教、讲师、副教授、教授之分。

不同职业的这些差别，本身是一种客观存在，而不由人的主观意志决定，因此，承认和运用职业的层次性是非常重要的。现代社会应该承认职业的层次性，相应地通过给人们创造平等的竞争环境、自由择业的机会，促进人们积极向上，进而促进社会的和谐发展。

5. 时代性

不同的历史时期，生产力的性质和水平不同，决定了相应的社会行业和人们的职业也不同。由于社会生产力不断发展，这也就决定了社会职业也在不断地变化，新的职业不断产生。原有的职业也获得新的时代内容，某些产业连同相应的企业将被彻底改造，而某些产业（如软件工业）将会爆炸性增长。随着大规模的产业结构重组，数以千万计的职业将会消失或彻底变化，同时，新的经济将给未来带来许多新职业，而且变化的速度将会越来越快。总之，职业是一个社会历史范畴。随着社会生产力的不断发展和劳动分工的不断细化，在特定的社会历史发展阶段下职业的性质和内容是有一定差别的，因此职业具有以下时代性特点：一是不同时期会出现不同的职业，相同名称的职业在不同的时期会有不同的内容，某些职业甚至会发生根本性的变化，一部分新职业产生，替代一部分过时的职业；二是每一个社会都有自己的时尚职业，即该社会中人们所热衷的职业。

二、职业的分类

职业分类是指国家采用一定的标准和方法，依据一定的分类原则，对从业人员所从事的各种专门化的社会职业进行全面、系统的划分与归类。社会分工是职业分类的依据，随着现代科学技术和社会生产力的迅猛发展，社会分工越来越细，职业的种类也越来越多。

我国第一部《中华人民共和国职业分类大典》颁布于 1999 年，是由人力资源和社会保障部、国家质量监督检验检疫总局、国家统计局联合组织编制的，党中央、国务院 50 多个部门以及有关研究机构、大专院校和部分企业的近千名专家学者参加了编制工作。

近年来，由于经济社会的不断发展，我国社会职业构成发生了很大变化。为适应发展需要，2010 年底，人力资源和社会保障部会同国家质量监督检验检疫总局、国家统计局牵头成立了国家职业分类大典修订工作委员会及专家委员会，逐步启动了各个行业的修订工作。

2022 年 7 月，人力资源和社会保障部向社会公示了新修订的《中华人民共和国职业分类大典》（以下简称大典）。此次大典修订围绕数字经济、绿色经济、制造强国和依法治国等要求，专门增设或调整了相关中类、小类和职业。与此同时，根据实际，取消或整合了部分类别和职业，例如：将报关专业人员和报检专业人员 2 个职业，整合为报关人员 1 个职业；取消了电报业务员等职业。据统计，新版大典包括大类 8 个、中类 79 个、小类 450 个、细类（职业）1639 个。如表 4-1 所示。

表 4-1　《中华人民共和国职业分类大典（2022 年版）》职业分类体系表

大类		中类	小类	细类（职业）
序号	名称			
一	党的机关、国家机关、群众团体和社会组织、企事业单位负责人	6	16	25
二	专业技术人员	11	125	492
三	办事人员和有关人员	4	12	36
四	社会生产服务和生活服务人员	15	96	356
五	农、林、牧、渔业生产及辅助人员	6	24	54
六	生产制造及有关人员	32	172	671
七	军队人员	4	4	4
八	不便分类的其他从业人员	1	1	1
合计	8 个	79 个	450 个	1639 个

三、探索职业的方法

探索职业应当重点关注以下方面：

职业描述：这个职业是做什么的？

工作重点：这个职业的工作重点是什么？怎样才算做好工作？将会如何评价？

能力要求：从业者需要具备什么能力、才干、资源？

收入阶梯：薪酬与收入的阶梯如何？

工作关系：与谁合作？向谁汇报？对谁负责？

压力挑战：这份职业可能面临的压力和挑战是什么？

上升通道：未来的晋升通道怎样？

未来发展：这个职业将来3年的发展方向是什么？

个人进行职业探索通常采取查阅咨询、社会实践、工作跟随和生涯人物访谈等方法。

（一）查阅咨询

查阅咨询是指将个人希望了解的职业方向（或职业群），通过网络、书籍、期刊及有关音像资料，进行初步查阅。选定各种典型职业，进一步对其入门所需的基本条件如学历、资格证书和身体条件等进行查阅；通过查阅，使自己对做好职业工作所需要的知识、技能、生理条件及个性特征有一个初步的认识，对该职业的生存环境、发展前途以及个人据此发展可能取得的职业成就等形成初步印象。也可以与经验丰富的从业者进行讨论和咨询，个人的探索总有局限性，与别人一起讨论感兴趣的职业问题，共享职业探索成果，有助于消除一些不现实或前景暗淡的念头，共同发现更清晰的前进道路。

（二）社会实践

社会实践包括参观、兼职、实习、校园活动、社会活动等。很多大学生在参与社会实践时多半想到的只是赚钱或锻炼能力，其实社会实践还是了解工作实际的有效方法。社会实践可以更深入、更真实地对职业的工作任务、工作要求、工作环境及个人的适应情况进行了解、判断，可以了解工作的程序、报酬、奖罚及管理的各种信息，还可以通过与工作人员的实地接触，感受职业对人的影响及人职匹配情况。

（三）工作跟随

工作跟随是指跟随一名在职人员，通过观察其工作直接了解从事该职业的人是如何工作的。通过工作跟随可以直接地了解到工作情形、工作内容等。工作跟随除了像影子一样跟随对方、观察对方之外，还需要和对方进行深入交谈。

（四）生涯人物访谈

生涯人物访谈是获得比较全面、真实工作信息的最有效方法。可以通过老师、亲戚或毛遂自荐的朋友，找一位相关从业者进行访谈。在正式访谈前，我们需要列出访谈清单，这个访谈清单就是前面提到的职业探索的内容。

我们要想清晰地了解自己在职业上的发展方向，仅了解职业的本身是不够的，例如我们平常所说的经理，有可能是产品经理、销售经理，还有可能是大堂经理；所说的总监，除了工程总监、财务总监，还有可能是发型总监。因此我们要清晰地了解职业的全貌，做好职业定位，还必须要了解行业、职能和组织的相关内容。举例来说，你经常问别人"你是做什么的"，他可能会说"我是搞教育的",那他说清楚职业了吗？教育只是个行业，有可能他是学校的老师，也有可能是教育图书的编辑。

所以职业定位的公式是

职业 = 行业 + 组织 + 职能

第二节　职业的基本组成

一、行业探索

（一）行业的定义

行业，一般是指按生产同类产品、具有相同工艺或提供同类的劳动服务划分的经济活动类别，如教育行业、饮食行业、服务行业、机械行业等。

行业是按工作对象来划分的，而职业是按工作职能来划分的，比如企业管理者、科学工作者、教师、军人等。

在做个人发展规划时，行业的选择应该优先于职业的选择，俗话说"男怕入错行，女怕嫁错郎"，行业相当于人生的方向，方向错了，后面的努力只能事倍功半。此外，调换行业的代价是很大的，职业的转变则代价小得多。

（二）行业的分类

行业分类有两种。第一种分类是由国家统计局制定的《国民经济行业分类》（2017），分为 20 门类，97 大类，以及 473 中类和 1380 小类。第二种分类是各种求职网站，在其搜索功能里有职业所处的行业分类。两种分类略有差异，但是都能帮助我们了解行业的分类。

（三）行业探索的方法

在进行行业探索时可以通过设立以下问题来进行深入了解：这个行业的存在是因为提供了什么价值？这个行业在整体经济结构中的地位如何？这个行业从源头到达终点都有哪些环节？这个行业的产能如何？这个行业的营利模式如何？这个行业的主要增值发生在价值链的哪一环？

对于大学生来说，要想完整地了解一个行业的信息，查阅是非常好的办法，查阅可以通过五种渠道。

（1）国家的国民经济和社会发展规划纲要。如国家"十四五"规划（2021—2025 年）。

（2）国内外咨询机构网站。我们可以通过搜索，找到各行业知名的咨询网站，查找自己想要的信息，如国内的艾瑞网、中国互联网信息中心网络、艺恩咨询、旅游圈等；国外的 Roland Berger 行业评论战略、普华永道等。

（3）国内互联网公司数据报告网站。如腾讯大数据、百度开放服务平台、百度数据研究中心、阿里研究院等。

（4）各大公司不定期发布的报告。比如高德地图发布的《2022 年度中国主要城市交通分析报告》。

（5）财经新闻。如新浪财经、和讯网、东方财富网、华讯财经。

（四）行业的选择

行业不是一成不变的，它会随着市场需求和时间的变化分为曙光行业、朝阳行业、成熟行业、夕阳行业四个发展阶段。

（1）曙光行业犹如清晨四五点钟的太阳。这一时期行业利润率较低，市场增长率较高，行业需求增长较快，但此时行业技术上有很大的不确定性，例如无人驾驶汽车，有些公司已经取得了无人驾驶的牌照，但现阶段因为技术问题还未全面普及和推广。

（2）朝阳行业就如早上八九点钟的太阳。这一时期行业的增长率很高，行业需求高速增长，技术渐趋定型，产品品种及竞争者数据增多。例如电子信息行业、通信行业、软件、生物工程等。

（3）成熟行业犹如中午的太阳。这一时期的行业增长率不高，行业需求增长率也不高，技术上已经成熟。例如石油、化工行业和大型的商超等。

（4）夕阳行业犹如快要落山的太阳。处于这一时期的行业，因技术革新和人们需求的变化，市场增长率严重下降。电影《乘风破浪》里有一个情景，六一说，以后BB机号码肯定值钱，存五年后拿出来卖，肯定会发财，最后正太为他未出生的孩子准备了一大箱的BB机，想不到的是BB机很快就被手机取代了，当年花大价钱买的BB机已经变得一文不值。

那我们该怎样判断行业处于哪个发展阶段呢？一般来说，媒体开始关注报道该行业时说明该行业还处于曙光期，有可能会在之后几年成熟起来。例如现在很多学生都在考心理咨询师资格证，因为媒体报道很多，相关影视题材也较多，是不是这个行业已经火起来了呢？还没有。因为就我们中国人当下的观念来说，心理咨询行业的发展还没有达到西方的水平。

那么哪些信息是比较有参考性的呢？以下三类信息可供大家参考：

第一类信息是行业资深人士的转型。例如很多知名人士转行进入新媒体；罗振宇的"得到"和马东的"好好说话"等开始知识付费。那我们就能预测出新媒体和知识付费应该是朝阳行业。

第二类信息是用人单位需求增大，行业平均工资增高。可以到招聘会现场或各大招聘网站上，看哪类行业的人才需求量较多、平均工资较高，那么它们很有可能属于朝阳行业。

第三类信息是改变大众生活观念的方式出现。例如滴滴打车和共享单车等已经改变了大众的出行方式，它们就属于成熟行业。

行业信息的探索和收集不是一朝一夕的事情，需要我们在日常生活中广泛涉猎各类信息，注重收集和整理，进而找到自己的职业切入点。

二、组织探索

（一）组织的定义

组织是为了执行一定的社会职能，完成特定的社会目标而建构、重组的相对独立的社会工作单位。由于组织是社会职业的载体，因而人们通常将社会组织称之为用人单位。

（二）组织的分类

在大中小型工业企业划分的标准中，组织按照人数划分为：大型（1000人以上）、中型（100～1000人）、小型（20～299人）、微型（20人以下）。还有一类是我们最常用到的一种分类，是按照用人单位的性质划分：企业、事业、政府机关、社会团体和自主劳动单位。

企业是从事生产经营、社会服务等经济活动，具有法人资格，独立核算的营利性组织，是国民经济的基本单位。企业无论提供什么样的产品和服务，都有一个核心目标，就是合法获取利润。

事业单位主要由国家财政经费开支，不从事独立经营而从事社会服务工作的单位，如学校、医院等。

政府机关是国家和地方各级政府行政管理机构的总称。目前，我国事业单位和政府机关都实行"逢进必考"制度，也就是公务员和事业单位招考。

社会团体是社会上各种群众性组织的总称，包括工会、团委、妇联、青联、学联、科协、行业协会等。社会团体一般要求从业者有一定的文化水平、政策水平、专业知识和较强的工作能力。

自主劳动单位是指现在自主就业的群体组织，包括各类自由职业者、灵活就业人员和个体劳动者，例如个人创业的医生、律师和自由作家、自由撰稿人等。

（三）组织探索的方法

组织探索主要从以下几个方面进行：用人单位的简介；用人单位的产品或服务；用人单位的经营战略；用人单位的内在机构与各项制度；用人单位的人力资源战略；用人单位的薪酬福利；用人单位的重要人物；用人单位的企业文化；其他方面，某些用人单位可能会有特殊之处，需要我们特别了解。

把握了以上几个方面，我们可以使用前面讲过的查阅咨询、社会实践、工作跟随和生涯人物访谈等方法进行组织探索。

（四）组织的选择

该选择进入什么样的组织呢？选择用人单位就是要确定与谁合作的问题，其背后的决定因素是价值观。下面先看一下政府机关、事业单位、社会团体、企业、自主劳动单位这些组织的区别。

我们会发现这几个组织形式自政府机关开始，其单位规模逐渐变小，稳定性自左向右逐渐减弱，灵活性则自左向右逐渐提高，变革逐渐增强。那么在这些组织里工作，其处事原则也不同，越靠近左边的越讲究维稳和做人，比如在政府机关工作，讲究稳定和做人做事谨慎，工作内容多按部就班，循规蹈矩；而越靠近右侧的组织，越讲究创新和做事，例如淘宝店铺的店主们，更多的是想尽办法维护顾客和降低成本。

了解了以上这些，可以问问自己，在自己的价值观里，更看重的是什么？稳定还是创新？地位还是收入？可以根据自己的价值观选择合适的用人单位，确定后还要关注一些更细节的信息，这样才能最终贴近组织目标。

例如，大企业需要关注的是业务，那就要考量一下自己想从事的工作是不是该企业的主要业务。计划加入小企业，需要关注的是公司的领导和主要负责人。因为企业比较小，领导的态度和决策对企业的命运和发展起到了决定性作用，所以需要了解创始人和现任领导人是什么样的人，看他们的发展思路是怎样的。政府机关和事业单位，需要关注的是就职单位能带来的资源和发展平台。

除以上考虑之外，组织的选择需要重点

把握组织的类型和组织的文化。

1. 选择组织的类型

比如企业，它对提供什么产品和服务，都有一个核心目标。这类组织办事效率高，人员流动性大。

比如事业单位，如学校、医院等，这类组织意味着更多的奉献。

比如政府组织，它被称为经济的"公共部门"，大约14%的经济活动发生在这一领域。但是要通过公务员和事业单位招考才能进入。

比如社会团体，大多数慈善团体和社会服务组织属于经济的"服务部门"，包括红十字会、人道主义社团、环保基金会、篮球协会等。选择这类组织意味着没有相当利润的分红，但要求从业者有一定的文化水平、政策水平、专业知识和较强的工作能力。

比如协会，这种团体是非营利性组织和政府组织的综合体。这些团体在法律和其他政府委员会前代表了其成员利益，他们试图影响法律和公众政策以便使其成员获益。选择这类组织意味着更多责任。

2. 选择组织的文化

在很多组织中，并不只有一种文化存在，每个部门或工作团队都可能有自己的文化。组织文化可以通过很多方式来观察。

（1）日常行为。例如成员间互相问候的常见方式，对组织高级成员的礼貌程度，人们开会或午餐时坐的位置，或者是成员的衣着。

（2）纪律规范。例如在组织中的个人是否遵守上下班时间，是否愿意在晚上或周末加班工作。

（3）主导价值。例如质量第一，顾客至上。

（4）情感氛围。例如设备摆放的位置、员工之间的信任程度等。

拓展阅读

兔子队和海龟队

兔子队属于田纳西州一个傲慢、引人注目的亿万富翁所有，该富翁通过高风险的石油贸易赚钱。兔子队喜欢招收具有很高天赋和技能水平的棒球选手，并不惜代价与他们签约。队服的颜色是红色、金色、橘黄色和紫色。教练是一位严厉的训练者，无论在场上还是场下对队员的行为都有各种规则管理，以能够在这些意志自由的队员身上培养坚强品质而骄傲。对教练而言，只有赛场上的成绩才是最重要的。队员们被认为没有什么能力来处理自己的事情。由于管理者不愿与新队员签订长期的合约，队员之间竞争激烈，新成员被接纳的过程很慢。典型的兔子队比赛中包含了大量的跑动，还有额外的本垒打。队员们普遍很年轻，只有30%已婚，他们四肢强壮，身手矫捷。比赛胜利以后，俱乐部里召开各式记者会，他们欢声笑语、高谈阔论。

海龟队属于波士顿几个银行业和股票业的百万富翁所有。这些富翁喜欢像收购项目那样招收经验丰富的队员。这些队员接近职业生涯的末期，大多数人有至少六年的大联赛经验。球队队服的颜色是蓝色和灰色。他们的教练采取一种放任的管理方法。球队的信念是相信每个队员都是专业的，知道如何训练和比赛。新成员会受到热烈欢迎。很多队员是作为海龟队的一员退出棒球生涯的，管理者为有如此多的优秀队员在海龟队完成他们的职业生涯而感到自豪。队员中80%已婚。典型的比赛包括梯球战略的完美执行，例如顶撞、及时击打、偷点、紧密防守和对对手弱点的小心侦察。比赛胜利后，队员们会讨论锦标赛的长期进程和能获胜的好运气。

当分析兔子队和海龟队时，你会发现这两种组织的文化非常不同。这些不同包括对年长者和先前经验的态度、纪律管理的风格、比赛策略、新成员的定位、签约期限以及公共关系。哪一种组织文化更适合你的个性和文化偏好呢？

三、职能探索

（一）职能的定义

职能是指人、事物、机构所应有的作用，在自然科学和社会科学中，也称为功能。

（二）职能的分类

用人单位一般具有八种职能，分别是销售、市场、行政管理、人力资源管理、财务管理、研发、生产服务和客服等职能。

销售职能就是把产品卖给目标客户。市场职能就是把商品、品牌信息传递给客户。行政管理职能是其他部门工作的基础，包括行政事务、网络管理等。人力资源管理职能主要有人才的招聘与配置、培训与开发、绩效管理和薪酬服务等。财务管理职能，包括财务的收纳、支出预算，以及投资和融资等。研发职能包括技术的研发、产品的开发和升级。生产服务职能是提供有价值的产品或服务。客服职能是解决客户的问题，提供相关服务以提高满意度。

并不是所有的组织都具备这八种职能，也并不是只有这八种职能，但一般组织主要是这八种职能。在不同类型的工作组织里职能是不完全相同的，例如同样是服务职能，学校提供的服务是为学生上课、答疑解惑，而美容院就是给顾客提供护肤、美容、美体等服务。

（三）职能探索的方法

（1）了解工作细节。工作细节即从事的是什么工作、工作内容和程序、工作条件和工作环境、社会环境，具体包括工作团体的情况、特征，以及各部门之间的关系。

（2）了解晋升通道。不但要了解应聘岗位的职业发展通道，还要了解与该岗位相关的岗位是什么。这是为了拓展职业发展方向以及为轮岗、转换工作做准备。

（3）了解任职要求。需要了解胜任应聘工作需要具备的知识、能力、经验、态度等。

（四）职能的选择

按照工作职能对内和对外的不同，可将工作部门分为业务部门和运营部门。市场、销售、生产服务、客服是业务部门，如果是适应能力比较强、灵活多变、喜欢变化的人，更适合从事业务类的职业；如果是喜欢结构性的、规律性的、常规性工作的人，更适合做运营类的工作。

此处用人单位的八大职能还可以按照对

人和对物来划分。销售、市场、生产服务、行政管理、客服、人力资源管理、财务管理的对象是人，研发、生产服务的对象是物。如果是一个喜欢沟通，喜欢聊天，性格外向的人，那么做与人有联系的工作就更具优势；如果是内向的人，更喜欢技术研究，那么做对物的工作更适合。

在面对职能选择的时候，经常遇到另一种矛盾：职能的选择是不是一定要专业对口呢？京东创始人刘强东是中国人民大学社会学专业毕业的，新浪CEO曹国伟是复旦大学新闻专业毕业的，网易创始人丁磊是电子科技大学微波通信专业毕业的，苏宁创始人张近东是南京师范大学中文系毕业的，巨人集团创始人史玉柱是浙江大学数学系毕业的。从这些成功人士的例子里可以发现，专业对口对职业或职能的选择并不那么重要。

拓展阅读

人们经常将专业与未来职业联系起来思考，从个人兴趣的角度来看，如果个人选择的专业与社会职业一致，则是一种理想状态。然而，专业是不同于职业的，专业是学业门类，职业是工作门类，总体来说两者之间有以下四种关系：

（1）专业包容职业。在这种情况下，个人的职业发展一直在所学专业领域内，选择的职业与所学专业相吻合，能够学以致用。

（2）专业为核心，职业包容专业。个人的职业发展以所学专业为核心向外延伸。虽然选择的职业与所学专业方向一致，但职业发展超出所学专业领域，需要根据自己的职业规划，在学好专业的基础上通过自学、研修等方式适应职业需求。

（3）专业与职业交叉。以专业为基础发展职业，个人的职业发展在所学专业的基础上有重点地沿某一方向拓展。所学专业在个人职业发展中仍有重要意义，需要在职业生涯规划的指导下，同时辅修或自学自己规划的要从事未来职业的其他专业课程。

（4）专业与职业分离。个人规划要从事的职业与所学专业基本无关，所学专业的某些方面在个人职业发展中具有一定的重要性，但方向并不一致，这时应尽早调整目标。

由此可见，职业不等同于专业，即使职业与专业完全对口，为了在该专业中充分发挥自己的作用，仅仅靠专业知识也是不够的。更何况很多人并不喜欢当初所选择的专业。因此，进入大学后不能把眼光仅仅局限于专业方面，更重要的是学会用科学的方法和积极的心态围绕自身专业，打好知识、能力、心理素质等各方面的基础，以备将来就业发展之用。

第三节　职业素养储备

职业素养是从业者在从业过程中尽己所能把工作做好的素质和能力，它是衡量一个从业者成熟度的重要指标，对个人提升、企业发展乃至整个社会进步都具有十分重要的意义。

《一生成就看职商》的作者吴甘霖回首自己从职场惨败到走上成功之道的过程，再总结比尔·盖茨、李嘉诚、牛根生等著名人物的成功历史，并进一步分析众多职场人士的成功与失败，得出了一个结论：一个人的能力和专业知识固然重要，但是职场成功的关键却在于他所具有的职业素养。工作中需要知识，但更需要智慧，而最终起决定作用的还是素养。

企业已经把职业素养作为对求职者进行评价的重要指标。如成都大翰咨询公司在招聘新员工时，要综合考察毕业生的五个方面：专业素质、职业素养、协作能力、心理素质和身体素质。良好的职业素养是工作岗位所必需的，是个人事业成功的基础，是大学生进入企业的"金钥匙"。

一、职业素养概述

"素养"一词早已有之。《汉书·李寻传》载："马不伏枥，不可以趋道；士不素养，不可以重国。"其本意即修习涵养，重在人的修为与努力。由此，我们对素养可以下这样的定义：所谓素养，主要是指人们为了一定的目的，在涉及自身生存和发展的各个认识与实践领域所进行的勤奋学习与涵养锻炼的功夫。与知识才能、思想品质的水平和状况的一般概念类似，素养也会被具体为某一常识、某一理论、某一才能、某一品行特质等特定方面的素养。如一般不说"某人素养很深"，而是具体地说"某人古汉语的素养很深"或者说"某人有很高的品格素养"等。

职业素养鼻祖弗朗西斯科在其著作《职业素养》中这样定义：职业素养是人类在社会活动中需要遵守的行为规范，是职业内在的要求，是一个人在职业过程中表现出来的综合品质。其具体量化表现为职商（career quotient，简称 CQ，全称职业智商），它体现了一个社会人在职场中成功的素养及智慧。所以，职业素养是一个人职业生涯成败的关键因素。

职业素养的内容包括知识、素质、能力、经验等。在职场中，个体行为的总和构成了其自身的职业素养。职业素养是内涵，个体行为是外在表象。每个劳动者，无论从事何种职业，都必须具备一定的思想道德素质、科学文化水平、专业技能手段和强烈的职业意识等。只有这样，才能成为具有良好职业素养的人，才能顺应知识经济时代社会竞争激烈、人际交往频繁、工作压力大等职业特点的要求。

现代人力资源研究认为，劳动者的个体职业素养类似于管理学中所提出的"冰山理论"：露出水面的冰山部分代表劳动者的知识、技能、技术等硬技能（显性职业素养），这些只能说明这个人具备了从事职业劳动的基本条件，不能区分绩效优劣；而隐藏在水面以下的冰山部分，代表着劳动者的职业意识、职业道德和职业态度等软技能（隐性职业素养），是判断劳动者是否能够胜任工作的最重要部分，可以鉴别绩效优秀者和一般者。水下部分的冰山大小决定了水上部分的冰山高度和大小。

要提高劳动者的水平，就要先培育劳动者优秀的职业素养。但是，在现实生活中，由于显性职业素养易于考核和体现，加之受实用主义和社会风气等影响，人们往往注重显性职业素养的投入，而对隐藏在水下部分的职业意识、职业道德、职业作风和职业态度等隐性职业素养相对忽视。这是对职业素养培养的一种误解，只有以培养显性职业素养为基础、隐性职业素养为重点，注重各方面的良好协调和均衡发展，才能使劳动者的职业素养与现代社会体制和现代社会生产力发展水平相一致。

拓展阅读

几种典型职业对求职者职业素养的要求

在所有个人素养考核的指标中，用人单位最看重的六项素养分别是：沟通能力（communication ability）、分析能力（analysis ability）、团队合作能力（teamwork ability）、专业技能（professional skills）、职业道德规范（professional ethics）、身体和心理素质（physical and psychological quality）。不同职业里，这些素养又有不同的细化要求。

（1）国家公务员。如果未来想进入公务员系统，现在就需要着重注意四点：①较高的政治素养；②正确把握党和国家的方针政策；③关心时事政治和国家大事；④培养敏锐的政治嗅觉和政治洞察力。

（2）工程技术人才。这种职业强调的是吃苦耐劳、实事求是等。

（3）管理人才。这种职业强调处理纷繁信息和果断决策的能力。

（4）销售人才。这种职业的抗挫能力需要相当强。

（5）科研人才。这种职业要求尊重客观事实，严谨认真，外语水平一定要高。

不管是哪一类型的职业，不管学习的是什么专业，其实整个社会都是对我们敞开怀抱的，只要有兴趣，具备相关的专业技能，都可以胜任一份工作。

二、职业素养对职业生涯的作用

（一）有效解决人与职业匹配的问题

职业素养培养的过程实质就是在解决大学生的兴趣、能力与职业相匹配的问题。如果学生对自身的了解比较全面、认识比较到位，在确定自己的工作时就会多一些理性思考，择业的针对性就会更强。在职业素养的培养过程中，学生可以借助职业偏好问卷、职业自我探索量表等测量个人的职业性格，这些职业量表对学生认识自我的职业性格等方面具有一定的帮助和指导作用。这样在职业活动中，才能充分施展自己的个性特点，获得尽可能大的自由感、满足感和适应感，真正做到知己知彼，有的放矢。

（二）满足个人职业生涯的技能要求

职业技能是大学生求职的硬件条件，主要包括专业知识、专业技能和工作经验。目前，大学的课程设置突出理论课程，而实践性课程比较少，教师在教育学生的过程中，也比较重视脑力的训练，而动手的能力训练相对薄弱。那么学生利用课余时间参与校内外社会实践，能学到很多课堂教学学不到的知识，动手能力也会得到培养，从而实现专业知识和实践应用的结合。从市场经济运行的角度来看，提高职业技能可以满足企业对职业技能人才的需求，在一定程度上也可以缓解大学生找不到工作和企业招聘不到人才的矛盾。

（三）为个人职业生涯培养良好的职业道德

来自哈佛大学的研究表明，个人职业生涯取得成功的因素 85% 来自职业道德，15% 来自职业技能。可见职业道德在个人职业生涯中的重要性。生产实践、校外兼职、志愿者服务等对大学生道德的要求已经内化在具体工作中，诸如积极的人生态度、开拓创新的精神、团队合作精神等，通过不断实践，启发学生对职业品质重要性的认识。当大学生走向职场，这些道德品质就会内化为一种自我约束的能力，在职业群体中他们的行为准则必将远远超出一般职业人。

（四）为个人职业生涯培养良好的职业心理素质

大学生的心理正处于从不成熟走向成熟，但尚未完全成熟的时期。职业心理素质培养所要解决的问题是大学生在择业过程中所面临的各种问题，如职业角色意识、积极心态、抗挫折能力、健全人格塑造、交往能力培养、成功心理培养，这些素养在今后的职业生涯中与个人的职业密不可分。职业心理素质是决定个人职业生涯能否取得成功的关键因素，在整个职业发展过程中起着至关重要的作用。

1. 对选择职业目标的影响

职业选择首先要解决的问题就是择业目标。职业心理素质对职业目标的选择有着重要的影响。它决定着大学生能否客观、正确地认识、分析自我，如所学专业、思想修养、能力特长、兴趣爱好等；能否客观分析用人单位和社会需要；能否将个人利益与国家利益、个人理想与社会需求有机结合起来；能否在职业选择过程中找到自己的准确位置。

2. 对职业选择过程的影响

求职是选择与被选择的过程，是大学生施展才华叩开职业大门的过程，也是用人单位评判、筛选人才的过程。大学生在求职过程中，将会遇到自荐、面试、笔试等一系列的竞争考验，也会遇到一些专业与爱好、个人与家庭、工作与地域、职业与发展之间的一些选择困惑。能否积极面对这些考验，能否做出正确选择，职业心理素质起着重要的作用。良好的职业心理素质，可以使人面对挫折与失败时，及时进行情绪的自我调整，尽快摆脱消极情绪的影响，以便及时总结经验，勇于创新，果断决策。

3. 对职业发展中取得成就的影响

大学生毕业走向工作岗位后，身心健康对事业的顺利发展起着促进和保障作用。在个人职业生涯发展中，良好的职业心理素质为事业的顺利发展做好了准备，充分发挥自己的聪明才智，挖掘自己潜力，综合自己的优势，扬长避短，不懈努力，从而找到最能施展自己才华、实现人生抱负的舞台。

职业素养的培养是一个随着社会发展而不断更新的过程。大学生只有不断强化职业素养以满足社会需求，才能实现人力资源的合理配置；只有充分认识职业素养储备的重要意义，才能更好地完成学业，将自己打造成时代需要的高素质人才。

三、职业素养储备的方法

大学生职业素养的储备主要有两个方法：一是学校围绕人才培养的目标，通过课堂教学、主题教育活动、校园文体活动等形式对学生职业素养进行培养；二是学生个人通过社会实践主动拓展自己各方面的能力，为将来进入职场做好准备。职业素养储备的过程是综合素养提高的过程，而并非只是对专业技能等某一项职业素养的培养，因而，以上这两种方法缺一不可，两者可以相互补充、完善。

现在，越来越多的用人单位希望应聘的毕业生具有在校期间的相关实践经验。而学生大学期间的实践途径归纳起来主要有两类：一类是校园的社会实践；一类是校外的社会实践。实践环节在大学生活中具有不可替代的作用，是连接理论知识和未来工作的

一条纽带，也是毕业生进行职业素养储备的重要途径。

(一)校园社会实践

1. 参加大学生社团

校园社会实践的载体非常多样化，其中大学生社团作为高校校园文化的重要载体，是学生丰富校园文化、培养兴趣爱好，扩大求知领域，丰富内心世界的重要方式。目前，从各高校的社团类型来看，可以概括为以下五大类型：理论研究型、学习知识型、文艺活动型、体育爱好型和公益活动型。在选择社团时，应考虑以下"三个结合、两个避免"。

（1）社团选择要与个人兴趣相结合。大学生社团本身是以兴趣、爱好为基础组织起来的学生团体，旨在发展参与者的兴趣、爱好。在社团活动开展中，他们百分百地投入其中，寻找各自的舞台和位置，以求最大限度地锻炼自己，努力成为符合社会发展、满足社会需求的合格人才。

（2）社团选择与个人专业相结合。大学生社团是高校第二课堂的重要组成部分。作为学校课堂教育的补充和延伸，由于内容的交叉性、活动的实践性、组织的社会性而充分体现实践和教学相结合的效果。实践表明，通过参与社团活动，学生可以加深对专业知识的了解，做到理论联系实际，从而提高个人分析问题、解决问题的能力。

（3）社团选择与职业规划相结合。大学阶段是大学生走向职场的助跑期，从踏入大学校园的那一刻起就应时刻为将来的就业准备着。学生社团作为个人能力提升的重要途径之一，在选择时尽可能选择有利于个人职业目标实现的学生社团。

（4）社团选择避免功利心理。有不少学生以参加社团能给自己带来利益，将"评优奖励时可以加分""可以优先推优入党""可以为求职就业增加砝码"作为自己加入社团的理由。这种现象在学生中不值得提倡，是因为这样的现象背离了学生社团活动的宗旨，并且加入社团并不一定能够实现自己的功利目标。这样既花费了大量时间和精力，又没有达到目的，很容易让学生对社团活动产生负面情绪。

（5）社团选择避免从众心理。所谓从众，就是在群体的影响和压力下，个体放弃自己的意见而采取与大多数人相一致的心理状态。这种从众心理着重体现在大一新生身上。初入大学校园，新生们往往是因为"同学介绍加入的""随大家一起加入的"或者"被宣传人员动员加入的"等原因而进行社团的选择。这种从众心理的选择，一方面没有达到通过社团活动开阔个人视野、培养个人能力的目的，另一方面，不利于社团自身的发展，甚至还会影响大学校园文化的氛围。

2. 加入团委和学生会

团委、学生会（以下简称团学组织）一般是大学生进行校内社会实践活动的重要平台。在大学，团学组织强调以学生素质拓展和社会实践为工作重点，以开发大学生人力资源为着力点，积极整合有助于提高学生综合素质的活动和工作项目，在思想政治与道德素养、社会实践与志愿服务、科技学术与创新创业、文体艺术与身心发展、社团活动与社会工作、技能培训等方面，引导和帮助广大学生完善知识和能力结构，使大学生全面成长、成才。

团学组织为大学生提供了一个与人和社会接触的机会，通过接触社会中不同层面的人，从中可以提高自己的语言表达能力、社交能力、实践能力。在面临困难或存在问题时，需要大学生多方协调和努力才能克服困难、解决问题。这样既可以增进学生与他人之间的相互理解，也可以让学生结识更多的新朋友。

（二）校外社会实践

校外社会实践为大学生提供了职业实践更广阔的平台。在这里不仅可以培养学生适应社会、融入社会的能力，也可以进一步使学生认识自我、了解自我、明确职业意向，并根据深入社会实践的反馈情况不断修正职业发展的方案和目标，从而顺利走向社会，踏上职业发展之路。

1. 专业实践

专业实践一般安排在学校教学计划内与专业课程相结合。它是由学校设置的教学实践环节，也称为生产实习或课程实践。学校为学生搭建了走进企业进行生产实习的机会，在这里学生不仅可以检验自己所学专业知识的应用能力，也可以了解自己所学的知识结构是否合理，以便将来在学习上更有针对性地完善自己的知识结构体系。同时，通过专业实习活动，弥补大学生动手能力的不足，做到理论联系实际，对大学生求职具有积极的意义。

2. 社会调研

在寒暑假或节假日，大学生可以结合专业知识，针对社会中的热点问题或经济发展的重要问题进行调查研究。调研的目的就是为了摸清问题，正确认识社会现象，从而运用科学的方法分析解决问题。

3. 校外兼职

校外兼职是大学生利用课余时间进行的有偿劳动，是校外社会实践活动的重要形式之一。大学生校外兼职不仅能缓解他们在经济上的压力，还可以通过接触社会，获得锻炼，提升自身综合素质。

4. 社会志愿者服务

大学的社会志愿者活动依托高校资源优势，把志愿者活动与所学专业相结合、与社团活动相结合、与学生思想政治教育相结合。

志愿者主题活动一方面为大学生发挥个人才能、磨炼个人意志提供了有效载体，另一方面加深了大学生对社会的认识与了解，激发了其参与社会实践的热情，推动了大学生社会化进程。

5. 就业实践

对即将大学毕业的学生，学校会结合就业开展以岗前实习为主要内容的就业实践活动。就业实践基本是到具体的工作单位进行岗位实习，其目的性强，以与单位签约实现最终就业为目标。

拓展阅读

优秀员工的工作习惯

世界上有一种最可怕的力量那就是习惯，世界上有一种最神奇的力量那也是习惯。习惯是通过一点一滴、循环往复的行为动作养成的，它就像正在飞驰的列车的惯性，使人无法停住脚步直冲前方。列车到达的前方可能是天堂，也可能是地狱，此时，习惯就是你的方向盘。要成为一名优秀员工，你无须具有多么高的智商或者多么高明的社交技巧，只需在实践中不断地培养和运用好的工作习惯，将自己的潜能最大限度地发挥出来。许多事实也证明：一个人无论在哪个行业从事何种工作，要想做出骄人的成绩，就必须重视工作习惯的作用。只有养成并坚持良好的工作习惯，才能最大限度地发挥自己的才能，把事情做好。

习惯一：注重条理，井然有序。

良好的习惯是成就人一生的重要资本。"注重条理，井然有序"便是优秀员工的重要良好习惯之一。有条理的人不仅善于规划、目标明确，而且做事有条有理，懂得轻重缓急，哪怕工作再繁重、压力再大，也不会手足无措、顾此失彼。

习惯二：大处着眼，小处着手。

事业的成功源于细节，天下大事，必作于细。要善于养成注意细节的习惯，细节不是小，它是一种创造、一种功力，能够表现修养、体现艺术、凝结效率、产生效益。作为员工，只有将细节、小节、小事做到极致，才算做好了自己的本职工作。因此，每位员工都应当养成细致的工作习惯。

习惯三：劳逸结合，健康工作。

最秘密、最强大的习惯势力存在于你的内心，生活中有许多事情看起来很普通、很平凡，但往往会因为个人的认识、既往的经历和思维方式的不同而给人的身心健康造成不同的影响。因此，对职业应有一份积极的心态，每天以良好的心境去工作，你就能培育、采撷到最大最甜的成功果实，体会到工作带给你的快乐。

习惯四：精打细算，勤俭节约。

成由勤俭败由奢，节俭不但是一种传统美德，更是一种成功资本。一个人若想取得事业上的成功，养成节俭的习惯是非常重要的。对员工而言，节俭不仅是生活无忧的保障，更是职业素养的最高体现。它能够有效增强员工的竞争力，帮助一个人在激烈的职场竞争中脱颖而出。微利时代，节俭习惯已经被广大企业所认同。可以说，节俭是企业员工都应遵循的行为准则和行动指南。任何人只要自觉遵守、掌握运用这一行动法则，都有可能成为一名备受老板器重的优秀员工。

习惯五：管理时间，提高效率。

时间管理的目的就是缓和节奏，调整心态，以求达到从容不迫的工作境界，让生活和工作更有序，更高效。

习惯六：融入团队，分工协作。

每个人应该充分认识团队的巨大力量，并很好地融入团队。一个团队由少数人组成，这些人具有互补的技能，对一个共同目的、绩效目标及方法做出承诺并彼此负责。一支和谐的团队必然是一支具备团队精神的团队，也只有和谐团结才能缔造出一个又一个的团队神话。一名员工只有具备了这种习惯，才能成为一名优秀的员工。

习惯七：深入思考，灵活变通。

要善于思考，全身心投入工作，让工作充满创新。坐享其成必遭淘汰。如果障碍难以逾越，就改变行进的路径，只要去想，创意就在突破自我局限的闪念之间。善于思考是提升工作品质的关键。

习惯八：优化质量，追求卓越。

卓越的工作成果是事业成功的最佳保障。工作的质量决定工作的结果。强化结果意识、优化工作方式最终是为了得到最优的结果。

习惯九：勇于负责，敢于担当。

养成对工作负责任的习惯，借口不是推卸责任的挡箭牌。只为成功找方法，不为失败找借口。

习惯十：热情敬业，务实高效。

热忱的人总能高效地完成工作，发掘自身的热情，用热情挑战工作，养成主动工作的习惯，自然脱颖而出。

第五章　职业决策

第一节　职业决策的相关内容

在准确做出职业定位后，该如何选择职业呢？有哪些决策、策略可以帮助人们做出选择？这一系列问题不仅关系到个人的发展，甚至影响到国家的人才发展战略，而要深入回答这些问题，就离不开职业决策的学习。

一、职业决策的概念与特点

（一）职业决策的概念

决策，是指个人对将要遇到的重要问题，或将要从事的重要工作做出审慎的最后决定。具体而言，决策是指个人将资料加以组织，然后在许多可能的选择项目中，加以评估、选择、确定，并付诸实施的一个过程。职业决策（career decision-making）又称为职业生涯决策或职业决定，它有广义和狭义之分，广义的职业决策是指一个完整的职业规划过程，狭义的职业决策是指职业规划过程中的一个环节。每个人在其整个职业生涯发展过程都会不断面临职业决策的问题。

职业决策的过程，是综合个人对自我的认识，对所受教育与职业状况等外在因素的判断，在面临职业抉择情境时所做出的各种反应。其构成要素包括：决策者个人目标、可供选择的方案与结果，以及对各个结果的评估。

（二）职业决策的特点

1. 选择性

职业生涯是选择与放弃的过程，每个决策情境都有两个以上的选择可能，决策者必须选择其一。每个人面对发展障碍时的心理反应都不尽相同，每个决定都有优点和缺点，每条路都会有挑战，能否化险为夷，主要取决于个人的决策能力。

2. 倾向性

保守路线的决策变化幅度小、风险低；冒险路线的决策要有壮士断腕的决心、放手一搏的勇气，其风险大，变化幅度也大。这就取决于个人对风险的偏好和态度，当然风险与回报总是成正比的。

3. 不确定性

职业生涯的魅力就在于没有标准来衡量对错，如果一定要找出衡量标准，那只能诉诸自己内心的天平。职业生涯的决策通常是在不确定的情况下进行的，每个不确定性都会引发下一个不确定性。每一个选项都有利、有弊，个人就要根据综合判断来选择对自己最有收获的那一项。

二、影响职业决策的因素

职业决策的过程就是选择最适合自己职业的过程。在这个过程中，除了根据决策原则进行决策外，还要注意正确对待影响人们职业生涯决策的因素。著名的职业辅导理论家约翰·克朗伯兹将影响个人职业决策的因素划分为以下四类。

1. 遗传和特殊能力

遗传和特殊能力是指个人来自遗传的一些特质，如种族、性别、外表特征、智力、个人天赋等，在某种程度上决定个人的职业表现或影响个人的职业生涯。例如，在现阶段的大学生就业中，性别因素仍然不可否认地影响到求职者是否有机会参与面试和被录用。而身高、体型、健康状况等先天条件在如模特、文艺工作者、军人等职业的招募当中也是决定是否被录取的重要因素。

2. 环境和重要事件

环境和重要事件包括人类活动（如社会、文化、政治、经济活动，家庭、教育活动）的影响和自然力量（自然资源的分布或自然灾害，如地震、洪水以及干旱）的影响。很显然，家庭的社会经济地位（如是在偏远农村还是沿海城市，是否为贫困家庭）、家庭对个人的期望（如是否重视教育）、所在地区的教育水平等，都会很大程度地影响个人的求学背景和发展机会。而像改革开放这样重大的社会政治经济变革，也极大地改变了社会中成千上万人的人生轨迹。

3. 学习经验

这里所说的"学习"是广义的学习，即每个人在日常生活中不断积累的经验和认识。个体的学习经验是独特的，而这对于个体的职业生涯选择又具有重要的影响。一个人是自信还是自卑、敢于冒险还是畏惧变化；会怎么看待他人；他对于教师、医生、警察等各种职业有些什么样的印象；他更看重工作带来的成就感还是与家人相处的时间……这一切无不与个人的学习经验有关。

4. 任务取向的技能

受到上述种种因素的作用，个人在面临一项任务时，会表现出特定的工作习惯、解决问题的能力、心理状态、情绪反应和认知的历程，这被称为"任务取向的技能"。比如，面对找工作这件事情，同在一个班里的所有同学都没有经验，都感到犯怵。但其中有的人可能会积极地面对困难，会想到利用学校就业指导中心所提供的各种信息和资源（例如，选修职业生涯规划课程、听讲座、参加学校组织的各种社会实践活动等），向自己的亲友、老师和高年级的师兄、师姐请教，之后会开始探索和思考自己的兴趣、能力，并着手联系实习的机会。这样，当他们到了大四的时候，已经对自己和劳动力市场都有了相对的认识，也积累了不少的信息和资源，可以说是胸有成竹了。而另外一些人则一味地拖延，不去面对困难，直到大三或大四时才开始着急，或寄希望于自己的某个社会关系能够帮忙找一份工作，或埋怨学校不帮助毕业生联系就业单位，最后草草找到一个职位了事。在这个过程中，不同的人所表现出来的心态、习惯和能力，其实反映了他们不同的任务取向的技能。

影响职业决策的因素

想一想到目前为止有哪些因素影响了你的职业生涯发展，然后按上述提到的四种因素将它们进行分类。分析一下它们各自的影响程度有多大，它们是有力地促进了自己的发展还是对自己的决策造成了阻碍。

影响职业生涯决策的遗传和特殊能力：

_____

_____

环境和重要事件：

_____

_____

学习经验：

_____

_____

任务取向的技能：

_____

_____

活动目标：通过分析影响生涯决策的四种因素，可以更好地帮助学生进行职业决策。

三、职业决策的风格及类型

在现实生活中，很容易发现不同的人使用不同的方法做决策，每个人的决策风格不尽相同。了解自己的决策风格，对职业生涯规划非常有帮助。

反思个人的决策风格

请回想迄今为止你在生活中所做的五个重大决定，并按以下几个内容予以描述，并在纸上记录下来。

A. 目标或当时的情境；

B. 你所有的选择；

C. 你做出的选择；

D. 你的决策方式；

E. 对结果的评估。

想一想：你如何描述自己在上述情境中的决策风格，它们有共同之处吗？当你做一番回顾的时候，你有没有想过自己通常采用了什么样的决策模式？

你的五个重大决定：

_____

_____

_____

_____

你在重大事件上通常采用的决策风格：

_____

活动目标：通过回顾个人的重大决定，总结出个人的决策风格，并应用到未来的职业生涯决策中。

美国职业生涯专家斯科特和布鲁斯认为，决策风格是在后天学习经验中逐渐形成的。重大的决策往往会使人在心理上产生紧张感。当一个人感觉到压力、焦虑，试图做出重大的决策时，就逐渐形成了某种决策模式或风格。许多专家都对个体的职业决策风格进行了研究和归纳，下面以丁克里奇在1966年提出的分类为例进行介绍。

1. 痛苦挣扎型

这一类型的人会花很多时间和精力来收集信息，确认有哪些选择，向专家询问，反复比较，却迟迟难以做出决定。他们常爱说的一句话就是"我拿不定主意"。出现这种情况时，收集再多的信息进行分析比较也无济于事。对这一类型的人，需要弄清的是他们被一些什么样的情绪和非理性信念困住

了，如害怕自己做出错误的决定还是为了追求完美等。

2. 冲动型

与痛苦挣扎型相反，这一类型的人遇到第一个选择就紧紧抓住不放，不再考虑其他的选择或不再进一步收集信息。他们的决定通常做于思考之前。比如，先找到一份工作再说。冲动型的决策方式可能是出于对困难的回避，不愿意花时间精力去探索。这种方式的危险在于风险太大，等看到有更好的选择时自然追悔莫及。

3. 直觉型

这一类型的人将自己的直觉感受作为决定的基础。他们通常说不出什么理由，只是"觉得这样更好"。人们在择友时往往采用这样的决策方式。直觉在人们对环境情况无

法获得充分信息的时候更加有效，但也有可能不符合事实，所以会因个人的主观印象而使判断出现较大的偏差。

4. 拖延型

这一类型的人习惯将对问题的思考和行动都往后推迟，常常挂在嘴边的是"过两天再说"。大学生中常见的"我还没有准备好工作，所以打算先考研"就是这种类型的体现。拖延型的人心中暗暗抱有这样的希望：也许事情过几天就自动解决了。然而，问题往往并不会自动解决，有时候甚至会越拖越严重。

5. 宿命型

这一类型的人自己不能承担责任，而是将命运寄托于外部形势的变化。他们会说"该怎样就怎样吧"，或"我没那个命"之类的话。当一个人将自己生活的主导权交给外界环境的时候，可以预见，这个人是很容易觉得无力和无助的。这样的人容易成为环境的"受害者"，怨天尤人，却没想到自己的处境正是由于放弃了个人对生命的"主权"而造成的。

6. 顺从型

这一类型的人倾向于顺从别人的计划而不是独立地做出决定。他们常说的话是"大家都觉得好，我就觉得好"。如很多大学生一窝蜂似地争取出国、进外企、考研、参加各种培训班，只因为"大家都这么做"。从众的人固然在追随群体的过程中获得了一种虚假的安全感，但却忽略了自身的独特性，这也就造成了他们的选择在很大程度上不适合自己。

7. 瘫痪型

这一类型的人可能在理性上接受了应当自己做决定的观念，却无法开始决策过程。他们知道自己应该开始行动了，却在内心深处笼罩着"一想到这事就心烦意乱"的阴影。这其实是因为他们无法为决策及决策带来的后果承担责任。

8. 计划型

这一类型的人做决定时会倾听自己内在的声音，也考虑外在的环境要求，以做出适当的决策。

以上几种决策风格，在绝大部分人身上可能同时存在。根据对自己和环境认知的多少，还可以将上述几种决策类型进行如图5-1所示的划分。

		自己	
		未知	已知
环境	未知	困惑和麻木性决策 痛苦挣扎型、拖延型、瘫痪型	直觉性决策 冲动型、直觉型
	已知	依赖性决策 顺从型、宿命型	信息性决策 计划型

图 5-1　根据对自己和环境的认知进行的决策类型划分

以上这几种类型的决策模式，根据情境和其后果重要性的不同，会产生相应程度的作用。比如，我们常常用"冲动"的方式决定晚餐点什么菜或是否买一件新衣服，其后果不会对我们的生活造成太大的影响，甚至给自己或他人带来惊喜，我们也常常用"直觉"的方式交到很好的朋友。

但是，这些决策模式用在一些重大的决定当中就不适宜了，往往会导致懊悔、耽误时间、浪费精力等后果。就像还没有想好要买什么或不确定购买标准是什么就去逛街，结果往往会回家就后悔：买了一堆自己不需要或不是真正喜欢的衣物。买衣服尚且如此，何况职业选择？从图5-1中可以看出，这些决策模式都存在对自己或环境的未知因素。在有很多未知因素的情况下做出决策，显然容易导致风险过大而且结果不那么令人满意。

四、职业决策中的挑战

做出决策为什么会有困难？这是因为决策总是具有风险性，要求为其后果承担责任，同时，影响决策的因素相当复杂，而且其中有相当多的阻碍。

（一）决策的风险与责任

我们的日常生活中无时无刻不在做决策。决策可以分为确定无疑的决策、有一定风险的决策以及不确定的决策这三种类型。生活中的决策大多不会是第一种，多属于第二种，也就是说，有可能获得一定的信息，做出某种预测。当我们面临第三种决策时，最好先尽可能地去收集一些信息，以便把它变成第二种决策。而职业规划的目的，也正是尽可能地收集信息，并以一种理性的方式做出决策，以便将第三种决策转换成第二种决策，减少风险。因此，我们可以看到：做

决策时通常都不可能拥有全部的信息，也就是说，大多数决策都有预测的成分，都具有不确定性和风险。如果对一件事做决策，就意味着要为该决策的结果承担责任。可是，我们无法确保决策的结果总是有利的——总有犯错误的可能，所以，这种责任也必然伴随着一定程度的焦虑和不安。

（二）决策的复杂性

决策难的另一个原因是它的复杂性——有诸多因素可能会影响决策。正如上文提到的四类影响因素交互作用，形成了个人对自我和世界的推论或信念。这些推论是否正确，要视个人的学习经验是否丰富而定。但是，人们往往会以偏概全，在一两次深刻经历的基础上得出一些刻板的印象和先入为主的偏见，这就是所谓非理性观念。例如，由于某次住院时遭到医生的粗暴对待，就认为"现在的医生都唯利是图"，从而在职业选择上排除了医生；又如，因为家庭经济上的困难，就牢牢记住了"没钱就会让人瞧不起"，从而在职业选择上将收入作为职业考虑的首要标准。这些就是常见的与职业生涯相关的非理性观念。

（三）职业决策中的阻碍

职业决策中的阻碍就是任何使人难以实现某一职业目标的障碍或挑战。它分为外部阻碍和内部阻碍两种。内部阻碍就是自身的障碍，通常人可以对其有较大的控制力，如焦虑、拖拉等。外部阻碍则来自外界，是难以控制的，如就业中存在的重男轻女现象。但人们往往把外部阻碍想象得过多、过大，这也是上面讲到的非理性观念的一部分，实际也属于内部阻碍。在职业生涯决策中，我们需要明辨内部阻碍和外部阻碍，才能采取相应的对策。

第二节 职业决策的方法

一、决策技能 CASVE 循环

在进行重大决策时，为了减少风险，应尽可能充分地考虑决策所涉及的多方面因素。我们推荐使用计划型决策，它由沟通（communication）、分析（analysis）、综合（synthesis）、评估（valuing）、执行（execution）五个步骤组成。其英文缩写为"CASVE"，即形成 CASVE 循环，如图 5-2 所示。

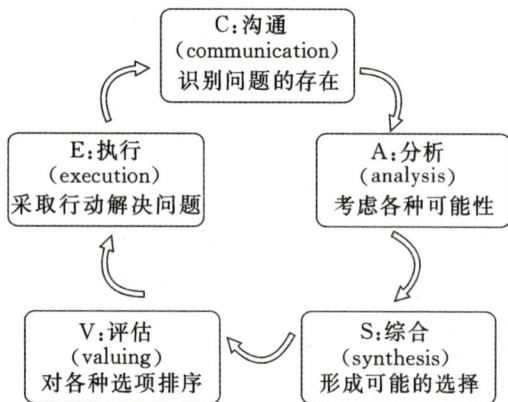

图 5-2 CASVE 循环模型

1. 沟通（communication）

在这一阶段，我们收到了关于职业理想与现实之间存在差距的信息。这些信息可能通过内部或外部交流途径传达给我们。内部沟通包括情绪信号，例如不满、厌烦、焦虑和失望；还有身体信号，如昏昏欲睡、头痛、胃部疾病等。外部沟通包括父母对你的职业规划的询问，同事、朋友对你的职业评价，或者是杂志上刊登的关于你的专业正在逐渐过时的文章。这是意识到自己需要做出选择的阶段。在这个阶段，我们通过各种感官和思考充分接触问题，发觉存在的差距已不容忽视。

2. 分析（analysis）

分析，是通过思考、观察和研究，对兴趣、能力、价值观和性格等自我知识以及各种环境知识进行分析，从而更好地理解现存状态和理想状态之间的差距。

自我知识，包括：①兴趣，即"我喜欢做什么？""做什么事情的时候我最能够投入？""做什么事情能让我得到享受？"②能力，即"我擅长做什么？""什么事情是我能做得比别人好的？""我都掌握了哪些专业知识？"③价值观，即"我看重什么？""我这辈子希望达到的目标是什么？""我希望工作可以带给我什么？"④性格，即"我是内向的还是外向的？""我关注宏观抽象的事物还是具体细节？""我倾向理性思考还是感性体验？""我习惯于有条不紊还是随机应变？"

在这一阶段，问题解决者需要花时间去思考、观察、研究，从而更充分地了解理想与现实差距，了解自己有效地做出反应的能力。好的生涯决策者通过克制冲动行事来减小沟通阶段所体验的压力或痛苦。

这是了解自己和自己的各种选择的阶段。在这一阶段，职业生涯问题解决者通常会改善自我知识，不断了解职业世界和家庭需要。简单地说，在分析阶段，生涯决策者应尽可能了解造成在第一阶段出现差距的原因。

分析阶段还需要把各种因素和相关知识联系起来，例如，把自我知识和职业选择联系起来；把家庭和个人生活的需要融入职业选择中。

3. 综合（synthesis）

这一阶段主要是综合和加工上一阶段提供的信息，从而制订消除差距的行动方案。其核心任务是，确定自己可以通过做什么来解决问题。

这是一个扩大并缩小选择清单的过程。首先，尽可能多地找到消除差距的方法，发散地思考每一种办法，甚至采用"头脑风暴"进行创造性思考。然后，缩小有效方法的数量，通常缩减到 3~5 个选项，因为这个数目是头脑中最有效的记忆量和工作容量。

4. 评估（valuing）

评估的阶段是对综合阶段得出的 3~5 个职业选项进行具体的评价，评估获得该职业的可能性，以及这一选择对自身及他人的影响，从而进行排序。

比如，可以问："对我个人而言什么是最好的？对我生活中的重要他人而言，什么是最好的？大体上，对我所处的环境而言什么是最好的？"

5. 执行（execution）

执行阶段是整个 CASVE 循环的最后一部分。前面的步骤只是确定了最适合的职业，还不能带来职业选择的成功，需要在执行阶段将所有想法付诸实践。如：开始具体的求职过程。这也为再一次回到沟通阶段提供线索，以确定沟通阶段所存在的职业问题是否得到了很好的解决。执行阶段是一个实施选择的环节，即把思考转换为行动。很多

人都觉得在执行阶段制订行动计划是令人兴奋的和有价值的，因为他们终于可以开始采取积极行动去解决问题了。如果没有解决决策，可以再次回到沟通阶段，重新开始一次 CASVE 循环，直到职业生涯问题被解决为止。

二、决策平衡单

决策平衡单是一种卓有成效的职业生涯决策方法。人们在职业决策时面临着许多困难和干扰，使得原本就很棘手的决策变得更加复杂而难以操作。决策平衡单恰好给人们提供了一条路径，帮助人们把复杂的情况条理化，模糊的信息清晰化，错误的观念正确化，最终帮助人们做出正确决策。

在进行职业选择时，有时会碰到两个甚至两个以上不同的职业发展方案的选择，此时如果能进行直观的量化，可能会对自己的职业生涯目标更加清晰。职业决策平衡单可以通过分析每一个可能选项，判断各个选项的利弊得失，依据利弊得失上的加权计分排列各选项的优先顺序，然后执行最优先或个人偏好的选项。其具体程序如下：

（一）确定职业决策的考虑因素

（1）自我部分（精神与物质）。该部分又可以分为两个方面：一是自我精神部分，包括自己的能力、兴趣、价值观、心理需求（自尊、自我实现）、生活方式的改变、成就感、自我实现的程度、兴趣的满足、挑战性、社会声望的提高、个人才能的发挥等；二是自我物质部分，包括升迁机会、社会地位、工作环境、工作发展前景、工作内容、休闲时间、生活变化、对健康的影响、足够的社会资源、能提供的培训机会和就业机会等。

（2）外在部分（精神与物质）。该部分

也可以分为两个方面：一是外在精神部分，包括父母、师长、配偶、家人的支持等；二是外在物质部分，包括家庭经济收入、择偶及建立家庭、与家人相处时间、家庭地位等。

（二）利用职业决策平衡单进行职业生涯目标决策

（1）列出可能的职业选项。个体要在平衡单中列出3~5个有待深入评价的职业选项。

（2）判断各职业选项的利弊得失。各职业选项的利弊得失主要集中于四个方面，分别是自我物质方面的得失、他人物质方面的得失、自我赞许（精神）方面的得失、他人赞许（精神）方面的得失。逐一检视各职业选项，依据重要程度，以"+5 ~ -5"的11点量表（+5，+4，+3，+2，+1，0，-1，-2，-3，-4，-5）来衡量各职业选项。

（3）各项考虑因素的加权计分。各方面的利弊得失之间，会因身处于不同情境而有不同的考量。因此，在详细列出各项考虑层面之后，须再进行加权计分。即对当事个人而言，重要的考虑因素可乘以1 ~ 5倍分数（×5），依次递减。

（4）计算出各职业选项得分。逐一计算各职业选项"得"（正分）与"失"（负分）的加权计分与累加结果，并计算各个职业选项的总分。

（5）排定各职业选项的优先顺序。依据各职业选项在总分上的高低，排定优先次序。职业选项的优先次序即可作为职业生涯决策的依据。

案例

李刚的职业决策平衡单

李刚，男，某大学软件工程专业三年级学生。即将升入大四的他，对未来很迷茫。他与同学在淘宝开了一家卖电脑配件的网店，营利不好不坏，目前仍在经营。他想毕业后自主创业，开一家软件公司，但家庭无法提供资金支持。父母是中学老师，希望他能考研，将来有机会留在大学任教。一些已经毕业的学长则邀请李刚毕业后到他们公司就业，做编程，虽然累了点，但收入比较可观。

李刚觉得哪条路都不错，但拿不定主意。在认真填写了一份决策平衡单（见表5-1）之后，他的心情豁然开朗，李刚有了清晰的职业发展方向。

表 5-1 李刚的职业决策平衡单

选项		直接就业做公司职员			自己创业创办软件公司			考研研究生继续深造		
考虑因素		分数	加权	小计	分数	加权	小计	分数	加权	小计
自己物质方面的得失	收入	2	×4	8	5	×4	20	−5	×4	−20
	健康状况	1	×3	3	−1	×3	−3	2	×3	6
	工作时间	—	—	—	−4	×1	−4	—	—	—
	休闲时间	3	×2	6	−3	×2	−6	2	×2	4
	未来展望	−2	×5	−10	4	×5	20	4	×5	20
自己精神方面的得失	潜能、兴趣发挥	1	×5	5	5	×5	25	5	×5	25
	成就感	−1	×4	−4	5	×4	20	5	×4	20
	改变生活形式	—	—	—	3	×1	3	2	×1	2
他人物质方面的得失	收入	2	×2	4	3	×2	6	−2	×2	−4
	与家人分担家事	2	×1	2	−2	×1	−2	—	—	—
	与朋友相处时间	3	×2	6	−2	×2	−4	1	×2	2
	与家人相处时间	1	×2	2	−3	×2	−6	2	×2	4
他人精神方面的得失	家人的荣耀感	—	—	—	3	×2	6	3	×2	6
	家人认同感	1	×2	2	3	×2	6	2	×2	4
	家人的担心	−2	×1	−2	−4	×1	−4	−1	×1	−1
合计				22			77			68

在现代职业生涯发展过程中，人们会越来越多地面临多重的抉择，这时就需要个人做出选择一个职业而放弃另一个乃至其他多个职业的决定，这就是"职业生涯决策"或称为"职业生涯决定"。职业生涯决策是一个人选择职业目标或具体的职业岗位时，对可能的结果做出价值判断的方法。因为这一价值判断涉及个人的人生价值观、职业价值观，以及性格、兴趣、能力等个人因素和职业需求、职业发展等社会职业环境因素，故而每一个人对某一职业方面的价值判断是不同的。因此，职业生涯决策的内容因人而异，它只能是个人在职业选择中权衡利弊、寻求达成最大效益的方法。

第六章　大学生职业生涯规划制定与实践

第一节　大学生职业生涯规划的概述

> 生涯规划是一个深思熟虑的过程，让人能规划一生，包括生命中重要的范畴，如工作、学习、关系和闲暇。这过程也让人在其社会环境中一步一步地积极实施所订的计划。
>
> ——香港中文大学教育心理系教授、生涯规划专家梁湘明

一、大学生职业生涯规划的要素

著名职业生涯规划专家罗双平曾用公式总结出职业生涯规划的三大要素，即：

职业生涯规划 = 知己 + 知彼 + 抉择

式中，"知己"是对自身条件的充分认识和全面了解；"知彼"是对欲从事职业的环境、相关的组织等信息的有效掌握；"抉择"是在知己知彼的基础上确定符合现实、能充分发挥自己专长和强项、自己有浓厚兴趣并且与环境相适应的职业目标。他还将个人职业生涯规划三大要素间的关系与主要内容整理成图，如图6-1所示。

因此，可以总结出以下大学生在进行职业生涯规划时正确抉择的黄金准则。

1. 择己所爱

大学生首先要考虑的是自己喜欢哪种职业，或者对哪种职业比较感兴趣。一般来说，只有从事自己喜爱的、感兴趣的工作，工作本身才能给人一种满足感，相应的职业生涯

才会变得妙趣横生，也才会全身心地投入，做出一番成绩。

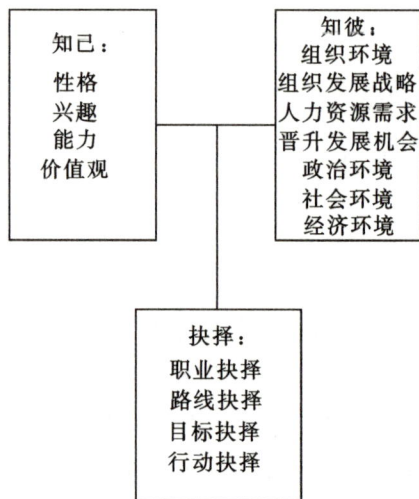

图6-1 职业生涯规划要素

2. 择己所长

在人才市场的就业竞争中，大学生必须善于从与竞争者的比较中认清自己的所长和所短，即竞争的优势和劣势。然后在此基础上按照"择己所长，扬长避短"的原则选择

自己擅长的领域，发挥自我优势。

3. 择市所需

职业只有为社会所需，才有发展和保障。大学生不仅要了解当前的社会职业需求状况，还要善于预测职业随社会需要而变化的未来走向，以便使自己的职业生涯规划富有一定的预见性。

4. 双赢互利

大学生进行职业生涯规划时，要注重个人价值与社会价值的统一。在充分实现个人价值时，也应对组织、行业和社会的发展进步做出应有的贡献。

二、大学生职业生涯规划的基本原则

职业生涯规划的过程是大学生探索自我、科学决策、统筹规划的过程，为了保证职业生涯规划的实用性和科学性，大学生在进行职业生涯规划时应遵循以下四个原则。

1. 量体裁衣原则

这是做好职业生涯规划应当始终遵循的原则，也是最重要的原则。人与人之间的内外条件有很大差异，发展潜力也会有很大不同，因此，职业生涯规划是一项完全个性化的任务，没有统一的定式，需要结合个体的具体特点进行设计。大学生在进行职业生涯规划前，要对自身的内在素质，比如知识结构、能力倾向、性格特征、职业喜好进行系统的评估。既考虑自身的职业发展动机，又考察其成功的可能性，在此基础上设定相应的职业目标和具体的发展规划。

2. 可操作性原则

职业生涯的可操作性，主要包括目标的现实性、计划的可行性和效果的可检查性三个方面。所谓目标的现实性，是指个体目标的设定应该建立在个体现实条件的基础上，这是对个体现实资源的真实评估和科学预期，是可以达到的目标，而不能是追新逐异或好高骛远的空想。所谓计划的可行性，就是指为个体制订的计划是非常具体的，是依据他们现有能力可以完成的行动计划。所谓效果的可检查性，就是说目标的实现和计划的执行情况以客观事物为标准，是可以度量和检查的。每个大学生都有目标和计划，但并不是每个人都可以实现自己的目标并完成自己的计划，甚至有人根本不知道自己是否完成了计划。这就是目标和计划的可操作性。职业生涯规划是大学生达成理想目标的规划和步骤，因此，这些内容本身应该是具体、明确的，而不能是空洞的口号。

3. 阶段性原则

从职业生涯发展来看，人生的不同阶段承担着不同的发展任务，需要解决相应的发展问题。因此，职业生涯设计也应该结合个体的年龄特征，确定具体的发展方向，制定阶段性的发展目标。在现实与最终目标之间设定一个个阶段性目标，就像从山脚到山顶的一级级台阶，每迈一步都能够感到自己在朝终极目标前进，奋斗过程也变得不那么缥缈，而是更具体、更真实。当然，在大学生自身条件或外界环境发生改变时，所设计的理想目标和阶段性目标都需要相应地改变。因此，这就要求所设计的目标存在可调整的空间。即使是最终目标，也需要结合不同阶段性目标的完成情况而不断进行修正。

4. 发展性原则

发展性原则是指设计职业生涯规划时，

不仅仅局限于大学生当前的发展，而且要考虑到大学生未来的职业发展空间，职业生涯规划要有超前性和预测性。因此，职业生涯规划应该基于影响职业发展的核心因素和本质因素进行，而不是针对表面现象。如大学生对企业文化的认知、对合作与责任的认识水平可以长期影响大学生的职业发展，而个人的外部形象和面试技巧仅仅只能说明个体短期的职业状况。职业生涯规划要测量更核心、更本质的因素，并从大学生自身长期发展的角度进行。

5. 挑战性原则

心理学研究表明，目标过高或过低，都不利于行动获得好的结果。职业生涯规划也是如此，过于平庸的职业发展目标不仅不利于个人职业生涯的发展，并且还会阻碍个人职业目标的实现。反之，好高骛远的职业发展目标同样不利于个人的职业发展。因此，在制定职业生涯规划时，应注意考虑制定的目标是否具有挑战性，例如选择的目标是否具有激励作用，完成计划之后自己是否产生成就感。

拓展阅读

分段实现大目标

1984年，在东京国际马拉松邀请赛中，名不见经传的日本选手山田本一出人意料地夺得了世界冠军。当记者问他凭什么取得如此惊人的成绩时，他说了这么一句话："凭智慧战胜对手。"当时许多人都认为这个偶然跑到前面的矮个子选手是故弄玄虚。马拉松赛是体力和耐力的运动，只要身体素质好又有耐性就有望夺冠，爆发力和速度还都在其次，说用智慧取胜确实有点勉强。两年后，意大利国际马拉松邀请赛在米兰举行，山田本一代表日本参加比赛。这一次，他又获得了世界冠军。记者请他谈谈经验时，山田本一回答的仍是上次那句话："用智慧战胜对手。"这回记者在报纸上没再挖苦他，但对他所谓的"智慧"迷惑不解。

10年后，这个谜终于被解开了。他在自传中说道："每次比赛之前，我都要乘车把比赛的线路仔细看一遍，并把沿途比较醒目的标志画下来，比如第一个标志是银行，第二个标志是一棵大树，第三个标志是一座红房子……这样一直画到赛程的终点。比赛开始后，我就奋力地向第一个目标冲去，等到达第一个目标后，我又以同样的速度向第二个目标冲去……我被一次又一次阶段性的成功喜悦激励着，40多公里的赛程，就被我分解成这么几个小目标轻松跑完了，这就是目标分解的作用。起初，我并不懂其中的道理，我把目标定在40多公里外终点线的那面旗帜上，结果跑了十几公里时就疲惫不堪了，我被前面那段遥远的路程给吓倒了。"

在现实中，我们做事之所以会半途而废，这其中的原因往往不是难度太大，而是觉得成功离我们太远。确切地说，我们不是因为失败而放弃，而是因为倦怠而失败。如果大学生在职业生涯规划中，稍微具有一点山田本一的智慧，职业目标应该就会更容易实现了。

三、大学生职业生涯规划的影响因素

每个大学生都希望自己的职业生涯朝着既定的方向发展，并能够顺利地实现预期的目标，但是，职业生涯的发展受多种因素的影响，如性格、兴趣爱好、自信心、责任心、进取心、自我认知与自我调节、自我效能感等。对于大学生来说，影响职业生涯规划的因素可以分为自身因素和环境因素。

（一）自身因素

1. 健康状况

健康的身体是人们开始职业生涯的首要条件。所有的用人单位对健康都有明确的要求，绝大多数单位在劳动者就职前都安排有体检，条件合格才能被录用。部分大学生就是由于肝、肺、心脏等功能不全，或是血压、视力等项目不符合要求从而失去了获得目标职业的良机。

2. 价值取向

价值观直接影响大学生的就业观。值得关注的是受到功利主义、实用主义思潮的冲击，不少大学生在选择工作单位时，过多地考虑待遇、地区、行业，而较少考虑国家的需要，缺乏艰苦创业、自主创业的精神准备。

3. 自我认知

正确认识和评价自己，对合理定位、主动就业具有重要意义。经过高考进入大学的学生，可能会突然之间失去了目标，不知道干什么，再加上缺乏社会阅历的磨炼，对自己的认识难以客观、全面，带有一定的片面性。有的大学生对自己的兴趣、爱好等各个方面缺少充分了解和掌握，在临近就业时无所适从；有的大学生过高地评估自己的能力，盲目设定就业期望，暴露出过于理想化的求职心态；有的大学生看到就业形势严峻，不

敢参与竞争，表现出悲观和消极的就业心态；还有的大学生对自己的能力和水平估计不准确，忽视专业能力和专业需求，以及单位发展潜力和个体发展前景，择业时片面求高求好，致使难以找到合适的工作。

4. 职业能力

大学生在校期间应注重全面培养自己的职业能力。除了具备扎实的专业基础外，大学生还应主动加强和提高自身在人际交往、社会实践、创新意识、团队协作等方面的综合能力。

（二）环境因素

1. 经济发展水平

经济发展水平直接影响人们的职业选择。从宏观来看，人口、产业结构、经济形式和经营方式、科学技术等社会经济因素对择业的影响极大。比如在经济发展水平高的地区，企业相对集中，可供选择的就业机会比较多；然而社会需求正是大学生职业生涯规划和选择最重要的客观条件。所以很大一部分大学毕业生的择业地区取向是：往东不往西，往南不往北，往东南沿海不往西北内地。

2. 就业制度和政策

2002年以来，我国大学生就业制度改革力度加大，国家和地区相继出台了一系列为促进大学生充分就业的制度和政策。如社会用工制度、社会保障制度、高校毕业生跨省市流动体制、市场配置毕业生等机制以及档案和户籍管理制度等的改革，在客观上都会影响大学生的职业生涯规划。

3. 社会舆论

就业是大学生个人的选择，但是也不能忽视社会、文化、传媒的影响，由于长期缺

乏正面的引导，导致大学生中考研热、考公务员热、出国热和盲从热门职业等不正常现象的出现。

4. 职业因素

职业的社会功能、职业报酬、职业的自然条件和职业对人才的能力要求等因素，也是大学生在进行职业生涯规划时应考虑的重点内容之一。

5. 教育环境

学校教育对大学生职业生涯规划具有直接且重要的影响，主要包括学校的社会影响力、办学定位、教育教学改革、课程设置以及就业指导工作的力度等几个方面。家庭教育的目标、生活水平、家长的职业态度等，也对大学生的职业生涯规划起着重要影响。

四、大学生职业生涯规划的误区

1. 职业生涯规划就是功利地为找工作而准备

职业生涯规划是为了找到适合自己的职业。如果在大学阶段就为自己日后的职业发展充分准备，那就可以相应地加快个人的职业发展历程。找到了适合自己的职业就可以更好地发展自己的职业生涯，职业生涯的有利发展也会促进个人生涯的发展。可以看到，职业就是人生最大的课题之一。所以说，在大学阶段规划职业是对人生负责的一种表现。

2. 职业生涯规划没有变化快

大学生往往认为计划没有变化快，还不如走一步算一步。有这种意识的大学生混淆了规划与计划、规划与变化的关系。计划是一种较主观的思考安排，而规划则是将主客观都考虑充分的一种统筹安排。一般来讲，

造成计划落空主要有两方面的原因：一方面是计划的不周密，另一方面是自我管理的不严格，没有把计划落实在行动上。但如果是规划呢？那就会在事前把自律性差、环境不具备等因素考虑进去，并制订相应的应急方案。要澄清的是，计划和规划并不仅仅是以执行的最终结果为判断依据，而是以考虑得全面周到与否和执行严格得与否来区分的。

3. 职业测评是可以测出自己适合什么职业的

目前大学生中有这样一种认识倾向，通过做职业测评就可以测出自己所适合的职业。测评主要是依据一定的行为投射反映内在心理，界定影响目标行为的关键因素并确定其所占影响的权重，再结合一定的真实样本，通过测评个人对关键因素的关键事件的反应来做出一定判断。测评是通过外在因素来分析内在本质特征，可见，不能单方面依靠测评，因为很多测评选取的常规模型不是来自国内案例，这样就更加大了测评的风险性。职业生涯规划是一定要将理论分析和实践验证以及自我修正等手段加以综合考量，并且通过一定时间验证才可以确定的。

4. 职业生涯规划是可以通过讲座等方式速成的

职业生涯规划有几个必须在实际情景中亲身探索才能确定的因素，而这些仅仅通过理论的学习、课堂的讲授是无法落实的。可见，职业生涯规划是不能速成的。技能、技术等操作层面的东西可以速成，但职业生涯规划必须要经过实际职业体验和职业能力塑造、职业潜力开发等各个过程才可以初见端倪的，自身定位是无法通过理论来速成的。

5. 职业生涯规划是大四时才要面临的事情

"大一时用不着想职业规划的事"这是很多刚上大学的新生所持有的观念。的确，大学生的职业生涯是在大四毕业后才开始的，在大一时确实不用开始找工作。那这样是否就说明了大一阶段与职业生涯规划没有关系呢？

其实不然。大一开始的生活严格意义来说是学业规划。学业规划是要在实际的专业学习和探索中选择自己最喜欢、最适合的专业来学习，并且在大学期间最大限度地选择并精通一门自己最喜欢、最擅长的一个细分领域。学业规划所选定的专业不一定是自己所学的专业。因为很多学生在高考报专业时的轻率和盲目导致了上大学后专业与兴趣的巨大错位，这个错位只能由上大学后的大一、大二阶段来纠正和弥补。大学阶段本是一体的，无论怎么划分、怎么安排，其核心的、最后的目标还是实现就业，让学生找到适合自己的职业。

从职业生涯规划对大学生的影响来看，职业生涯规划意识的觉醒以及职业能力与职业素质的准备，不是越晚越好，而是越早越好。因此，大学生应该从大一开始花一定时间进一步了解自我，探索职业和社会，设计自己的职业生涯，为将来步入职场、走向社会做好准备。

拓展阅读

打开你观念的抽屉

一天，某报社的一位年轻记者去采访日本著名企业家松下幸之助。这位年轻人很珍惜这次采访机会，做了认真的准备。因此，他与松下幸之助先生谈得很愉快。采访结束后，松下先生亲切地问年轻人："小伙子，你一个月的薪水是多少？""薪水很少，一个月才一万日元。"年轻人不好意思地回答。"很好！虽然你现在薪水只有一万日元，其实，你知道吗，你的薪水远远不止一万日元。"松下先生微笑着对年轻人说。看到年轻人一脸的疑惑，松下先生接着道："小伙子，你要知道，你今天能争取到采访我的机会，明天也就同样能争取到采访其他名人的机会，这就证明你在采访方面有一定的潜力。如果你能多多积累这方面的才能与经验，这就像你在银行存钱一样，钱进了银行是会生利息的，而你的才能也会在社会的银行里生利息，将来能连本带利地还给你。"松下先生的一番话，使年轻人茅塞顿开。

这个年轻记者的外在职业生涯表现为单位是报社，职务是记者，工资是每月一万日元；内在职业生涯则表现为具有争取到采访名人的能力，还表现在他建立的一个新观念，那就是对年轻人来说，注重才能的积累远比注重薪水的多少更重要，因为它是每个人最厚重的生存资本。在积累了才能与经验后，这种内在职业生涯的发展带动了年轻记者外在职业生涯的发展，后来这位年轻人真的成了所在报社的社长。

可见，大学生在进行职业生涯规划时，不应过多地看重眼前的利益，而应较多地注重职业、企业，甚至行业的发展空间，将内外职业生涯的优势和弊端统筹考虑，这样才能实现职业生涯规划的科学性和有效性。

第二节　大学生职业生涯规划的方法和步骤

职业生涯发展规划不应该只存在于大学生的头脑中，还应该落在纸面上和实际行动上。这就需要大学生积极做好职业生涯发展规划书的撰写工作，并且归纳和总结自己在职业生涯发展规划中存在的问题，努力去解决问题。不仅如此，大学生还应该适时地调整方案，以应对一些可预料的变数，以保证职业生涯规划的实现。

一、大学生职业生涯规划的方法

职业生涯规划的方法有很多，在这里向大学生推荐两种便捷有效的方法。

（一）人职匹配——5W 问题澄清法

许多职业咨询机构和心理学专家进行职业咨询和职业规划时常常采用的一种方法就是 5 个"W"的思考模式。从问自己是谁开始，然后顺着问下去，共有以下 5 个问题：

（1）"Who am I？"（我是谁？）应该对自己进行一次深刻的反思，有一个比较清醒的认识，优点和缺点都应该一一列出来。

（2）"What will I do？"（我想做什么？）这是对自己职业发展的一个心理趋向的检查。每个人在不同阶段的兴趣和目标并不完全一致，有时甚至是完全对立的。但随着年龄和经历的增长而逐渐固定，并最终锁定自己的终身理想。

（3）"What can I do？"（我能做什么？）这则是对自己能力与潜力的全面总结，一个人职业的定位最根本的还要归结于他的能力，而职业发展空间的大小则取决于自己的潜力。对于一个人潜力的了解应该从几个方面着手去认识，如对事的兴趣、做事的毅力、临事的判断力以及知识结构是否全面、是否及时更新等。

（4）"What does the situation allow me to do？"（环境支持或允许我干什么？）这种环境支持在客观方面包括本地的各种情况，比如经济发展、人事政策、企业制度、职业空间等；在主观方面包括同事关系、领导态度、亲戚关系等。这两方面的因素应该综合起来看。有时在职业选择时有人常常忽视主观方面，没有将一切有利于自己发展的因素调动起来，从而影响了自己的职业切入点。而在国外通过同事、熟人的引荐找到工作是最正常也是最容易的一种方式。当然我们应该知道这和一些不正常的"走后门"等方式有着本质的区别。这种区别就是这里的环境支持是建立在自己的能力之上的。

（5）"What is the plan of my career and

life？"（我的职业规划与生活规划是什么？）最后，将自我职业生涯的计划列出来，建立个人发展计划书档案，通过系统地学习、培训，实现职业的理想目标：选择一个什么样的单位，预测自己在单位内的职务提升步骤，个人如何从低到高逐级而上；预测工作范围的变化情况，不同工作对自己的要求及应对措施；预测可能出现的竞争，分析自己如何相处与应对，确定自我提高的可靠途径；如果发展过程中出现偏差、工作不适应或被解聘，如何改变职业方向等。

案例

以张宁为例澄清5W问题

张宁，女，某院校财务管理专业大四学生。刻苦上进，学习能力强，曾在一家财务咨询公司实习一年，未来的职业目标是成为一名财务、金融行业的高级经理人。在临近毕业之际，摆在她面前的路有两条：一是去全国重点大学攻读社会学专业硕士研究生；二是去国内知名会计师事务所工作，职位是审计，薪水和待遇都不错。张宁很纠结，找到老师咨询意见，老师帮助她做了以下详细分析。

（1）先工作。理由是毕竟当前大学生就业形势严峻，可以考虑先积累工作经验，再说这家会计师事务所的工作机会非常难得，就算研究生毕业也未必能遇到这么好的机会，况且要上学继续攻读的不是原来的专业而是社会学专业。

（2）先读研。虽然此次工作机会确实宝贵，但有可能入职后的很长一段时间，都在审计岗位上，工作辛苦不说，还势必常常出差，对于提升业务能力空间不大。到名校读研究生不仅可以提高学历优势，也可以开阔视野，培养自己的综合素质，加大求职竞争力。在这个过程中，还可以利用导师、师兄、师姐等良好的社会关系获取就业信息甚至得到推荐入职的机会。

可见，先工作和先就业的做法各有利弊，张宁究竟应该做何抉择呢？在老师的指导下，张宁回答了以下5个问题。

（1）你是谁？

（2）你想做什么？

（3）你目前会做什么？

（4）环境支持或允许你做什么？

（5）你的职业生涯规划是什么？

问题（1）的答案很清楚，张宁是普通大学财务管理专业本科应届毕业生，有一年财务咨询公司实习的经历。

问题（2）的答案是张宁想做一名高级财务经理。

问题（3）的答案也不难，张宁学习了较系统的财务管理专业知识，又在财务咨询公司实习一年，大学 4 年所学与现有经验基本对口，张宁应该可以胜任财务管理行业的一些基本工作，比如审计。

　　问题（4）的答案非常明显，目前张宁有两种选择：进入业内知名会计师事务所，担任审计工作；或者到全国重点大学攻读社会学专业研究生。

　　问题（5）的答案是张宁与老师沟通后得出的，既然想成为高级财务经理，首先必须积累经验，因此最好进入一家业内知名会计师事务所工作，从基层开始做起，然后再一步步向更高的职位努力。

　　接下来是对以上 5 个问题的答案做以归纳，找出其中的共性。不难发现，这些答案中指向率最高的是到会计师事务所工作。

　　老师告诉张宁，她可以先到会计师事务所工作，然后再考虑考本专业研究生，或者在职进修。因为这样做才和她既定的职业目标较为一致，攻读非本专业研究生会使其职业生涯绕弯路。

（二）面对单一选择——SWOT 分析法

　　SWOT 分析法又称态势分析法，是一种根据自身的既定内在条件进行分析，找出优势、劣势及核心竞争力之所在的战略分析方法。它是一种能够较客观而准确地分析和研究个体现实情况的方法。其中，主观因素"S"（strength，优势）是内部环境中的积极因素，主要是指有利的竞争态势等；主观因素"W"（weakness，弱势）是指在竞争中相对弱势的方面，也是内部环境中的消极因素；客观因素"O"（opportunity，机会）是外部环境中的有利因素，具体包括市场需求、竞争对手失误等；客观因素"T"（threat，威胁）也是外部环境中的不利因素，具体包括新的竞争对手、行业政策变化、经济衰退等。

　　SWOT 分析法具有显著的结构化和系统性的特征，分析直观、使用简单是它的重要优点。就结构化而言，一方面，在形式上表现为构造 SWOT 结构矩阵，并对矩阵的不同区域赋予不同的分析意义；另一方面，在内容上其主要理论基础也强调从结构分析入手

对外部环境和内部资源进行分析。即使没有精确的数据支持和更专业化的分析工具，也可以得出有说服力的结论。但是 SWOT 不可避免地带有精度不够的缺陷。例如 SWOT 分析采用定性方法，通过罗列优势、弱势、机会、威胁等因素的各种表现，形成一种模糊的描述，以此为依据做出的判断，不免带有一定程度的主观臆断。

　　将调查得出的各种因素根据轻重缓急或影响程度等排序，构造 SWOT 矩阵。在这个过程中，要将那些对个体发展有直接的、重要的、大量的、迫切的、久远的影响因素优先排列出来，而将那些间接的、次要的、少许的、不急的、短暂的影响因素排在后面。

　　在完成环境因素分析和 SWOT 矩阵的构造之后，便可以制订相应的行动计划。制订计划的基本思路是：发挥优势因素，克服弱势因素，利用机会因素，化解威胁因素；考虑过去，立足当前，着眼未来。运用系统分析的方法，将排列与考虑的各种因素相互联系并加以组合，得出一系列可选择的对策。

案例

以周红为例进行 SWOT 分析

周红，女，2017 年考入某著名大学新闻传播专业，现读大三，下面以 SWOT 分析法为周红进行职业生涯规划做好准备。

1. 内部环境分析

（1）S：优势。

理想远大，生活态度积极，善于以积极的眼光看待自己的人生。诚实守信，为人正直，喜欢与人交往，待人诚恳。有强烈的责任心，较强的社会适应能力，心思细腻，思考问题有独特看法。勇于创新，喜欢接触新生事物。

（2）W：劣势。

社会工作经验不足，遇事缺少理性思考，有时表述问题过于烦琐。自恃清高，我行我素，很多时候听不进他人的友善建议。优柔寡断，为此常常错失良机。

2. 外部环境分析

（1）O：机遇。

如今是一个信息爆炸的时代，媒体在社会中的作用更是与日俱增。而传播学在国内是一门新兴学科，其涉及面广，发展空间巨大，并且需紧跟现在传播技术的发展。更重要的是，社会对这方面人才的需求量大，相对来说就业前景一片光明。

周红所在的大学为她提供了良好的学习环境以及精良的硬件教学设施。她还曾经参与过一些科研项目的研究，向该行业的一些高层人士了解过相关行业的发展信息。

（2）T：威胁。

我国就业形势严峻，人才过剩的现象比比皆是，因此越来越多的用人单位更看重实际工作能力和工作经验，并非只注重学历。近年来大学生的数量剧增，受过高等教育的人才遍地都是，想要从中脱颖而出，最后拼的还是知识的把握和能力的展现。

3. 未来选择

通过 SWOT 分析法对个人进行分析后，周红对自己的发展有了更加清晰的认识。未来一年的专业实习机会，她打算利用自身较强的学习能力，努力提高传播学和广告学理论知识在实践中的应用，为即将到来的就业奠定基础。

二、大学生职业生涯规划的步骤

职业生涯规划是一个长期的连续过程，系统的职业生涯规划是由觉知与承诺、认识自己、认识工作世界、决策、计划与实施和评估与调整六个步骤所组成，如图6-2所示。

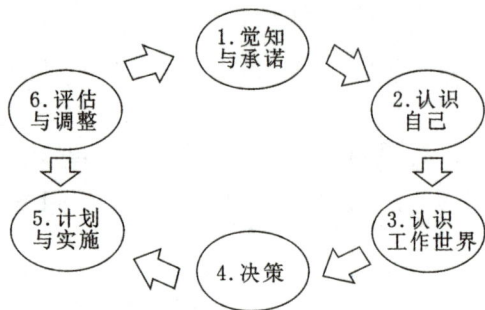

图6-2　职业生涯规划的六个步骤

（一）觉知与承诺

在这个阶段对自己进行意识唤醒，从潜意识上认识职业生涯规划的重要性和作用，并愿意用时间和行动来实现自己制定的每一个目标。但也要提醒自己：职业生涯规划是一个过程，是一种面对生涯发展的态度，它未必能立竿见影，马上为自己带来理想的工作。就好像播下的种子，未必能马上发芽一样。所以，对职业生涯规划要有合理的预期。

（二）认识自己

这是"知己"的过程，即对自身的兴趣、性格、能力和价值观等方面进行全面审视，正确深刻地认识和了解自己，并对自己的优缺点进行汇总分类，这样才能对自己未来的职业生涯做出最佳的抉择。进行自我评估，既了解自己的现状和未来志向之间的差距，还要端正态度、脚踏实地、逐步前进。

自我评估的主要内容是与个人相关的所有因素，包括兴趣、性格、能力、特长、需求、学识水平、思维方式、价值观、情商以及潜能等，即弄清楚自己是谁，自己想要做什么，

自己能做什么。做有效的自我评估要更注重挖掘自己的潜能。潜能可以在情况危急的时刻发挥出来，也可以被自己所建立的有挑战性的目标所激发。

需要提醒的是，自我评估不是一两次心理测评可以解决的事情，而是要贯穿整个职业生涯过程。自我评估的方法很多，包括自省、测评、角色建议。中国古代就有"吾日三省吾身"的做法。目前国内也已经有了许多可供选择的职业测评工具。关于测评，在此笔者有两个建议：认认真真做测评，别不当回事；平平常常看结果，别太当回事。常言道"当局者迷"。一个人对自己的认识总是片面的，所以，在自我评估中还应当包括他人的意见，也可称之为"角色建议"。这些人包括父母、老师、同学、朋友，还有职业生涯的专业咨询人员。这些不同角色的建议，会帮助自己更清醒地认识现实与理想间的差距。

（三）认识工作世界

相对于认识自己，认识工作世界就是"知彼"的过程。它的主要内容包括政治、经济、文化、组织以及个人所处的环境等，主要目的是找出环境中的有利因素和不利因素，以便相应地调整自己，从而适应环境的要求。在制定职业生涯规划时，要分析工作世界的特点、工作世界的发展变化情况、个人与工作世界的关系、个人在工作世界中的地位、工作世界对个人提出的要求以及工作世界中对自己有利与不利的因素等。

（四）决策

在觉知与唤醒、认识自己、认识工作世界的基础上选择职业时，要充分考虑自身的特点和环境因素对自己的影响，对这些因素

的分析，是职业选择的前提条件。分析自我、了解自己、分析环境、了解职业世界，使自己的性格、兴趣、特长与职业吻合。这一点对刚步入社会、初选职业的大学毕业生而言非常重要。

决策是综合整理和评估信息的一部分，在决策时有可能因信息不全而重新回到前面三个步骤。决策的具体内容包括：综合与评估信息；目标设立与计划；处理决策过程中的各种问题，如生涯信念、障碍等。

（五）计划与实施

针对职业生涯规划的目标体系，选择可操作的方法进行整合，就形成了职业生涯规划的方案。每个人的现实状况与理想目标之间都存在多种可供选择的路径，可以选择不同的行业，选定了行业还可以选择不同的企业，选定了企业还可以选择不同的职位起点等。这就是职业生涯路线的选择。这一过程中比较重要的行动方案有职业生涯发展路线的选择、相应的教育和培训计划的制订等。

制订实施方案可以分三步完成：对准差距、找对方法、确定实施步骤与完成时间。

1. 对准差距

为什么要找差距呢？事实上，实现目标的过程就是缩小差距的过程。分析目前的状况与实现目标所需要的知识、能力、观念等方面的差距，才能采取对应有效的行动。

（1）思想观念的差距。比如，面对竞争，一种观念是希望竞争对手失败；另一种观念是设法比竞争对手做得更好、更强。观念不一样，导致的做事方法就不一样，做事的结果也会不一样。

（2）知识的差距。据统计，在18世纪，

知识更新周期为80～90年，19世纪到20世纪为30～40年，20世纪初至50年代为15～20年，70年代以后为5～10年，90年代以后缩短为3～5年，在21世纪知识更新的时间周期越来越短。延长知识保持期的唯一方法就是知识更新。知识的价值不在于拥有而在于应用。

（3）心理素质的差距。它涉及一个人的毅力如何，面对变故和挫折时心理承受能力怎么样。

（4）能力差距。除情绪智力之外，可能还会有一些能力差距，比如具体操作能力的差距、讲演能力的差距、身体适应能力方面的差距等。

2. 找对方法

在了解自身条件、分析差距的前提下，找到适合自己的缩小差距的方法并制订实施方案。如教育培训的方法、讨论交流的方法、实践锻炼的方法等，这些都是缩小差距的基本方案。

3. 实施步骤与完工时间

在制定具体实施步骤时，应限定完成该任务的具体时间。所有的规划、设计都要依靠个体具体的实践来完成。计划的实施过程也就是个体的各种工作经历，具体内容包括实际工作、职能培训、学习深造等。

事实证明，每个人都有适合其发展的路径，但彼此不同，谁也不能完全复制别人的成功之道。一个人选定职业后从什么方向上实现自己的职业目标，是向专业技术方向发展，还是向行政管理方向发展，发展方向不同，要求就不同，这就是所谓的职业生涯路线。因此，在职业生涯规划时必须对此做出选择，以便安排今后的学习和工作。职业生涯路线选择的重点是在对职业理想、职业能力、职业环境三方面的要素进行综合分析的基础上确定自己的职业生涯路线。当然，职业生涯路线也可能出现交叉与转换，这可以根据自身的情况来决定。

俄罗斯寓言大师克雷洛夫说："现实是此岸，理想是彼岸，中间隔着湍急的河流，行动则是架在河上的桥梁。"任何希望、任何计划最终必然要落实到行动上。只有行动才能缩短自己与目标之间的距离，只有行动才能把理想变为现实。做好每件事，既要心动，更要行动，否则成功就是一句空话。

（六）评估与调整

俗话说，计划跟不上变化。影响职业生涯的内外因素很多，有些变化是可以预测并可加以控制的，但是更多的变化是难以预测的。在这种情况下，要使规划行之有效，需要根据实际情况对职业生涯规划的进展做出评估，并适时进行修正。当然，个体既可以只对某个阶段性目标的实施路径进行修正，也可以对职业目标进行修正，但这一切都应符合客观现实的需要。事物都是处在运动变化中的，由于自身及外部环境条件的变化，职业生涯规划也要随着时间的推移而变化。在制定职业生涯规划时，

由于对自身及外界环境都不了解，最初确定的职业生涯目标往往比较模糊或抽象，有时甚至是错误的。经过一段时间的工作以后，有意识地回顾自己的行为得失，可以检验自己的职业定位与职业方向是否合适。这样在实施职业生涯规划的过程中自觉地总结经验和教训，评估职业生涯规划，可以修正对自我的认识，通过反馈与修正，纠正最终职业目标与分阶段职业目标的偏差，保证职业生涯规划的行之有效。同时通过评估与修正还可以极大地增强人们实现职业目标的信心。其修订的重要内容包括职业的重新选择、职业生涯路线的选择、职业生涯目标的修正、实施策略计划的变更等。

事实上，职业生涯规划的评估与反馈过程是一个再认识、再发现、再规划的过程。因此务必根据个人需要和现实变化，不断调整职业发展目标与计划。对于自己碰到的问题和环境，需要及时调整发展规划，一成不变的发展计划有时形同虚设。应对职场繁杂信息和变动选择的成功法则就是建立有效的信息整理、分析和筛选系统，再结合自身竞争力合理规划职业生涯，这样才能在职业发展过程中凭借良好的职场敏感度到达职业成功的彼岸。

📖 **拓展阅读**

比尔·拉福的成功之路

中学毕业之际，比尔·拉福就立志经商。他的父亲是洛克菲勒集团的一名高级职员，父亲的职业熏陶了年少的拉福。拉福的父亲在商界打拼了多年，对商海中的事务了如指掌，深谙其中的奥秘。他发现儿子机敏果敢，敢于创新，有一定的天赋，却很少经历磨难，没有经验，更缺乏知识。于是拉福父子进行了一次长谈，共同制订了计划，一起勾画出了拉福的职业生涯蓝图。拉福听从了父亲的劝告，升学时没有直接去读贸易专业，而是选择工

科中最基础、最普通的专业——机械制造。这一招"棋"很绝妙，因为做商贸必须具备一定的专业知识，在贸易中工业产品占据了绝大多数，如果不了解产品的性能、生产制造情况，就很难保证贸易的收益。因此，具备一些工科的基础知识是经商的先决条件。况且，工科学习不仅是知识技能的培养，它还帮助人们建立一套严谨求实的思维体系，训练人的推理分析能力，使之有一种脚踏实地的工作态度，这些素质对经商的帮助极大。比尔·拉福就这样在麻省理工学院度过了四年，他没有拘泥于本专业的学习，还广泛学习了化工、建筑、电子等方面的基础知识，这些知识在他后来的商业活动中发挥了重要的作用。

大学毕业后，比尔·拉福没有立即一头扎进商海。按照原先的设计，他开始读经济学的硕士学位。商业毕竟不是工业，这是一种经济活动，有其本身的规律和特征。现代商业不像古代阿拉伯人做得那么简单了。无论是程序上，还是原则、内容上都相当复杂，需要进行专门的的了解。在市场经济条件下，一切经济活动都是通过商业活动进行，不了解经济规律，不学习经济学的知识，很难在商界立足。于是，比尔·拉福掌握了经济学的基本知识，深入了解了经济规律，懂得了商业活动的社会地位和作用，搞清了影响商业活动的众多因素。他还特意认真学习了相关的经济法律。在现代商业活动中，法律充当着至关重要的角色，没有法律保障，现代商业将陷入一片混乱。他更注重学习经济学家的工作，但他的志向不在于此，比尔·拉福对会计、财务管理较为精通。这样，几年下来，在知识上他完全具备了经商的素质。

你也许会感到意外，比尔·拉福拿到硕士学位后居然还没有立即投身商海，而是考了公务员，去政府部门工作。原来，他的父亲，这位"老谋深算"的商业活动家深知，经商必须有很强的交往能力，人际关系在商业活动中异常重要，要想在商业上获得成功，必须深知处世规则，充分了解人的心理特征，善于与人交往，能够给人以良好的印象，使人信任你、愿意与你合作。这种开拓人际关系的能力是在学校学习不到的，只有在社会上，在工作中才能得到锻炼，而训练交际能力、观察人际关系的最佳去处就是政府部门。拉福在政府部门一干就是五年。这五年中，他从稚嫩的热血青年成长为一名老成、世故的公务员。此外，他通过五年的政府机关工作，结识了一大批各界人士，建立起一套关系网络。他非常善于利用这些网络，这个网络能够为他提供丰富的信息和许多便利条件，这对他后来事业的成功帮助极大。

五年的政府工作结束以后，比尔·拉福已经完全具备了成功商人所需的各种条件，羽翼丰满了。于是，他辞职下海，去了父亲为他引荐的通用公司熟悉商业业务。又经过两年，他已经掌握了商情和商业技巧，业绩斐然。这时候，他不再耽误时间，婉言谢绝了通用公司的高薪挽留，跳出来自己开办了拉福商贸公司。比尔·拉福的准备工作太充分了，他几乎考虑到了每一个细节，学会了商人应学会的一切。因此，他的生意进展异常顺利，拉福公司的成长速度出奇得快。二十年后，拉福公司的资产由最初的 20 万美元发展为 2 亿美元，而比尔·拉福本人也成为一个奇迹，受到众人的尊敬。

1994 年 10 月，比尔·拉福率团到中国进行商业考察，在北京长城饭店接受《中国青年报》记者采访时，谈起了他的经历。比尔·拉福认为他的成功应感谢他父亲的指导，他们共同制定了一个重要的职业规划，这个方案使他最终功成名就。

✎ 测一测　　**你是一个好的计划者吗？**

此测试包括 6 个问题，请以"从不、很少、有时候、经常、总是如此"等 5 个频率词如实作答。

（1）你做出计划使你自己对生活有控制感的频率有多大？　　　　　　　　（　　）

（2）你将每天的计划写在纸上吗？　　　　　　　　　　　　　　　　　　（　　）

（3）你制订的计划中存在弹性吗？　　　　　　　　　　　　　　　　　　（　　）

（4）你完成特定一天的计划的频率有多大？　　　　　　　　　　　　　　（　　）

（5）你为与你有重要关系的事情做计划的频率有多大？　　　　　　　　　（　　）

（6）你的日计划被其他事情紧急打断的频率有多大？　　　　　　　　　　（　　）

测试的评分结果与评价分析，请扫描二维码查看。

此问卷仅作为了解自己使用，如有疑问，请咨询专业人员。

第三节　编制大学生职业生涯规划书

职业生涯发展规划书是对职业生涯发展规划的一种书面化的呈现。通过撰写职业生涯发展规划书，不仅能帮助大学生正确认识自己，而且可以让大学生对职业规划有一个宏观的把握，并根据社会环境和自身条件等多方面因素确定未来的职业发展方向。

职业生涯发展规划可行性越高，大学生实现人生价值的转化率就越大。

一、职业生涯规划书的写作原则及要求

（一）资料翔实，步骤齐全

收集资料有多种途径，要尽可能注明资料的出处，并多运用图表数据来说明问题，以提高资料来源的可信度和说服力。

该阶段的具体步骤为：①分析需求和条件，设定目标；②分析阻碍因素，进行可行性研究；③设计方案和提升（改变）计划；④制订详细的实施计划和措施。

（二）论证有据，分析到位

要了解有关的测评理论及知识，认真审视并思考自己的测评报告并对照自我认识与测评结果的异同，分析与测评结果形成差距的原因，从而确定自我评估结果，做到"知己"；要理清自己所处的环境（包括居住的地方、喜欢的地方、亲友的意见等），明确自己最大的兴趣、最喜欢与之共事的人的类型、最重视的价值与目标、最喜欢的工作条件，再通过对当前的环境评估（社会影响、家庭影响、学校因素、就业形势等）和当前的社会环境分析（组织环境分析、技术的发展、经济的兴衰、政策法规的影响等）来确定自己的职业方向，做到说理有据，层层深入。

（三）言简意赅，结构紧凑，重点突出，逻辑严密

语言朴实简洁，用词精练准确，行文流畅，条理清楚，这是最基本的写作要求。职业生涯规划书一般包含对职业规划的认识、对自我的剖析、对所学专业的认识、对职业方向的探索以及确定目标并制订计划等五个方面的内容。在对这些内容进行分析阐述时，必须紧紧围绕职业目标这条主线来展开，从而体现文章论述的逻辑性和连贯性。要将重点放在自我探索、环境分析、目标实施上。职业生涯规划只有建立在对自我和职业的充分认识的基础上才能体现出它的科学性和可行性。

（四）目标明确，合理适中

撰写职业生涯规划书应围绕论述的中心展开，职业生涯目标不能过于理想化。职业生涯规划书的撰写是否成功，在很大程度上取决于有无正确适当、切实可行的目标。

（五）分解合理，组合科学，措施具体

目标分解、实现路径选择要有理论依据，而且备用路径之间要有内在关联性。目标组合要注意时间上的并进、连续，功能上的因果、互补作用，全方位的组合要涵盖职业生涯、家庭生活、个人事务等方面。

二、职业生涯规划书的基本格式

（一）自我探索

（1）职业兴趣——喜欢干什么？

（2）性格特征——适合干什么？

（3）职业能力——能够干什么？优势能力是什么？弱势能力是什么？

（4）职业价值观——最看重什么？

（二）环境分析

（1）家庭环境分析（如经济状况、成长经历、家庭社会地位、社会关系等）。

（2）学校环境分析（如学校层次、培养类别、专业学习、实践经验等）。

（3）社会环境分析（如就业形势、就业政策、竞争对手等）。

（4）目标职业分析（如行业、职业、企业、地域等）。

（三）目标设定

综合自我探索和环境分析的主要内容得出职业定位的 SWOT 分析表，见表 6-1。

表 6-1　职业定位的 SWOT 分析

内部环境因素		外部环境因素	
优势因素（S）	弱势因素（W）	机会因素（O）	威胁因素（T）

结论：我最终的职业目标是……

（四）计划实施

可按照表 6-2 实施。

表 6-2　职业生涯计划实施表

时间	总目标	分目标	计划内容	策略和措施
大学一年级				
大学二年级				
……				

（五）评估与调整

（1）评估的内容。

（2）评估的时间。

拓展阅读

大学生职业生涯规划书范文

学生情况简介：张××，某大学艺术设计专业 2019 级学生，性格活泼开朗，善于与他人交流；性格直爽，做事认真踏实。通过学习大学生职业生涯规划课程，现对自己进行职业生涯规划，规划年限为 20 年，即 2019—2039 年。

范文内容如下：

我们每个人都有自己独特的技能、天赋和能力。在当今分工非常细化的市场经济社会，每个人只擅长某一领域，不可能样样精通。要想在当今社会有一个好的发展，首先要对自己的兴趣、性格、能力、价值观等有一个清楚的认识；其次是要对自己的职业生涯要有合理的规划。如果说人生是一次旅行，而规划则是一幅地图，它可以帮我们选择合理的路线，以最短的时间，走最少的弯路，到达目的地。

人生是需要用心规划的，像预先计算好的框架，等待着你的星座运行。若期待改变我们的命运，首先要改变心的轨迹。

一、自我探索

（一）职业兴趣

通过霍兰德职业兴趣测评量表得出职业兴趣是 ESA 类型，如图 6-3 所示。

职业兴趣分析图

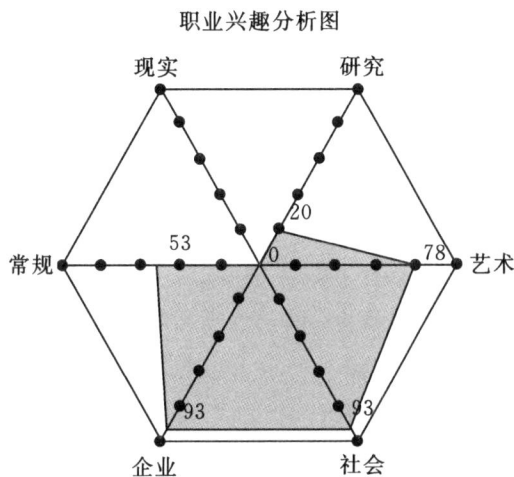

图 6-3　职业兴趣分析图

职业兴趣小结：

（1）对经营活动很有兴趣，掌控欲和支配欲较强，喜欢表达自己，喜欢影响和感染他人。

（2）做事积极而有计划，以任务为导向，关注结果；重视团队的和谐，希望自己成为团队中的焦点人物。

（3）对新鲜事物很感兴趣，求知欲强，关心的问题广泛。

（4）喜欢结交朋友，待人热情，乐于助人，能迅速与别人建立亲密关系。

（5）处事周密得体，担任组织、管理与决策等相关角色，处理各种复杂人际关系游刃有余，对自己的行为有责任感。

（二）职业性格

通过 MBTI 职业性格测试量表得出性格类型为 ESFP，如图 6-4 所示。

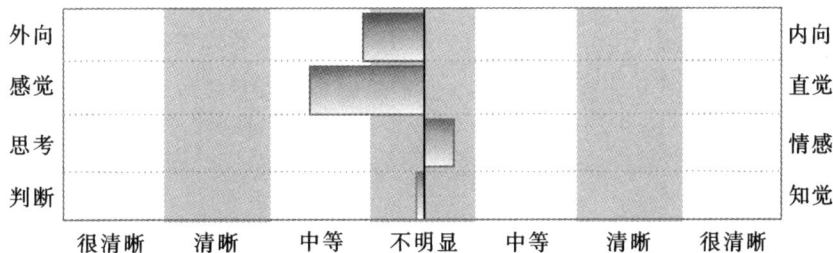

图 6-4　性格特征分布图

职业性格小结：

职业性格是主人型——热情主动地帮别人把事情做好。

（1）很重视与别人的关系，容易觉察出他人的需要并给予实际关怀，有很强的责任心。看到周围的人舒适和快乐，自己也会感到快乐和满足。

（2）热情有活力，乐于合作，有同情心。积极促成和睦的人际关系，尽力避免批评、漠视和冲突等不愉快的事情发生。

（3）注重实际，做事彻底、有条理，对细节和事实有出色的记忆力并总能在经验和事实之上做出决策，将事情安排妥当。

（4）喜欢组织众人和控制形势，愿意与他人合力按时圆满地完成任务，友好和开朗的性格很受大家的喜欢。

（5）崇尚"责任至上"，愿意超出自己的责任范围，做一些对别人有帮助或有益处的事情。对身边的各种事情，总是提出自己的看法，并努力推动其实施。

（三）职业能力

通过能力认知的课堂活动，即"他人眼中的我""撰写成就故事"等形式分析出我比较突出的五项能力是：

（1）口头表达：有效地口头传达信息或观点。

（2）阅读理解：流畅地阅读，并准确理解其中含义。

（3）指导：教或示范别人如何做某事。

（4）积极学习：学习新知识，并能很快运用新知识。

（5）批判性思考：解决问题时，运用逻辑分析和推理，鉴别不同解决方案、结论或方法的优劣。

（四）职业价值观

通过价值观认知的课堂活动，即"选择你的工作价值标准"以及对自己分析得出我的职业价值观为：追求成就、崇尚独立。

（1）追求成就。我认为工作的追求是一种自我实现，而并非外在特质利益的满足。本人希望在工作中能够比较充分地展示自己的独特之处，并能体验到可能的成就体验；同时这份工作能够提供自我提升与发展的空间与机会。

（2）崇尚独立。我是一个期望在工作中能够独立工作、独立决策，而且能够表现出自己的创新，发挥自己的责任感、自主性的人；能够以自我监督的形式使自己的工作按照自己的计划顺利进行。

二、环境分析

（一）家庭环境分析

（1）家庭和睦，父母为人正直，孝敬老人，他们在做人方面一直是我的榜样。

（2）家庭学习氛围浓厚，父母虽学历不高，但一直注重我的教育，使我从小养成热爱求知的习惯。

（3）父母是孩子的第一任老师。在我很小的时候，他们就让我对电视产生了浓厚兴趣，从影视作品到现在的时政新闻，父母给了我很好的价值观引导，让我明辨是非。

（4）家庭经济条件较好，使得我可以从小接受一些艺术熏陶，热爱钢琴、书法，爱好广泛。

（5）父母支持我现在所学的专业，寒暑假等假期鼓励我走进一线城市，感受那里的文化氛围，近距离和自己的梦想接触。

（6）父母的经历对我影响深远，他们艰苦奋斗的精神鼓励我要为自己的梦想不懈努力。

（二）学校环境分析

（1）学校地处陕西西安，政治、经济、文化较为发达，为大学期间自我广博的学习营造了良好的外部环境。

（2）学校坚持知行并重，守正出奇，使我能够不断接触尝试新鲜事物，打破束缚，自我提升。

（三）社会环境分析

（1）中国与世界对接得越来越紧密，其中最重要的莫过于经济的交融。随着中国的不断开放与发展，中国特色社会主义市场经济必将会更加深远地发展，而社会对经济人才，尤其是高端经济人才的需求会越来越多。

（2）近期的中美贸易战已经牵动全球经济，中美之间的贸易争端，看似只有两国参与其中，实则牵动着全球的生产链条。中国发展所面临的国内外经济形势越来越复杂。

（3）一个国家强大的显著标志是国家话语权的提升。过去的几年，中国的媒体有了显著的进步，但同CNN、BBC等向世界发声的世界性媒体相比，中国媒体接下来的发展只会更快。

（4）在过去的十年间，中国的纸媒、电视媒体、网络媒体有了突破性的发展，进入新时代，网络新媒体的激烈竞争初露端倪，整合纸媒、电视媒体、广播媒体、网络媒体的新媒体，在未来相当长的一段时间，将成为中国媒体发展的重头戏。

（5）社会逐渐发展，对复合型人才提出了更高的要求，同时也更加注重人才及工作的专业化发展。所以，经济与媒体的纵深对接，同时影响政治、文化领域，必将在今后中国的发展上有更大的作为。

（四）目标职业分析

（1）目标职业名称：新媒体财经频道总监

（2）工作职责：

①熟悉各大主流财经媒体来源，及时跟踪媒体网站的更新情况，保证新闻发布的时效性和准确性；

②对理财各频道以及理财相关栏目的升级改造提出方案和建议，配合技术开发部门完成改版；

③参与理财类产品及应用工具的设计和开发；

④策划、组织和实施理财类专题报道、活动以及专家访谈；

⑤负责把握财经频道与其他频道的对接，同时通过各种活动与各大门户网站保持联系。

（3）发展前景：2016年以后，互联网各巨头竞争格局基本稳定，过去为互联网金融行业发展提供核心动能的用户规模所带来的边际效应在逐渐降低。在舆论和全球整体发展的趋势下，在中国政策导向的客观推动下，金融科技开启了中国金融行业发展新篇章。目前金融科技仍依附于实际的金融业务，难以独立存在，金融科技正以星火燎原之势，延续互联网金融的传奇，整体行业趋势向好。

（4）确立职业目标：通过以上分析，我对自己确立了以下职业目标，如图6-5所示。

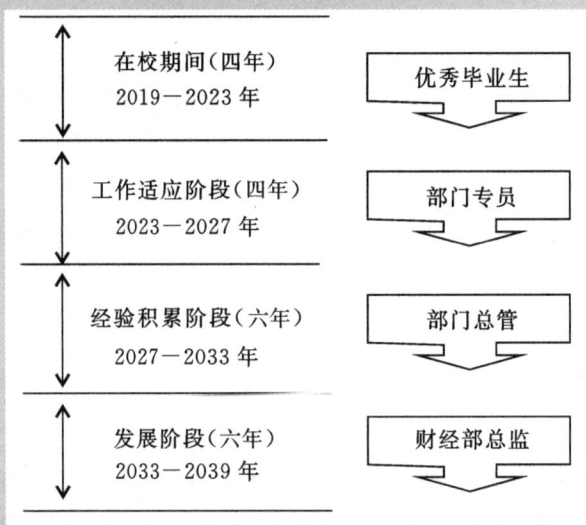

图6-5 职业目标

三、目标设定——SWOT分析

根据对内外部环境进行分析，找出优势、弱势，并比对选定的职业目标，进而对自己存在的问题以及外部环境带来的威胁给出一定的解决措施，如表6-3所示。

表6-3 SWOT分析结果

内外部环境	优势因素（S）	弱势因素（W）	解决方案
内部环境因素	（1）稳重成熟，大方得体； （2）勤奋上进，有责任心，团队意识强； （3）有独立思想，善于用批判性思维看待处理问题； （4）注重细节，待人真诚，组织能力、沟通协调能力强	（1）有时过于敏感，难以正确对待外在批评； （2）过于追求完美，有时显得不够变通； （3）在事物细节和宏观整体的平衡把握上还需加强； （4）工作经验不足	（1）就事论事，不随便把批评和不同意见视为人身攻击； （2）经常考虑事情发展的可能性和潜在的变化因素

内外部环境	机会因素（O）	威胁因素（T）	解决方案
外部环境因素	（1）经济不断发展，社会对经济人才需求旺盛； （2）社会对媒体从业人员专业性要求越来越高； （3）新媒体也正成为中国网络媒体中发展前景良好的领域之一	（1）每年大学生数量逐步增加，竞争激烈； （2）文凭不高； （3）企业对人才的要求越来越高； （4）海外留学回国的人越来越多，增加了竞争	（1）继续进修，不断提高学历和能力； （2）不断地学习，除了要专业精，还要把知识面向其他领域扩展，不断提高自己的视野素质

四、行动实施

结合以上分析，编制如表 6-4 所示的职业生涯规划表。

表 6-4 **职业生涯规划表**

姓名	张 ××		年龄	19 岁		年级	大一
学校	西安建筑科技大学华清学院		专业	设计艺术		学历	本科
规划年限	20 年			起止时间	2019—2039 年		
职业去向	新媒体财经频道						
职业路线	国际经济与贸易相关单位实习 ⇒ 新媒体等单位公司职员 ⇒ 公司较高领导层 ⇒ 相关部门经理或总监 ⇒ 财经频道总监						
职业生涯目标							
短期目标细化 （2019—2023 年）	优秀毕业生： ①大一学年：在学好基础课的同时，积极参与社团工作或进行实践活动，在活动中提升自己的吃苦耐劳和团队合作能力，不断提高自己的创新能力。 ②大二学年：抓紧一切时间努力学习，并加深编程知识，如 C 语言和 C++，同时把学习与实践相结合，要在实践里多锻炼多学习。（英语：在大二第一学期通过英语四级；体育：加强锻炼，提高体能，为了今后考研的辛苦学习和高强度的工作提前锻炼好身体。） ③大三学年：争取参加数学建模大赛，协助指导老师做一些项目。同时通过英语六级，并争取通过计算机二级。争取获得高级别奖学金。思想政治方面积极向党组织靠拢，起好带头作用，争取入党。 ④大四学年：多参加与目标职业相关的实习，提高动手能力，为以后的工作打好基础，做一个懂理论并强实践的大学生						
中期目标细化 （2023—2027 年）	顺利进入一家新媒体单位工作： 应聘进入新媒体工作单位，做普通职员工作，为未来职业升级做准备						

中长期目标细化 （2027—2033 年）	学习媒体知识： ①学习媒体知识，拿到自己的第二专业证书； ②出国留学，继续深造经济金融知识，同时学习管理学相关知识； ③回国后向公司管理层方向发展
长期目标细化 （2033—2039 年）	担任所在部门的领导者： ①在较高职位上不断学习； ②推动凤凰新媒体的不断发展

五、备选规划方案

由于社会环境、家庭环境、组织环境、个人成长曲线等变化以及各种不可预测因素的影响，一个人的职业生涯发展往往不是一帆风顺的。为了更好地主动把握人生，适应千变万化的职场世界，拟定一份备选的职业生涯规划方案是十分必要的。

备选方案：报社经济编辑

（1）随着我国经济和传媒事业的发展，对高端专业型人才的需求越来越大，要求也越来越高。

（2）我比较突出的几项职业技能有口头表达、阅读理解、批判性思维，这些技能有助于我做好报纸编辑的工作。

（3）在校期间我担任过学生干部，做过报纸总编辑，具有一定的管理才能和编辑能力。做事尽心尽职，责任心强，工作细心周到，这些素质也符合报纸编辑应具备的素质。

（4）从事感兴趣的传媒工作一直是自己的梦想。

六、评估与调整

时代在发展，社会在不断进步，未来会发生什么事我们也很难预知，几十年的职业规划我们不可能具体到每天或者每月，就我个人而言我采用以下方式对自己的职业规划进行管理，适时反馈改进。

（1）首先将自己的职业发展大方向确定，然后根据现实情况提前一年制订下一年每个季度的计划，提前一个季度制订下一季度中每个月的计划，提前一个月制订下个月每周的计划，提前一周制订下一周每天的计划。逐步详细、细化，保证每个步骤的可行性。最大限度地减少计划的错误。

（2）每周进行一次小结，看是否完成该周的任务，并制定下周任务。

（3）每月进行一次总结，从工作、家庭、学习、收入、人际、健康等六方面进行评估，看是否都是围绕自己的目标朝有利的方向发展，找出不足及时进行反馈，调整下月计划。

（4）每年进行一次大的总结，回顾一年来自己目标达成情况，依然从工作、家庭、学习、收入、人际、健康等六方面进行评估并找出不足，作为下一年计划的重点实施对象。做到及时发现问题及时反馈并改正。

第三篇　创业教育

第七章　创新与创业

背景导入

　　近年来，国家非常重视大学生就业创业工作的开展，国家领导人在多个会议中对大学生创业工作寄予厚望。习近平主席指出："传播创业文化，分享创业经验，弘扬创业精神，有利于激励更多青年特别是青年学生开启创业理想、开展创业活动，为实现中华民族伟大复兴的中国梦贡献力量。"

　　李克强总理于2014年4月30日主持召开了国务院常务会议，确定进一步促进高校毕业生就业创业的政策措施，启动实施"大学生创业引领计划"，落实和完善创业扶持政策，帮助更多高校毕业生自主创业。在这种氛围下，国内创新创业教育也在如火如荼地开展，从中央到地方，一系列措施的逐步出台为促进我国的创新创业教育提供了有力的支撑。

　　国家先后出台了很多关于创新创业教育相关的政策。

　　2012年教高〔2012〕4号文件《教育部关于全面提高高等教育质量的若干意见》第九条提出把创新创业教育贯穿人才培养全过程。

　　2014年5月9日，国务院出台国办发〔2014〕22号文件《国务院办公厅关于做好2014年全国普通高等学校毕业生就业创业工作的通知》，通知要求各地政府及各部委高度重视高校毕业生就业创业工作，切实做好政策落实与推进工作。

　　2014年5月22日，人力资源和社会保障部发〔2014〕38号文件《关于实施大学生创业引领计划的通知》，为了贯彻落实党中央、国务院关于全面深化改革战略部署和促进高校毕业生就业创业工作要求，引导和支持更多的大学生创业，人力资源和社会保障部、国家发展改革委、教育部、科技部、工业和信息化部、财政部、人民银行、工商总局、共青团中央决定，2014—2017年实施新一轮"大学生创业引领计划"。

　　2014年11月28日，教育部正式公布印发《教育部关于做好2015年全国普通高等学校毕业生就业创业工作的通知》（教学〔2014〕15号），出台了相关政策，促进和支持大学生创业。比如，要求建立健全创业成果和学分转化教学管理制度，实行弹性学制；允许在校学生休学创业，并聘请创业成功者、企业家、投资人、专家学者等担任兼职导师，对创新创业学生进行一对一指导；大学生创业享税收减免优惠，鼓励扶持开设网店等多种创业形态；高校要开发开设创新创业教育专门课程，纳入学分管理；组织学生参加各类创新创业竞赛、创业模拟等实践活动；落实好创业培训等。

2015年5月4日，国办发〔2015〕36号文件《国务院办公厅关于深化高等学校创新创业教育改革的实施意见》中提出，深化高等学校创新创业教育改革是国家实施创新驱动发展战略、促进经济提质增效升级的迫切需要，是推进高等教育综合改革、促进高校毕业生更高质量创业就业的重要举措，明确提出把完善高校创新创业教育体制机制作为深化高校创新创业改革的支撑点，提出集聚创新创业要素与资源，统一领导、齐抓共管、开放合作、全员参与，形成社会关心、支持创新创业教育和学生创新创业教育的良好生态环境和基本原则。随着"互联网＋双创"的时代发展，创新创业教育开始在全国范围内形成良好的社会氛围。

2018年9月26日，国务院发布《关于推动创新创业高质量发展、打造"双创"升级版的意见》（国发〔2018〕32号）并明确指出，推进大众创业、万众创新是深入实施创新驱动发展战略的重要支撑、深入推进供给侧结构性改革的重要途径。文件表示，随着大众创业、万众创新蓬勃发展，创新创业环境持续改善，创新创业主体日益多元，各类支撑平台不断丰富，创新创业社会氛围更加浓厚，创新创业理念日益深入人心，取得显著成效。但同时，还存在创新创业生态不够完善、科技成果转化机制尚不健全、大中小企业融通发展还不充分、创新创业国际合作不够深入以及部分政策落实不到位等问题。通过打造"双创"升级版，要求创新创业服务全面升级、创业带动就业能力明显提升、科技成果转化应用能力显著增强、高质量创新创业集聚区不断涌现、大中小企业创新创业价值链有机融合、国际国内创新创业资源深度融汇。

2023年12月01日，教育部发布《教育部关于做好2024届全国普通高校毕业生就业创业工作的通知》（教就业〔2023〕4号）并明确指出，"强化大学生生涯发展与就业指导课程建设，修订完善课程教学要求。推动各高校以全覆盖、精准化、特色化为目标，将课程建设作为强化就业指导服务的重要内容，作为必修课列入教学计划，给予学时学分保障。持续办好就业指导公益直播课，提供丰富优质课程资源。遴选打造一批优秀就业指导课程和教材。加强高素质专业化教师队伍培养，打造内外互补、专兼结合的就业指导教师队伍。充分运用现代信息技术，探索建立学生成长电子档案，为学生提供个性化、精准化、便捷化的就业指导服务"。

第一节　创新与创新精神

创新创业，是国家发展之根，是民族振兴之魂。今天的中国，大众创业、万众创新的时代潮流正在蓬勃涌动。习近平总书记在致2013年全球创业周中国站活动组委会的贺信中曾强调："青年是国家和民族的希望，创新是社会进步的灵魂，创业是推动经济社会发展、改善民生的重要途径。青年学生富有想象力和创造力，是创新创业的有生力量。希望广大青年学生把自己的人生追求同国家发展进步、人民伟大实践紧密结合起来，刻苦学习，脚踏实地，锐意进取，在创新创业中展示才华、服务社会。"他还强调："全社会都要重视和支持青年创新创业，提供更有利的条件，搭建更广阔的舞台，让广大青年在创新创业中焕发出更加夺目的青春光彩。"在回信勉励第三届中国"互联网＋"大学生创新创业大赛"青年红色筑梦之旅"的大学生时，习总书记强调："实现全面建成小康社会奋斗目标，实现社会主义现代化，实现中华民族伟大复兴，需要一批又一批德才兼备的有为人才为之奋斗。艰难困苦，玉汝于成。今天，我们比历史上任何时期都更接近实现中华民族伟大复兴的光辉目标。祖国的青年一代有理想、有追求、有担当，实现中华民族伟大复兴就有源源不断的青春力量。希望你们扎根中国大地了解国情民情，在创新创业中增长智慧才干，在艰苦奋斗中锤炼意志品质，在亿万人民为实现中国梦而进行的伟大奋斗中实现人生价值，用青春书写无愧于时代、无愧于历史的华彩篇章。"

一、创新的定义

创新是以现有的思维模式为基础，提出有别于常规或常人思路的见解，并利用现有的知识和物质，在特定的环境中，本着理想化需要或为满足社会需求，而改进或创造新的事物、方法、元素、路径、环境，并能获得一定有益效果的行为。

创新是人类特有的认识能力和实践能力，是人类主观能动性的高级表现，是推动民族进步和社会发展的不竭动力。一个民族要想走在时代前列，就一刻也不能没有创新思维，一刻也不能停止各种创新。创新的本质是突破，即突破思维定式、常规戒律。创新活动的核心是"新"，它或者是产品的结构、性能和外部特征的变革，或者是造型设计、内容的表现形式和手段的创造，或者是内容的丰富和完善。

二、创新的领域

创新涵盖众多领域，包括政治、军事、经济、社会、文化、科技等各个领域的创新。因此，创新可以分为知识创新、科技创新、文化创新、管理创新、融合创新等。

（一）知识创新

知识创新是指通过科学研究，包括基础研究和应用研究，获得新的基础科学和技术科学知识的过程。知识创新的目的是追求新发现、探索新规律、创立新学说、创造新方法和积累新知识。知识创新是技术创新的基础，是新技术和新发明的源泉，是促进科技进步和经济增长的革命性力量。知识创新为人类认识世界、改造世界提供新理论和新方法，为人类文明进步和社会发展提供不竭动力。

（二）科技创新

科技创新是原创性科学研究和技术创新的总称，是指创造和应用新知识和新技术、新工艺，采用新的生产方式和经营管理模式，开发新产品，提高产品质量，提供新服务的过程。技术创新的力量来自科学研究与知识创新，来自专家和人民群众的广泛参与。信息技术引领的现代科技的发展以及经济全球化的进程，进一步推动了管理创新，这既包括宏观管理层面上的创新——制度创新，也包括微观管理层面上的创新。知识创新、技术创新、现代科技引领的管理创新之间的协同互动共同演化形成了科技创新。

（三）文化创新

文化创新是指一个国家、一个民族、一个组织甚至一个人，在原有文化的基础上，对文化的内涵及形式进行继承与发展，使其符合时代需要，并能够为社会发展和进步提供积极影响的过程。文化在交流的过程中传播，在继承的基础上发展，都包含着文化创新的意义。文化发展的实质，就在于文化创新。文化创新，是社会实践发展的必然要求，是文化自身发展的内在动力。促进社会发展是文化创新的根本目的，也是检验文化创新的标准所在。

（四）管理创新

管理创新是指在特定的时空条件下，通过创造性思维或思想，积极利用计划、组织、指挥、协调、控制、领导、激励、沟通反馈等管理职能或手段，对系统所拥有的生物、非生物、资本、信息、能量等资源要素进行再优化配置，使管理成果获得比过去更高效率与更好结果的过程。有三类因素将有利于组织的管理创新，它们是组织的结构、文化和人力资源实践。管理创新的内容也可以分为三个方面，分别是管理思想理论上的创新、管理制度上的创新以及管理具体技术方法上的创新，三者从低到高，相互联系、相互作用。

（五）融合创新

融合创新是将各种创新要素通过创造性的融合，使各创新要素之间互补匹配，从而使创新系统的整体功能发生质的飞跃，形成独特的不可复制、不可超越的创新能力和核心竞争力。融合创新关注创新的持续性，通过不断调整，相关人员形成具有交互功能的团队，充分利用个人和团队的创造性思想，利用现有的技术，形成交互的复杂创新系统，从而形成创新的融合，并产生新的核心竞争力。与传统创新相比，融合创新具有持续性、系统性、网络性的特征，在时间上更加关注创新效果以及竞争力的持续性，是立体的、全方位的创新。

三、创新精神

创新精神是指人们创新活动过程中应该具备的能够综合运用已有的知识、信息、技能和方法，提出新方法、新观点的思维能力和进行发明创造、改革、革新的意志、信心、勇气和智慧。习近平总书记在欧美同学会成立一百周年庆祝大会上的讲话中强调："创新是一个民族进步的灵魂，是一个国家兴旺发达的不竭动力，也是中华民族最深沉的民族禀赋。在激烈的国际竞争中，惟创新者进，惟创新者强，惟创新者胜。"整个人类历史就是不断创新、不断进步的过程，没有创新就没有人类的进步和未来，不仅如此，创新精神还是人们成就事业必不可少的精神动力和崇高美德，是知识经济时代发展的本质需要，更是推动一个国家社会生产力发展的需要，是整个社会发展的需要。

（一）创新精神的主要内容

创新精神属于科学精神和科学思想范

畴，是进行创新活动必须具备的心理特征，一般认为创新精神应包括开拓精神、开放精神、科学精神和学习精神等。

（1）开拓精神是一种追求卓越、争先创优的开拓进取精神。这种精神是团队懒惰的克星，充分遏制团队随遇而安的悠闲心态和不思进取的苟且作风。有进取心才有创新欲，有开拓力才有创新力。创新属于永不停滞、自强不息、开拓未来的团队和个人。

（2）开放精神是一种面向世界、放眼天下的开放包容精神。狭隘的心胸无法成就事业、格局越大视野越开阔。具有开放精神的人往往具有博大的胸怀、开阔的视野、高远的境界，他们能够站在世界的、时代的、行业的顶端。

（3）科学精神是一种实事求是、严谨缜密地遵循科学规律的思维精神。科学精神要求我们不能急功近利、急于求成，必须尊重规律、求真务实。尊重科学，就要在实施创新中尊重实际、尊重规律。创新必须从客观实际出发，坚决规避好高骛远甚至故弄玄虚。创新的结果应该是提高效率和效果，绝不是冒进、蛮干。

（4）学习精神是一种广闻博学的、深钻细研的、虚心好学的求知精神。创新的基础是知识、技能、信息等，因此个人或团队首先应该是学习型、知识型的个人或团队。不学无术、自以为是的创新，并不是真正意义上的创新。

（二）创新精神的培养

创新精神的培养对一个人、一个组织和一个国家的成长发展都至关重要，那么对当代大学生来说，如何培养创新精神呢？

（1）培养强烈的好奇心和求知欲。据说，牛顿少年时期就有很强的好奇心，他在观察夜晚星星和月亮时就在思考星星和月亮为什么挂在天上？星星和月亮都在天空运转着，它们为什么不相撞呢？这些疑问激发着他的探索欲望。后来，他经过专心研究，终于发现了万有引力定律。能提出问题，说明在思考问题。好奇心包含着强烈的求知欲和追根究底的探索精神，要想在创新中获取成功，就需要有强烈的好奇心。

（2）培养科学求证的精神，不迷信权威。不是被人验证过的事情就一定是真理。科学的发展需要对旧的知识、观念进行辩证的分析，取其精华弃其糟粕，需要我们能够有质疑权威的精神，当然，这种质疑不是无根据的质疑，需要我们科学地求证。怀疑是发自内在的创造潜能，它激发人们去钻研、去探索。对待我们所学习或研究的事物应做到不迷信任何权威，应大胆地怀疑，这是我们创新的出发点。

（3）激发追求创新的欲望。追求创新的欲望会引发创新的动机，最终导致创新行为的实施。如果没有强烈追求创新的欲望，可能我们的成果只是模仿和借鉴，只能在别人既定的圈子里周旋。为了追求创新的欲望，我们接下来就需要坚持不懈地努力，勇于面对困难。成功学有一句话说的是"凡事至少有三种以上的解决办法"，现实生活中，只要我们执着地去思考、去做，办法总比困难多。我国第一位获得诺贝尔科学奖项的中国本土科学家屠呦呦近日获得"共和国勋章"。在她探索新抗疟药解决原有药品抗药性问题中遇到不少困难，在艰苦的试验环境下，她带领团队进行了数以百万计的提取试验，甚至用自己作为试验对象。最终，她凭着追求创新的意志和坚持不懈的努力，凭一株"中国神草"改变了世界，造福了全人类。

（4）树立凡事皆可求异的观念。我们生活中有很多人太过于在意别人的看法，往往忘记了自己内心的主见，人云亦云，这种生活和做事态度只会让我们丧失自我。要知道，创新不是简单的模仿，需要我们认真地独立思考，有自己的理解和见地。因此，我们要树立凡事皆可以求异的观念，积极地思考，以积极的创新精神状态追求创新成果。求异也要求我们换个角度思考，从多个角度思考，并将结果进行比较。求异者往往要比常人看问题更深刻、更全面。

（5）培养执着的冒险精神。创新实质上是有风险的，没有冒险精神的人在困难或者可能造成的后果面前选择退缩。当然，冒险不是那些危及生命和健康的冒险，而是一种合理性冒险，一种不怕困难和追求成果的冒险，一种对创新成果的执着。

（6）培养谦虚学习、永不自满的精神。如果把我们已知的事物用一个圈内的部分来表示的话，圈外的事物就是我们未知的事物，当我们学习得越多，知道得越多，接触的未知事物就越多，我们就越敬畏知识、敬畏科学、敬畏创新。因此，我们就会谦虚学习，永不自满，只有这样才能有不断学习新知识、新技能的动力。

第二节　创业与创业精神

一、创业的定义

创业是指创业者发现某种信息、资源、机会或掌握某种技术，利用相应的平台或载体，以一定的方式将其转化或创造更多财富和价值的过程。简单来说，创业就是一个过程，一个自主创办事业的过程，一个创造经济效益和社会效益的过程，而这种过程需要现实的载体。

二、大学生创业的意义

随着高等教育从精英教育向大众教育迈进，高校毕业生就业形势日益严峻，大学毕业生数量将远远超过空缺岗位的数量。大学生创业具有以下几方面现实意义。

（一）有利于缓解大学生就业压力

大学生创业有利于解决大学生就业难的问题。创业能力是一个人在创业实践活动中的自我生存、自我发展的能力。一个创业能力很强的大学毕业生，不但不会增加社会的就业压力，相反还能通过自主创业活动来增加就业岗位，以缓解社会的就业压力。为此，国家各级党政部门，纷纷把"鼓励和支持高校毕业生自主创业"作为化解当前社会就业难的主要政策之一。

（二）有利于大学生自我价值实现

大学毕业生通过自主创业，可以把自己的兴趣与职业紧密结合，做自己最感兴趣、最愿意做和自己认为最值得做的事情。在五彩缤纷的社会舞台中大显身手，最大限度地发挥自己的才能，并获得合理的报酬。当前社会鼓励大学生创业，虽然是从化解就业难的角度出发，但从大学生自身来说，其创业的主要动力则在于谋求自我价值的实现。而只有提高大学生创业的比例，整个社会才能形成创业的风气，才能建立"价值回报"的社会新秩序。

（三）有利于大学生自身素质的提高

我国高校扩招以后，伴随着就业压力，大学生素质与我国高等教育的水平一直为人所诟病。在提高大学教育管理水平与大学生素质的各类探索实践中，大学生创业无疑是最经济、最有效的办法之一。通过创业与创业实践，大学生可以充分发挥自己的主观能动性，改变自身就业心态，自主学习，独立思考，并学会自我调节与控制。也只有这样，大学生创业才能成功。对于一个能自我学习，懂得如何管理自己的时间与财务，善于拓展人脉关系，并能够主动调适工作心态，积极适应社会的大学生，其就业将不存在问题。

（四）有利于培养大学生的创新精神

大学生作为中国最具活力的群体，如果失去了创造的冲动和欲望，那么中华民族最终将失去发展的动力。大学生的创业活动，有利于培养勇于开拓创新的精神，把就业压力转化为创业动力，培养出越来越多的创业者。中国的未来在于广大青年，中华民族的精神永恒则在于广大青年旺盛的创造力与创新追求。

三、创业精神

创业精神是指在创业者的主观世界中，那些具有开创性的思想、观念、个性、意志、作风和品质等。创业精神有三个层面的内涵：哲学层面的创业思想和创业观念，是对创业的理性认识；心理学层面的创业个性和创业意志，是创业的心理基础；行为学层面的创业作风和创业品质，是创业的行为模式。

（一）创业精神的内容要素

在创业者的创业历程中，精神要素占据着重要的地位，而对不同的创业者来说，他们具备的精神要素众多，但有些精神要素是他们共同拥有的，这些精神要素非常值得我们借鉴和学习。

（1）激情。激情是一种强烈的情感表现形式。从心理学角度来说，往往发生在强烈刺激或突如其来的变化之后，其具有迅猛、激烈、难以抑制等特点。人在激情的支配下，常能调动身心的巨大潜力。对创业者来说，持续不断的激情是创业成功的重要精神要素之一，对创业成功的不懈追求是成功的动力。

（2）积极性。积极性又称积极主动性，从本源上讲，它是指个体意愿与整体长远目标任务相统一的动机。积极主动性是士气的表现，士气是积极主动性的实质。个人或团队富有积极性，无论遇到什么困难都能够从正面进行积极思考，充满正能量，这样遇到问题反而更容易解决。

（3）雄心壮志。雄心壮志的意思是远大的理想和抱负。我们常说，你的视野在哪里，你的人生归宿就在哪里。对于大学生创业者来说，具有远大的理想和抱负将会影响创业的最终发展结果，格局将决定个人未来的路能够走多远。

（4）适应性。对一个创业者来说，他的产品和服务一定要适应市场的需要，适应竞争才能够取得基本的生存条件。只有适应了市场这一战场，才能够有后期的领先或取胜。对于大学生创业者来说，阅历、经验、知识和技能都需要不断积累和补充。

（5）领导力。领导力是指一个领导者在管辖的范围内充分地利用人力和客观条件以最小的成本办成要办的事，以提高整个团队办事效率的能力。好的领导者一定具有很强的个人魅力和感召力，他的魅力影响要大于权力的影响。这种人一般很有道德感，有诚心，勇于承担责任，也可能是个热心人，具有团队协作精神。

（二）创业精神的培养途径

（1）模仿。成功是很难复制的，但是成功者的素质是值得我们学习和模仿的。很多成功创业的人都有这样一个感受，他们的成功离不开一个或几个特定人物，在他们的人生奋斗中，会按照这个重要人物的言行要求自己、鞭策自己。创业者从身边的创业成功者身上吸取经验，学习模仿他们的创业精神，以便更快地成熟起来。

（2）实践。创业的过程充满了竞争和磨难，很多大学生有非常好的创业想法，但是一说到执行，就出问题了，能够勇于执行的人少之又少。真正的创业者要有敢想、敢做、敢闯的创业心理品质，所以想创业的人就应该积极参与竞争。另外，在不利的环境中磨炼意志，也是一种磨炼创业心理品质的方法，即使将来不创业，这些经历也会给自己的职业发展带来莫大的好处。

（3）辅导。辅导是指参加政府或各类社会机构组织的为创业者提供个性化创业辅导服务的课程。这种服务一般都是一对一的，由经验丰富的企业家或职业经理人志愿担任创业者的创业辅导老师，对提高创业成功率能够起到非常重要的促进作用。

拓展阅读

创新创业永远在路上

（西安建筑科技大学华清学院　材料成型及控制工程专业2014级　柳江）

每个初入社会的大学生都免不了会遭遇迷茫和迟疑，柳江也不例外。刚毕业的时候，他做过广告业务员，也在教育行业做过招生工作，但最终都因为对行业前景以及自身发展的担忧而选择了放弃。有了短暂的销售业务经验，柳江深埋在内心深处的创业梦想蠢蠢欲动，恰巧在这个时候，一个创业伙伴从天而降。

那段时间，柳江和他的合伙人反复商量着该做什么项目，反复讨论着各自的优势和资源。合伙人具有一定的人脉关系和客户资源，而柳江则是刚出校门，满怀创业热情……一番权衡，柳江做了最坏的打算，如果真的创业失败，损失的不过是时间而已，虽说时间宝贵，但对那时正年轻的柳江来说，最不缺的就是时间和精力了。

确定了创业意向，他和合伙人首先把创业目标确定在纸媒广告的代理上，由于柳江有过新媒体广告业务的工作经验，对纸媒广告业务上手很快。随着业务深入，柳江和合伙人也在不断积累相关行业的专业知识，通过不断学习，他们不仅在纸媒广告代理上站稳脚跟，还逐渐掌握了一定的平面广告设计技能以及文案策划能力。

作为创业者，柳江深知随时关注行业动态和发展局势是运营成功的关键环节，于是他渐渐养成了每天看新闻的好习惯，通过对实事的了解和分析，他陷入了对业务拓展转型的深刻思考。通过深入调研，他们想以联合国儿童基金会针对发展中国家提出的"厕所革命"为转型突破口，创新思路，做点能够响应"厕所革命"号召、真正提高厕所环境以改善人们生活的事儿。

经过实地考察多处卫生间，他们发现大家对卫生间的气味普遍不满意，卫生间异味几乎成了很多企业或单位在保洁方面最头疼的问题。常规卫生间日常保洁使用的是化学清洁剂，而且为了遮住卫生间的异味，均采用喷空气清新剂或者点香盘的方式遮异味，但是这样的处理方式非常的不科学，而且空气中弥漫的化学物质对人体的伤害也很大。

考察调研的结果让柳江和他的合伙人眼前一亮，商机和希望促使他们一刻不停，开始在市场上寻找能够替代这些化学清洁剂以及香氛剂的产品。终于，功夫不负有心人。他们找到了一款进口产品，其主要成分是生物活性菌，能够通过与卫生间异味分子接触，直接分解异味分子，从根源上解决卫生间异味难除的问题。而且这款产品本身味道清新，其中香味是从植物中提取出来的，所以对人体没有任何危害。

严谨起见，他们立即试验了该产品的产品功效，发现这款产品的功能很强大，相较于市场上同类竞争产品有很大的优势，最重要的一点是对人体没有危害，不会造成二次污染。所以他们决定代理这款产品，并最终经过漫长的沟通谈判，拿到了这款进口产品的代理权。

拿下代理权，他们开始选择投放的市场，他们发现，医院卫生间的异味最让患者和医生头疼，恰逢国家卫健委发文要整治全国各级医院的卫生间环境，所以他们满心欢喜，以为自己代理的产品一定能够获得客户青睐。然而，事情并没有那么简单。

为了见到他们的第一个客户——某医院院方负责人，柳江花了半个多月的时间，每天清早就提着样品和资料在医院等候。等候期间，柳江不断地向保洁阿姨介绍产品、向医生介绍产品……终于，在一位医生的引荐下，他见到了医院的相关负责人，可是沟通会见的结果却不尽人意。原来，医院的卫生间早已对外承包给了物业公司，而柳江他们代理的产品价格优势不明显，物业公司又不愿意增加成本。困难面前，柳江没有放弃，他执着地与院方、物业公司进行反复的沟通谈判，终于被允许在医院做一套样板间进行试验。

样板间做成，卫生间异味明显改善，卫生间环境获得了如厕人群的一致好评，本以为十拿九稳的项目却又出现波折——负责试验产品的保洁人员由于年龄偏大，知识水平有限，不能合理科学地使用产品，导致了样板间后期的维护出现了问题。所幸后期经过紧急培训以及每日严格的检查维护，院方和物业公司终于认可了试验的成果和实际效果的改善，最终与他们达成了合作协议。

回顾创业经历，柳江说："选择创业意味着选择与压力做伴，顶得住这份压力即使失败了，我觉得也是值得的。而且有压力就有动力，有动力生活就有激情，有激情就能永葆生机和活力！"

第三节　创新与创业的时代背景

创新与创业是两个不同的概念，但是两者存在着本质上的契合，其在内涵上相互包容，在实践过程中互动发展。第一次提出创新概念的奥地利著名经济学家熊彼特认为，创新是生产要素和生产条件的一种从未有过的新组合，这种新组合能够使原来的成本曲线不断更新，由此会产生超额利润或潜在的超额利润。创新活动的这些本质内涵与创业活动在性质上有一致性和关联性。

创新是创业的基础，而创业推动着创新。从总体上说，科学技术、思想观念的创新可以促进人们物质生产和生活方式的变革，进而为整个社会不断地提供新的消费需求，这是创业活动不断发展的根本动因；另外，创业在本质上是人们的一种创新性实践活动。无论是何种性质、类型的创业活动，它们都有一个共同的特征，那就是创业是主体的一种能动的、开创性的实践活动，是一种高度的自主行为，在创业实践的过程中，主体的主观能动性将会得到充分的发挥，同时也会充分体现创业的创新性特征。

创新是创业的本质与源泉。经济学家熊彼特曾提出，"创业包括创新和未曾尝试过的技术"。创业者只有在创业的过程中具有持续不断的创新思维和创新意识，才可能产生新的富有创意的想法和方案，才可能不断寻求新的模式、新的思路，最终获得创业的成功。

创新的价值在于创业。从一定程度上讲，创新的价值就在于将潜在的知识、技术和市场机会转变为现实生产力，实现社会财富的增长，造福于人类社会。而实现这种转化的根本途径就是创业。创业者可能不是创新者或发明家，但必须具有能发现潜在商机的能力和敢于冒险的精神；创新者也不一定是创业者或企业家，但是创新的成果是经由创业者推向市场，使潜在的价值市场化，创新成果也才能转化为现实生产力。这也从侧面体现了创新与创业的相互关联。创业推动并深化创新。创业可以推动新发明、新产品或是新服务的不断涌现，创造出新的市场需求，从而进一步推动和深化各方面的创新，因而也就提高了企业甚至是整个国家的创新能力，从而推动经济的增长。

通过以上对于创业与创新关系的论述，我们知道两者相互内在相关、密不可分，并且了解了创业与创新的联合对于解决我国目前就业问题至关重要，甚至影响我国的发展与前景。由于创新与创业的密切联系，我国高等院校的创业与创新教育应该相互渗透融合，弘扬创新创业精神，健全创新创业机制，完善创新与创业的环境，加强产学研结合，加强创新与创业的交叉渗透和集成融合，并且不断地在实践中结合，从而推动社会的可持续发展。

从世界范围看，科技革命推动产业革命，创新驱动已经成为大势所趋，目前正在上演着新一轮全球科技革命和产业变革。时势造英雄，创业变革同样需要天时、地利、人和等各方面因素的配合，当这些因素相互碰撞，产生新的火花之时，一场创业革命正在伴随大众创业、万众创新以及"互联网+"的快速推进而走近我们,中国正迎来一个创新创业的黄金时代。

一、大众创业、万众创新

国务院总理李克强在公开场合发出"大众创业、万众创新"的号召,最早是在2014年9月的夏季达沃斯论坛上。当时他提出,要在960万平方公里土地上掀起"大众创业""草根创业"的新浪潮,形成"万众创新""人人创新"的新势态。此后,他在首届世界互联网大会、国务院常务会议和各种场合中频频阐释这一关键词。每到一地考察,他几乎都要与当地年轻的"创客"会面。他希望激发民族的创业精神和创新基因。

对大众创业、万众创新来说,"专业人士"不是天生的,而是在市场历练中培养成长的。"双创"一方面可以促使众人的奇思妙想变为现实,涌现出更多各方面的"专业人士",让人力资源转化为人力资本,更好地发挥我国人力资源雄厚的优势。另一方面,采取包括"双创"在内的各种方式,允许和鼓励全社会勇于创造,大力解放和发展生产力,有助于社会最终实现共同富裕。

当前,大众创业、万众创新的理念正日益深入人心。随着各地各部门认真贯彻落实,业界、学界纷纷响应,各种新产业、新模式、新业态不断涌现,有效激发了社会活力,释放了巨大创造力,成为经济发展的一大亮点。

二、"互联网+"新形态

"互联网+"代表一种新的经济形态,即充分发挥互联网在生产要素配置中的优化和集成作用,将互联网的创新成果深度融合于经济社会各领域之中,提升实体经济的创新力和生产力,形成更广泛的以互联网为基础设施和实现工具的经济发展新形态。"互联网+"行动计划将重点促进以云计算、物联网、大数据为代表的新一代信息技术与现代制造业、生产性服务业等的融合创新,发展壮大新兴业态,打造新的产业增长点,为大众创业、万众创新提供环境,为产业智能化提供支撑,增强新的经济发展动力,促进国民经济提质增效升级。

"互联网+"新形态下,创业环境出现了两个新变化:第一,互联网技术的应用极大地降低了人们在物质和时间两方面的试错成本;第二,互联网时代的很多产品,真正进入了边际成本趋近于零的时代。"互联网+"新形态下,创新创业的机会一方面在于传统行业互联网化的改造,许多传统行业的生产方式、组织方式和销售方式等都发生重大变化,效率相应大幅提高;另一方面,新的模式、新的业态也会出现,比如制造业服务化已经成为一个大的发展方向和趋势。

三、"一带一路"倡议与逐步深入的开放格局

我国的改革开放是当今世界最大的创新,"一带一路"倡议正在以经济走廊理论、经济带理论、21世纪的国际合作理论等创新经济发展理论、区域合作理论、全球化理论给21世纪的国际合作带来新的理念,同时也为创新创业创造了更多的实现可能与政策保障。"一带一路"以开放为导向,通过加强交通、能源和网络等基础设施的互联互通

建设，促进经济要素有序自由流动、资源高效配置和市场深度融合，旨在开展更大范围、更高水平、更深层次的区域合作，打造开放、包容、均衡、普惠的区域经济合作架构，以此来解决经济增长和平衡问题。

2013年9月，我国首个自贸试验区在上海设立，在随后的近6年里，通过几次扩围，终于在2019年8月，形成了18个自贸区覆盖东西南北中的改革开放创新格局，通过在投资贸易自由化便利化、金融服务实体经济、政府职能转变等领域探索，已形成数千项制度创新成果并复制推广，成为改革开放的新高地。

在逐步深入的开放格局影响下，跨区域的创业交流和国际创业合作已经成了创新驱动发展的新动力，在创新创业全球化和"一带一路"倡议带领下，国内外创新创业资源交流踊跃，成果丰硕。

第四节　创业与职业生涯规划

创业首先是一种理念、一种精神，一种不满足于现状、敢于创新并承担风险的精神，是一种在考虑资源约束的情况下把握机会创造价值的认识。从广义的角度看创业，可以理解为是一个人根据自己的性格、兴趣、所学专业、能力等选择适合自己的事业，并把握机会，为这个事业的成功整合资源、付诸努力，最终实现自己人生目标的过程。当然，创业对于一个人的意义绝非金钱和财富，也不仅仅是权力、地位和声誉，它带来的是理念的改变、精神层面的提升以及生活方式的改变。当你为一个创意灵机一动而付诸行动之后，你可能想象不到，它将成为影响你一生的决策。

运用职业生涯规划理论比对分析我们每一个人的职业定位，我们会发现，并不是每一个人都可以走上创业的道路。因为创业是一项艰苦的事业，也是一个复杂和复合的系统，需要很多的前提、条件、资源和要素。创业需要在充分发挥创业者的个人素质和能力、集合团队人力资本的智慧、有足够的资金支撑和人脉支撑的基础上，通过创业目标的指引，才能完成的一个过程，可以说创业者、创业团队、创业资源和创业方式共同构成了创业的基本要素。

一、创业者

（一）创业者的定义

"创业者"一词由法国经济学家坝蒂隆（Cantillon）于1755年首次引入经济学。1880年，法国经济学家萨伊首次给出了创业者的定义，他将创业者描述为将经济资源从生产率较低的区域转移到生产率较高区域的人，并认为创业者是经济活动过程中的代理人。著名经济学家熊彼特则认为创业者应为创新者，并应具有发现和引入新的更好的能赚钱的产品、服务和过程的能力。

在当前，国内外学者将创业者的定义分为狭义和广义两种。狭义的创业者是指参与创业活动的核心人员。该定义避免采用领导者或组织者的概念。因为在当今的创业活动中，技术的含量越来越大，离开了核心的技术专家，很多创业都无法进行，核心的技术专家理应成为创业者。事实上，很多创业活动最早都是由拥有某项特定成果的技术专家发起的。广义的创业者是指参与创业活动的全部人员。在创业过程中，狭义的创业者将比广义的创业者承担更多的风险，也会获得更多的收益。

创业者在欧美学术界和企业界被定义为组织管理一个生意或企业并承担其风险的人。创业者有两个基本含义：一是指企业家，即在现有企业中负责经营和决策的领导人；二是指创始人，通常理解为即将创办新企业或者是刚刚创办新企业的领导人。

（二）创业者的能力与素质

自主创业是一项极具挑战性的社会活动，是对创业者自身智慧能力、气魄胆识的全方位考验。它对创业者的个人素质和能力有特定的要求，只有那些能够承担更大风险的学生才能涉足，本身不具备创业素质的学生，没有必要勉强走上创业路。

美国汇集着无数的风险投资家，有着无数的成功案例。许多大学生甚至中学生，如微软的比尔·盖茨、戴尔公司的迈克尔·戴尔以及苹果公司的史蒂夫·乔布斯，他们都经历过商海的跌宕起伏，在资本市场上饱经沧桑，才获得了巨大的成功。他们在为世界创造巨大财富的同时，也在 IT 发展史上留下了重要的一笔。他们休学的原因是觉得必须及时把握时机，充分利用产业发展的大好机会，而不是把休学创业作为一个吸引别人注意力的光环。比尔·盖茨、迈克尔·戴尔先后到过清华大学做过演讲。他们在回答同

学的提问时，都劝同学们不要学他们，最好先努力完成学业，拥有扎实的知识之后，机会和幸运一定会到来。

从现实看，许多创业者虽然能够拿出一份创业计划，但是很多时候投资人对于其中的某些部分并不是很满意。在成立了公司之后，对于如何建立财务制度、人事制度、行政制度等，学生创业者往往也并不很清楚。缺少资金、缺少商务活动经验、内部管理没有严格的体系、缺乏市场渠道、人员流动快，是大学生创业普遍面临的问题。现在到校园里来找项目的风险投资人很多，但是他们大多是满怀希望而来，灰心失望而去。

科学家王选在谈到学生创业时，鼓励学生要勇于创业，同时告诫学生创业是艰难的。他讲过，今天大学生在创业大赛中所取得的成绩是值得肯定的，有些同学有了自己的科研产品，有的已获得了风险投资，组建了自己的公司，然而，这只是刚刚迈出了很小的一步，离成功还有很长的路要走。比尔·盖茨从 13 岁开始研究计算机，到从哈佛大学中途退学与朋友创办微软公司，再到他 30 多岁成功，经历了很长的时间。他本人在 38 岁时还是个默默无闻的小人物，经过整整 18 年没有节假日的艰辛努力，才在他所研究的领域中稍有所成。因此，学生在创业路上会碰到这样或那样的困难，要有长期忍受痛苦的思想准备，要耐得住寂寞，能够经得起各种困难的考验，并有百折不挠的奋斗精神。

1. 创业者应具备的基本素质

在学生创业过程中，困难、挫折甚至失败是在所难免的。学生创业与学生本人的意志品质、商业意识、经济头脑以及性格、气质、个性、爱好和特长等有着紧密的联系。

（1）创业者意志、品质的要求。

①要具有自觉性、坚毅性、果断性、自制力、勇敢等品质。即创业者要有风险意识，有充沛的精力和健康的体魄，具备百折不挠的意志、品质和遭受挫折时的自我激励能力，以解决创业时内部和外界大量未知风险带来的各种突发问题，并承担巨大的压力，经受失败的考验。

②要正直、守信，对公司、员工、投资者都要有责任感。

③要具有敏锐的商业意识，按照商品经济的运行规律办事，遵循公平交易原则，遵纪守法，诚实可靠；同时要善于寻找、捕捉和创造商机。

④要具有务实精神，踏实做事，诚恳待人。

⑤要具有献身精神，有达到目标的自信心和勇气。

⑥要有科学的经济头脑，思路清晰，能够分析、判断经济运行趋势，权衡经济利益，核算投入和产出。

⑦要具有自我实现欲和创新精神。创业者创业的目的并非源于对金钱的贪婪，而是出于自我实现和追求成功的强烈欲望。

（2）创业者性格与气质特征的要求。创业者作为企业的经营管理人员，应有坚定的信念、优良的品德、坚忍的意志、必胜的信心、巨大的魄力、充沛的精力等特征。具体表现在：

①创业者必须有战略家的胸怀。现代市场已经突破国界和意识形态的限制，成为世界性的国际大市场。市场的变化受到经济、政治、自然等诸多因素的影响。一个企业要想在开放的国际市场上生存和发展，创业者在经营时必须要有战略眼光，根据外部环境的变化迅速决策，这是企业发展中带有全局性、长远性和根本性的问题。决策活动最能体现战略家的特质。在决策活动中，创业者通过"谋"和"断"两大职能来决定组织中的重大问题。创业者对最终选定方案充满信心，才能胸有成竹地做出决断。

②创业者必须是宣传鼓动家。创业者要高瞻远瞩，明察动静，运用思想家、演说家、评论家的才华，阐述观念，鼓舞士气，引导众人形成明确的价值观，使企业内部全体员工产生持久的凝聚力，并在组织外部树立起一种亲切友好的形象，使企业有一个轻松的社会环境，更广泛地传播自己的企业文化，提高企业的知名度，增加无形资产。

③创业者必须敢于创新。没有创新精神，不敢冒风险，就谈不上开拓。只有敢闯敢干，敢于冒险，才能走出新路，走出好路，干出新的事业。

④创业者必须充分显示自己的个性。创业者最重要的内在素质，归结到一点，就是个性。个性能使人的才干增添无比的光彩。他们的个性特征一般包括：主动性——强烈的求知欲和强烈的好奇心能驱使创业者积极进取；洞察力——对环境有敏锐的感受力，可以深究到别人未注意到的情况和细节；变通性——善于举一反三，能想出较多的点子，提出非凡的见解；疑问性——不盲从，敢于大胆发问，冲破传统观念；独创性——有别出心裁的见解，勇于弃旧图新，别开生面；自信心——相信自己所做事情的意义，即使受到阻挠和诽谤，也不改变信念；坚持力——有百折不挠、坚持不懈的毅力和意志；想象力——思想中有见地的观点、意见来自合理

的联想、幻想；严密性——灵感的火花闪过后，能深思熟虑、精推细敲，力求达到完美；幽默感——幽默的性格不会因别人的讥讽和轻视而影响自己的情绪和创造力；勇气——具有常人无法忍受地面对困境的勇气；狂劲——表现在对外试图突破常人难以突破的主客观障碍，达到理想的光辉顶点；对内既有一种对自己实力的充分信任，又有对较高目标的大胆追求。

2. 创业者应具备的智慧潜能

学生创业时面对着茫茫商海，仅具备基本的素质还远远不够，还要做好许多知识和能力的准备。

（1）对创业者知识的要求。

①应具备扎实深厚的专业知识和全面广博的综合知识。只有深厚的专业知识和宽广的综合知识相结合，才能正确分析形势，用敏锐的目光把握事物发展的全局，提出精辟独到的见解和谋略，认清事物的本质，把握其规律，实现自己的创业目标。

②应具备相关的商业知识，如商品交换、商品需求、商品流通等，通过学习商业知识，创业者在经济活动过程中实现价值的增值。

③应具备一定的管理知识，如人事管理、资金财务管理、物资管理、生产管理和市场营销管理等。通过学习管理知识，改进管理方法，丰富管理经验，不断开发新的管理资源，提高管理水平。

④应具备相关的法律知识，如工商注册登记知识、经济合同知识、税务知识等法律知识。这些对学生创业来说是必不可少的，它可以帮助创业者顺利走过创业之路。

（2）对创业者能力的要求。

对创业者来说，具备各种能力是创业成功的充分条件。因此，学生在开始创业前或在创业过程中必须不断培养和提高综合能力。

①具备学习能力。即获取知识的能力，包括对知识的接受、转化与应用。

②具备实践能力和科研动手能力。能够将自己头脑中的思想、创意和灵感转化为现实的科技发明成果和现实产品。因此，应积极参与各种科技实践活动，最好先在规范的公司中实习一段时间。

③具备开拓创新能力。创新是知识经济的主旋律，是企业化解外界风险和取得竞争优势的有效途径。因此，如果创业者的项目具备技术含量高、市场前景好的条件，这就意味着已成功了一半。

④具备组织领导能力。要有出色的领导水平，具备统率能力和用人能力，能迅速地实现从学生到职业经理人的角色转变。创业者要有对自己员工的指挥、调动、协调以及对非人力资源的集中分配、调度、使用的能力，还要有能力实现对公司组织机构的设计与再设计，表现为对组织机构的谋划和人员的配置，如对成员职位的任命安排、明确其职责范围等。这是创办企业者应当具备的重要素质，是开办企业、使公司正常运转的保证。

⑤具备管理能力。要有过人的经营决策能力、分析判断能力、指挥协调能力、抵御及化解风险的能力和信息处理的能力。

⑥具备协作能力。协作是创业者成功的重要支持力量，是一种能设身处地为他人着想，善于理解对方、体谅对方，善于合作共事的心理品质。它与创业者独立思考、自主行动并不矛盾。创业者需要的是自立、自强，

而不是孤独、孤僻。培养协作能力是创业者获得别人和社会支持的重要前提。

⑦具备交际能力。创业者在人际交往中要做到热情、真诚待人，能够理解对方，这样才能建立起理想的人际关系。

拓展阅读

创业者的艺术

楚晓羽，西安建筑科技大学华清学院土木工程学院土木1603班在校生。在大学生活初始，楚晓羽就开始了创业的尝试。2018年11月，楚晓羽创办了西安白瓷网络科技有限公司，不到半年，这家创新型科技企业已成为西安发展最快的高校信息提供商。与此同时，楚晓羽还与其团队紧抓驾照培训行业痛点，创建运营了全新的互联网驾校项目——"来了学车"。从2018年12月试点运营开始，截至2019年5月，"来了学车"的优质服务已覆盖全西安41所高校，并计划在2019年底覆盖除西安外全国至少20座城市。打造驾考新服务业，将学车的主动权交到"上帝"手上，是楚晓羽的创业初心，同时也是"来了学车"的使命。一直不安分的楚晓羽，希望从驾照培训行业入手，做一个权威的高校信息服务站，优选所有服务培训机构，将服务业透明化。

楚晓羽在总结自己的创业经历时有很多心得和感触。在说到企业或者组织文化的部分时，他这样说：缺少组织文化的企业，就像是只有一条腿的运动员。他可以用单腿跳参加残奥会的100米跑，但却不能参加马拉松。创业，更像是长跑，缺少组织文化的企业很难跑到终点。纵观成功的组织文化，腾讯文化像"书生"，阿里文化像"土匪"，但像"来了学车"这样的劳动力密集型、分布式管理的互联网驾校，任何一种单一的文化都解决不了问题。互联网产品，技术和运营需要"书生文化"，线下地推铁军又需要"土匪文化"。于是，楚晓羽的创业团队需要找到让两种文化和谐共生的办法，让组织中不同个性的成员在同一个战壕里战斗。但想让成员们发自内心相互欣赏、彼此成就，是一件非常有挑战的事。

楚晓羽充分发挥个人的领导才干，积极在成员间传递善意、激发潜能，利用各种机会加强成员间的融合。比如，销售部召开内部述职大会，主要是业绩汇报，与产品技术部其实没有太大关系，但楚晓羽却决定让产品技术部的小伙伴旁听销售部的述职大会。通过这样的会议旁听机会，产品技术部的同事慢慢了解了销售部的在校学生每天是如何在最原始的商业环境当中克服种种困难，用最小的成本获得客户的。了解了这些，产品技术团队的伙伴感同身受，决心用自己最大的努力给予销售团队支持，他们积极表态并付诸行动，连续多日加班到凌晨，针对销售团队的实际困难研发线上辅助App。而作为组织领导者，楚晓羽时不时将产品技术团队努力工作、凌晨加班的视频发至销售部群里，还经常把他们双方的"善意"信息进行截屏互转。

楚晓羽说，他一直有一段话想与跟他一样的创业者进行共勉："我一直觉得创业者是世界上最勇敢的人，也是我最尊重的人，因为失败是必然的，成功是偶然的。他们一定是有眼界的人，他们能看到别人看不到的东西。他们一定是内心强大的人，因为他们能承受别人承受不了的压力。他们也是一群有梦想的人，不为名不为利，为的是事业成功的成就感。他们是改变世界的人。"

二、创业团队

（一）创业团队的定义

团队是由个体结合而成的，但不是简单的人群组合，而是由一群心理上相互认知，行为上相互支持、相互影响，利益上相互联系、相互依存，目标上有共同向往的人结合在一起的人群集合体。

创业团队是由少数具有技能互补的创业者组成的、为了实现共同的创业目标而努力的利益共同体。优秀创业团队应具备的基本要素至少包括共同目标、互相依赖、相互信任、归属感以及责任心。

（二）创业团队的组建

创业团队组建的任务就是要找到那些最合适的合作伙伴，让大家能形成合力向着一个共同的目标奋斗。

腾讯团队是中国互联网最牢固的创业团队之一。自 1998 年创立腾讯公司以来，没有任何一个团队成员离开，甚至没有不和谐的声音。"五个人有四个是高中同学，大学又是一起读书，相互间的信任和默契不是一般创业团队能比的。"作为一个集体领导的管理团队，不可避免会有不同想法，甚至有时候内部会有很多争辩以致最后都无法统一。当年肯从大名鼎鼎的中兴"屈就"腾讯的奚丹，很大程度上看中的就是这个结合紧密的创始团队。

打造一支坚不可摧的创业团队，需要做到以下五点：

1. 树立共同的目标和价值观

共同的目标和价值观能够为团队成员指引方向和提供动力，使个人提高业绩水平，使团队充满活力。

马云在访谈中说道："30% 的人永远是不可能相信你的。不要让你的同事为你干活，而让我们的同事为我们的目标干活，共同努力，团结在一个共同的目标下面，就要比团结在一个企业家底下容易得多。所以首先要说服大家认同共同的理想，而不是让大家来为你干活。"阿里巴巴的"六脉神剑"就是阿里巴巴的价值观：诚信、敬业、激情、拥抱变化、团队合作、客户第一。

2. 完善成员技能

一个团队需要三种不同技能类型的成员。第一，需要具有技术专长的成员；第二，需要具有解决问题和决策技能，能够发现问题，提出解决问题的建议，并权衡这些建议，然后做出有效选择的成员；第三，团队需要善于倾听、反馈、解决冲突的具有处理人际关系技能的成员。

柳传志谈到联想团队核心人才时说："联想需要各种各样的人才，但主要是三种人才：能独立做好一摊事的人；能带领一班子做好事情的人；能审时度势，具备一眼看到底的能力，制定战略的人。"

3.分配团队成员角色

团队领导人的重要职责之一，就是恰当分配团队成员的角色，并做好团队协调工作。在角色分配中，应当充分考虑团队成员的性格特征、技术专长、能力互补等因素。

李嘉诚曾说过："知人善任，大多数人都会有部分的长处，部分的短处，各尽所能，各得所需，以量才而用为原则。"

4.建立考评激励机制

台湾塑胶集团（以下简称台塑集团）董事长王永庆在台湾是一个家喻户晓的传奇人物。他把台塑集团推到世界化工业的前50名。多年的经营管理实践令王永庆创造出了一套科学管理之道，有效地增强了自己科学管理的执行力。其最为精辟的是压力管理和奖励管理两套方法。

压力管理就是人为地使企业整体有压迫感和让台塑集团的所有从业人员有压迫感。台塑集团在1968年就成立了专业管理机构，就像一个金刚石般的分子结构，只要自顶端施加一种压力，自上而下的各个层次便都会产生压迫感。

奖励管理就是对员工施加压力的同时，极为慷慨地奖励部属。台塑集团的激励方式有两类，一类是物质的，一类是精神的。台塑集团的金钱奖励以年终奖金与改善奖金最为有名。王永庆私下发给干部的奖金称为"另一包"（因为是公开奖金之外的奖金）。此外还设有成果奖金。对一般职员，则采取"创造利润，员工分享"的做法。员工们都知道自己的努力会有回报的，这极大地激发了他们工作的积极性。

5.培养相互信任

曾供职于谷歌公司的李开复表示："相信谷歌的员工会比较快乐，因为谷歌的文化是信任、放权，由下而上的管理，产品决策权在工程师手中。而当一位工程师可以从头到尾主导一项产品，均会将其视为自己的"baby"，会比较有主人翁意识。"

对于一个企业来说，创业者是群龙之首，创业者的品质素质直接关系到企业文化和企业的灵魂精髓；创业团队则是整个企业的栋梁，团队的好坏决定了企业的兴衰成败，没有绝对优秀的个人，只有绝对优秀的团队。大学生创业更要重视创业者的素质和创业团队的建设。

三、创业必备的资源

一般而言，资源是指一切可被开发利用的客观对象，是人类生存、发展和享受有价值的一切要素的总和，也是一切财富的源泉。资源可分为两类：一类是自然资源，如土地、森林和矿藏等；另一半是社会资源，如人才、资金、技术和信息等。

资源是创业活动不可或缺的要素，是创业成功必须依赖的"资本"。对每个创业者来说，在创业过程中资源缺乏是一种普遍现象。解决资源缺乏的根本途径是不断积累和持续开发。创业者必须下功夫开发的创业资源有以下五类。

（一）经验——创业的心灵资本

在通常意义上，经验是指人们亲自经历有关事情后获得的体验。经验不同于知识的地方就在于它属于亲力亲为的认识范畴。经验直接来自实践，所以能够指导实践。在大多数人的印象中，我国南方人比较会做生意。实际上，富有长期在生意场上的实践经验是南方人商业智慧的源泉。南方市场氛围浓厚，青年人从小就在家里做生意，或者给别人打工，时机一旦成熟就自己去创业。在重视积累和利用成功创业经验方面，温州人颇具代表。对于没有经验而打算创业的大学生来说，首要任务是通过学习与实践去取得间接的创业经验和积累直接的创业经验。

大学生创业获取经验的途径有以下五点：

（1）校内资源。通过课堂学习能拥有过硬的专业知识，在创业过程中将受益无穷；大学图书馆通常能找到创业指导方面的报刊和图书，广泛阅读能增加对创业市场的认识；大学社团活动能锻炼各种综合能力，这是创业者积累经验必不可少的实践过程。

（2）媒体资讯。一是纸质媒体，人才类、经济类媒体是首要选择，例如比较专业的《21世纪人才报》《21世纪经济报道》《IT经理世界》；二是网络媒体，管理类、人才类、专业创业类网站是必要选择，例如中国营销传播网、中华英才网、中华创业网、人才中国网、校导网等。此外，从各地创业中心、创新服务中心、大学生科技园、留学生创业园、科技信息中心、知名民营企业网站等都可以学到创业知识。

（3）与人交流。商业活动无处不在，可以在自己生活的周围找有创业经验的亲朋好友交流。在他们那里，可以得到最直接的创业技巧与经验，有的时候这比看书本的收获更多。甚至还可以通过电子邮件和电话拜访崇拜的商界人士，或咨询与自己的创业项目有密切联系的商业团体，以谦逊的态度总能得到他们的支持。

（4）曲线创业。先就业再创业是时下很多学生的选择。毕业后，由于自己各方面阅历和经验都不够，能够到实体单位锻炼几年，积累一定的知识和经验再创业也不迟。先就业再创业的学生跳槽后，所从事的创业项目通常也是过去密切接触过的工作。而在准备创业的过程中，你可以利用与专业人士交流的机会获得更多的来自市场的创业知识。

（5）创业实践。真正的创业实践开始于创业意识萌发之时。大学生的创业实践是学习创业知识的最好途径。间接的创业实践学习主要可借助学校举办的某些课程的角色性、情景性模拟参与来完成。例如积极参加校内外举办的各类大学生创业大赛、工业设计大赛等，对知名企业家成长经历、知名企业经营案例开展系统研究等也属于间接学习范畴。直接的创业实践主要可以在课余时间来完成，例如在大学校园各学生宿舍做饮水机清洗消毒、送水等有偿服务；尝试假期在外的兼职打工、试办公司、试申请专利、试办著作权登记、试办商标申请等；也可通过举办创意项目活动、创建电子商务网站、谋划书刊出版事宜等方式。

通过以上有效途径，对自己已经具备的工作、学习、生活和社交等方面的经验进行认真盘点和梳理，分析总结出自身经验结构中的优势和欠缺之处。

（二）人脉——创业的社会资本

人脉就是一个人的人际关系资源的总和。人脉是一种"无形的社会资源"，是创业必备的"社会资本"。对创业者来说，人脉就是最大的财富资本。很多成功的商界人士都深深意识到人脉资源对自己事业成功的重要性。美国钢铁大王卡耐基经过长期研究得出结论说："专业知识在一个人的成功中占

15%，而其余的 85% 取决于人际关系。"潘石屹指出，成功的人并不是他的个人能力多强，而是他吸引人才的能力有多强。由此可见，积累和经营人脉对于创业成功的重要性。开发人脉资源不但要对自己的人脉网络进行规划，了解拓展人脉的途径和人脉的经营原则，还要不断提高自己的人际交往能力。

在制定人脉规划时，要注意以下几点：第一，人脉资源的结构要科学合理。比如性别结构、年龄结构、行业结构、学历与知识素养结构、高低层次结构、内外结构、现在和未来的结构等。第二，人脉资源要平衡物质和精神方面的需要，并重视心智方面的需要。创业者的人脉关系中，既有真性情的朋友和善于倾听的伙伴，还应该有一些专家、学者、教授等。第三，注意人脉的深度、广度和关联度。要善于利用朋友的朋友或他人的介绍去拓展资源，从长远考虑，需要关注成长性和延伸空间。

1. 人脉拓展途径

一般来说，人脉资源的拓展途径主要包括：通过熟人介绍来扩展自己的人脉链条；多参加一些社交活动，结交新朋友；多参加一些社团活动，扩展自己的人脉网络；多参加培训学习班，结识志同道合的朋友；利用网络扩大自己的朋友圈。

2. 遵循人脉开发规律

开发人脉的过程和效果虽然会因人而异，但仍是有规律可循的。最重要的就是要在交往中遵循诚信、友善、分享和互惠互利的原则。

总之，创业者应当广结善缘，不断增强自身实力，培养人格魅力，要对帮助过自己的人充满感恩之心，并知恩图报，这样才能实现人脉资源的良性循环。

（三）技术——创业的知识资本

技术资源包括关键技术、制造流程、作业系统、专用生产设备等。通常，技术资源包含三个层次：一是根据自然科学和生产实践经验而发展成的各种工艺流程、加工方法、劳动技能和诀窍等；二是将这些流程、方法、技能和诀窍等付诸实施的相关的生产工具和其他物资设备；三是使用现代劳动分工和生产规模等要求的对生产系统中所有资源进行有效组织和管理的知识、经验和方法。

对打算创业的人来说，很有必要客观评估一下自己创业的技术预备程度。创业实践表明，具有一定专业技术能力的人，虽然在本行业创业具有一定的优势，但如果要成为有作为的创业家，就需要努力学习创业的必备知识，积累核心能力，需要实现从关注产品到关注市场、从专业人到领导人、从单方面思考问题到综合思考问题的角色转变。开发创业技术的一般途径包括以下四点：

（1）在行业工作实践过程中，综合岗位、业务、项目和工程等，采取体验、交流、考察等方式进行综合提高；

（2）有针对性地参加脱产、业余、在职、远程等行业性或工商类学历教育、学位教育或专题研修报告；

（3）有针对性地参加创业教育课程或专题创业培训；

（4）有针对性地选择特定科目进行自学和探索。

用智力换资本，这是大学生创业的特色之路。一些风险投资家往往就因为看中大学生所掌握的先进技术，而愿意对其创业计划进行资助。因此，打算在高科技领域创业的大学生，一定要注意技术创新，开发具有自已独立知识产权的产品，吸引投资商。

（四）资金——创业的物质资本

资金是指可使用的金融资源的总和，是企业正常运行的血液和命脉。任何企业的生产经营活动都需要资金的支撑。对于新创企业来说，在企业的销售活动能够产生现金流之前，企业需要技术研发，需要为购买和生产存货支付资金，需要进行广告宣传，需要支付员工薪酬，还可能需要对员工进行培训；另外，要实现规模经济效益，企业需要持续地进行资本投资；加上产品或服务的开发周期一般比较长，就使得创业企业在生命早期需要筹集大量资金。一项调查显示，有四成大学生认为"资金是创业的最大困难"。的确，巧妇难为无米之炊，没有资金，再好的创意也难以转化为现实的生产力。因此，资金是大学生创业要翻越的一座山，大学生要拓展思路，多渠道融资。

（五）商机——创业的信息资本

商机是指市场需求变化所提供的有价值的营利机会，这是创业的信息资本。如果把创业比作赤壁之战，那么商机就是东风。没有东风的赤壁之战，结果难以估计。从本质上讲，创业就是寻找或创造市场需求，并通过投资经营企业以满足这种需求的商业活动过程。能否发现和把握创业机会，在很大程度上直接影响创业成败。创业机会存在于任何时候和任何地方。但如果创业者缺乏创业眼光和能力，就很难发现和识别创业机会，更难以把握创业机会。因此，识别和把握创业机会是准备创业者必须具备的能力。

怎样识别商机呢？经研究，商机有以下四个特征：

（1）商机有潜在的营利可能性。客观需要创业者根据一定的知识、技术、经验对它进行评价和识别。

（2）商机具有流动性和区域性。流动性是指商机可能随着时间和条件的变化向其他地区转移；区域性是指不同的区域有着不同的商机。

（3）商机必须通过生产经营才可以实现。创业者是否具备生产经营的条件，是否能够及时生产出产品，或通过经营提供出市场需求的服务，关系着机会的实现。

（4）商机的市场价值具有多层次性，创业者能够通过分析、鉴别并根据实际需要，进一步开发其丰富的价值，甚至可以一定程度上引导需求、创造商机。

四、创业的类型

按照新企业建立的渠道，可将创业分为独立创业、母体脱离和企业内创业。

（一）独立创业

独立创业是指创业者个人或创业团队白手起家进行独立的创业。独立创业成功的例子不胜枚举，许多赫赫有名的企业家都是白手起家发展起来的。

独立创业的生涯充满挑战和刺激。创业者的想象力可以得到最大限度的发挥，不会受到单位中官僚主义的压制和摧残；创业者可以自由地施展才能和实现抱负；可以接触各类人物，从事各种工作，可以在短时间内获得大量财富，实现更多需求。

独立创业的难度和风险较大。因为创业者往往缺乏足够的资源和经验，需要在成功与失败的实践中积累来自各方面的支持。独立创业的风险是多方面的。首先，创业者可能发现自己开办企业并不如想象得那么容易和顺利，创业者必须每日为企业的产品寻找出路来维持企业生存，否则很快就会被市场淘汰。其次，小企业比较脆弱，当市场竞争变得激烈时，小企业首当其冲受到冲击，企业员工纷纷流失，企业时刻面临被兼并的危险。

（二）母体脱离

母体脱离是指公司内部的管理者从母公司中脱离出来新成立一个独立企业的创业活动。母体脱离的创业者拥有创业所需的专业知识经验和关系网络，可以生产与原公司相近的产品或提供类似的服务。母体脱离不是个别的现象，其原因可能是创业者与原管理层不和从而分离出来，或者是创业者发现了商业机会但未得到原管理层重视或认同。

进入障碍小的非新兴行业也容易发生母体脱离。例如餐饮业中手艺较好的厨师离开老板自己创业；咨询业中优秀的咨询专家积累了丰富的经验和客户后"另起炉灶"等都是十分普遍的现象。

母体脱离的成功与否与创业者的筹集资金和组建团队的能力密切相关。寻求资金支持是母体脱离的创业者面临的最大挑战之一，因为离开资金支持，创业者难以起步和展开，创业者必须在筹集资金以及运用资金方面具有创造力。并且，母体脱离的创业者往往只是某一方面的专家，最常见的是技术专家或营销高手，他们欠缺其他方面的管理技能，这就需要组建一个高效的创业团队来各尽其职各显其能地进行创业活动。团队成员往往来自以前共事的同一个企业，基于以前建立的友谊，成员间存在对商业机会的共识或对原组织的不满。

（三）企业内创业

企业内创业即在大企业内创业。现在的大企业已经不是创业热潮中的旁观者和被动的应对者，甚至是一些知名的大公司也在积极地寻找和追逐新的有潜力的创意和商业机会，这就是内部创业者要完成的工作。

📖 拓展阅读

脚踏实地才能走近梦想

戴春榕，西安建筑科技大学华清学院2014级冶金工程系冶金工程1401班学生，2016届华清跆拳道协会会长，苍狼跆拳道馆创始人。

2014年，戴春榕考上了西安建筑科技大学华清学院，从在学校宣传片里看到华清跆拳道协会简介和训练照片的那刻起，便激起了他对学习跆拳道的兴趣。开学伊始，他主动找到了社团负责人，积极投入跆拳道的学习和训练中。他的努力换得佳绩无数，这使他不再满足于学校里的训练和比赛，而是在训练比赛之余开始在教育机构担任跆拳道教练，并利用暑假时间，联合华清学院和友好学校英国伯明翰大学举办了中英跆拳道交流会，累积了大量跆拳道馆运营和管理的宝贵经验。

2016年7月，为了给社团训练提供更加安全的训练设施和环境，戴春榕满怀对跆拳道项目的热爱，萌发了自主创业、开办跆拳道馆的念头。一个念头想要成真，其过程远比戴春榕预想的要难得多。起初，戴春榕希望能够通过大学生创业贷款来解决资金压力，但是他深入了解之后发现由于自己当时还没有毕业，所以并不符合大学生创业贷款的条件，在万般无奈之际，他硬着头皮开始向亲友们寻求帮助。为了完成他的创业梦想，他一度把手机通讯录里面所有有可能借钱支持他的人的电话都打了一遍。原以为电话打了，想法说清楚了，事情就会解决掉，但事实上，同年龄段的朋友和自己差不多都是学生，帮不上忙，而原以为最可能帮助自己的亲戚们在听到自己的创业想法之后，不仅没有伸出援手，反而误解他不务正业……"一个学生好好学习就好了，不要分心去搞其他的事情！"当这样的话他在听过无数遍之后，困难和压力成为他心中过不去的坎，那个时候，他常常凌晨三四点还在床上睡不着觉，几乎就要放弃了。

梦想是努力和坚持的最大原动力。终于，经过近半年的策划和奔走，他的信念和执着终于赢得了部分亲友的认可，资金问题最终得到了解决，而他心心念念的跆拳道馆也终于在2016年12月正式开业。第一道坎过去了，戴春榕还没来得及松一口气，招生的难题又向他袭来，最开始的一个班仅招募到一名学员，还是免费试听课的。

经过前期创业准备的磨砺，戴春榕越挫越勇，他认真分析道馆经营实际，一方面带领教练团队走出道馆做更有针对性的推广宣传，另一方面认真带好每一位试听课学员的课程，课上做好教学安排、提升学员兴趣、保证授课质量，课后还积极与家长反馈了解学生训练情况。就这样，道馆开业一个月后，终于有人登记办理了年卡，戴春榕和教练团队的努力也开始得到了更多学生和家长的认可，家长们甚至自愿地帮助他联系会员，就是这样的口碑宣传，使得道馆的学员人数逐渐增加，渐渐地打开了周边市场。截至目前，戴春榕的跆拳道馆已经拥有了一百余位学员。

现在，除了跆拳道，为了更好地发展儿童体能教育，他和他的团队正在筹建西安北郊最大的儿童体适能训练中心。创业路上，戴春榕始终脚踏实地，一步一个脚印，因为他相信：梦想在前方，从来都不是可望而不可即，一个值得回忆的青春时代必须要靠自己的努力才能成就！

第八章　创业实践

第一节　创业准备

　　创业是一种具有显著创新性、创意性和创造性的行为，涉及社会、经济、政治、法律、文化等各个方面。创业不易，成功创业更不容易。创业之所以会取得成功，在于一系列有利因素有机结合；创业之所以会失败，则可能只是由于某一个不利因素。简言之，创业往往是"成于一万，败于万一"。无数创业者成败的经验表明，准备不足必然会导致创业失败。知识匮乏、能力不足和资源缺乏是阻碍创业成功的三大陷阱，做足创业准备的基本要求就是掌握创业必备知识、培养创业必备能力、发掘创业必备资源。

　　一切创业都是在特定行业从事特定产品或服务的经营活动。因此，在创业之前，创业者首先必须掌握拟涉足行业和拟经营产品或服务相关的专业知识。

一、拟涉足行业的相关知识

　　所谓行业，一般是指按生产同类产品或具有相同工艺过程或提供同类劳动服务计划的经济活动类别，如饮食行业、服装行业、机械行业等。创业者在了解一般行业知识的基础上，应重点了解拟涉足行业的相关知识。至少包括以下几个方面：①该行业在整个国民经济和产业链中的地位与作用；②该行业的组织结构和竞争态势；③该行业所处的发展阶段和发展趋势；④该行业的市场需求容量和可持续发展潜力；⑤该行业的专门工艺、技术和知识；⑥该行业的职业资质要求、进入门槛和相关法规。

二、拟经营产品的相关知识

　　所谓产品，一般是指市场上任何可以让人注意、获取、使用或能够满足某种消费需求和欲望的东西。产品通常被分为四个基本大类：服务类无形产品，如医疗、运输、咨询、金融贸易、旅游、教育等；软件类无形产品，如计算机程序、字典、信息记录等；硬件类有形产品，如建筑物、电器、机械零部件等；流程性材料类有形产品，如润滑油、布匹、矿产、燃料等。创业者在了解一般产品知识的基础上，应重点了解拟涉及产品的相关知识。至少包括以下几个方面：①该类产品的核心价值、产品形式和附加利益等；②该类产品的整体设计，含基本功能设计、形式设计和销售技术服务设计等；③该类产品的生命周期和替代品构成状况；④该类产品的价格、销售渠道、促销等基本营销策略；⑤该类产品新品开发的资源条件、程序和具体要求；⑥该类产品的质量、监督和消费者权益保护等有关法律法规。

第二节　创业流程

从创业项目的选择到企业的运营管理，这是一个完整的创业流程。在这一流程中包括项目选择、调查研究、编撰创业计划、筹集资金、财务管理、流程管理等多个环节。这里要特别强调的是，创业过程中，一支强有力的团队很重要，以下创业流程必须在拥有一支强有力的创业团队的前提下进行。

一、项目选择

产业发展存在客观规律，有朝阳产业和夕阳产业之分。中国产业结构的优化升级带来了创业新机会，但要注意避免入错行。选择合适的项目是创业的起点，要掌握发现创业机会的基本途径和甄别创业项目的要领。常见的创业模式主要包括创办新企业、收购现有企业、特许经营、经销或代理、内部创业等。中小企业有一系列营利模式，大学生要根据自己的实际情况谨慎选择。

创业项目是发现和利用创业机会的具体形式或实施载体。对绝大多数创业者来说，在选择项目时，应注意以下甄别要领：

①小型项目比大型项目好；②轻工业比重工业好；③食品项目比一般用品项目好；④女性需求项目比男性需求项目好；⑤儿童需求的项目比成人需求的项目好；⑥专业经营的项目比综合经营的项目好；⑦参与品牌特许的项目比普通的项目好。

二、确定创业模式

创业模式是指企业在较长的时间内维持经营，并不断收获利润的规律性方法。创业模式可以被借鉴，但一般不可以照搬。因为创业模式需要创业者根据自己的实际情况加以改造，改造目标是为了获取利润。因此，创业模式在一定意义上也就是营利模式。营利的方法千差万别，但也存在一些共同规律。适合大学生创业的创业模式有以下几种。

（一）创办新企业

创办新企业是最典型的创业模式，是指创业者通过实施自己的创业计划来创建一家新的企业。创办新企业与其他创业模式相比，存在较大的难度和风险，但创业者从中获得的成就感也是其他创业模式无法比拟的。

创办新企业一般面临最大的问题是缺乏资金，大学生创业者可采取俗称"借鸡生蛋"的方式开始创业，如租赁经营、质押贷款、信用赊账、租赁融资等形式。

（二）特许经营

特许经营又称加盟创业，是指特许者将自己所拥有的商标、商号、产品、专利（专有）技术和经营模式等以合同的形式授予被特许者使用，被特许者按合同规定，在特许者统一的业务模式下从事经营活动，并向特许经营者支付相应费用的一种营销模式。

（三）经销或代理

经销创业指的是创业者从其他企业买进产品再转手卖出，其关注的只是价差，而不是实际的价格。代理创业和经销创业截然不同。代理是"代企业打理生意"的意思，不是买断企业的产品，再由厂家给额度的一种经营行为，货物的所有权属于厂家，代理商一般只赚取企业代理佣金或代理折扣。

三、调查研究

调查研究就是通过邀请潜在客户和竞争者回答问题来获取有用信息，同时必须预测风险，还要考虑针对不同风险的反映来制定对策。

（一）了解客户和竞争对手

（1）通过市场调查了解可能的客户群体，了解他们的数量、文化层次、消费水平及消费需求等。

（2）通过市场调查了解自己的竞争对手。通过当面接触、电话访问、电子邮件等形式了解同类型企业的经营方式及存在的不足，在此基础上从技术和经济角度对所选项目进行评估、测算。

（二）了解产品或服务的特点

创业者必须搞清楚产品和服务的特点，并认识到为什么这些特点对目标顾客具有吸引力，与同类产品或服务相比有什么区别。

（三）预测销售

预测销售是调查研究阶段最重要和最困难的部分。收入来自销售，没有好的销售就不可能有利润。多数人往往过高地评估自己的销售额，因此在预测销售时不应过分乐观，应保守一点，留有余地。

四、撰写创业计划

创业计划，又称为商业计划，是引领创业的纲领性文件，是创业者的具体行动指南。一方面，创业计划让创业者自己明晰创业思路；另一方面，创业计划使投资者明白该项目的投资价值。

创业计划本质上是一种创业介绍或投资申请。一份优秀的创业计划不仅能够吸引投资者的眼球，更能有效地指导企业经营，帮助创业者厘清企业未来的发展思路。因此，在具体的创业实践中，创业者不能轻视创业计划的价值和作用。

创业计划的内容一般围绕企业概述、商业模式、竞争能力、市场调查、财务状况、风险评估、利益评估等制订。

五、筹集资金

资金是创业的经济保障，没有资金，再好的创意也难以转化为现实的生产力。大学生创业者，由于经济积累周期短，自身没有更多的资金，创业所需的资金多数来自各方的筹集。大学生筹集资金的方式除了银行贷款、自筹资金、民间借贷等传统途径外，还可充分利用风险投资、天使投资、创业基金等融资渠道。

（一）向家人朋友自筹资金

向家人朋友自筹资金，是部分大学生创业者的主要选择之一。根据麦可思对2016、2017届大学毕业生的培养质量跟踪评价数据显示，2017届本科毕业生自主创业的资金主要依靠父母/亲友投资或借贷和个人积蓄的占76%。

（二）申请小额创业贷款

为创业者提供小额创业担保贷款是国家鼓励创业的主要政策之一。针对大学毕业生自主创业,除了国家的扶持政策,各地也有一些相关的扶持优惠政策,以鼓励高校毕业生自主创业。对创业感兴趣或有创业政策方面的需要的话,可以去当地就业网关注最新优惠扶持信息。

(三)中国青年创业国际计划

中国青年创业国际计划的英文名称是"Youth Business China",简称YBC。中国青年创业国际计划是由共青团中央、中华全国青年联合会、中华全国工商业联合会共同倡导发起的一个旨在帮助青年创业教育项目。该项目通过接受社会捐赠和资助,建立青年创业专项基金,为符合条件的青年创业者提供无息资金和"一对一"导师辅导等公益服务。

(四)参加创业比赛

参加创业比赛对大学生创业者来说是一个挑战,参与是一个学习与收获的过程,还有获得奖金的机会,一般创业大赛的创业培训资金非常丰厚。目前很多大学生都将参加创业大赛当作挑战自我的机会和创业实战的平台,创业大赛吸引了很多大学生的参与。西安建筑科技大学华清学院2006级材料与科学工程专业学生丁一凡,2009年在共青团团市委、西安市创业办、西安市工商联、西安市科技局、西安市劳动和社会保障局等十余家政府部门主办的西安首届青年创业大赛中获得季军,获得50万元的创业意向基金。他利用这50万元创办了西安久城德润商贸有限公司,担任总经理,并加盟广汉市恒润化工有限责任公司,担任西安办事处总经理。

(五)风险投资

风险投资是一种权益资本,而不是借贷资本。对创业者来说,风险投资是一种昂贵的资金来源。风险投资家既是投资者又是经营者。风险投资家在向风险企业投资后,便加入企业的经营管理。也就是说,风险投资家为风险企业提供的不仅仅是资金,更重要的是专业特长和管理经验。然而,风险投资终将从企业退出,他们的目的不是占有企业,而是在这个过程中找到他们的利益。随着创业市场的建立和国内外风险投资力度的加大,一部分富于冒险精神的大学生和风险投资商已经先行一步。他们有的已经尝到了成功的喜悦,有的还在困难中摸索。然而,前者的成功为大学生对自身价值的追求给予了极大的鼓舞和动力,我们有理由相信大学生创业和风险投资会继续创造新时代的奇迹。

六、运营管理

新企业在创办成功后,大学生创业者要做好战略管理,注重企业文化建设;加强人力资源管理,突出营销管理。要清醒地认识创业风险管理,进行事前、事中、事后防范,特别要预防商业欺诈。此外,初创企业还要进行必要的公共关系管理。

七、大学生创业的方向与项目推荐

(一)高科技领域

身处高新科技前沿阵地的大学生,在这一领域创业有着"近水楼台先得月"的优势,易得方舟、视美乐等大学生创业企业的前期成功,就是得益于创业者的技术优势。但并非所有大学生都适合在高科技领域创业。一般来说,技术功底深厚、学科成绩优秀的大学生才有成功的把握。有意在这一领域创业的大学生,可积极参加各类创业大赛,获得脱颖而出的机会,同时吸引风险投资。

推荐商机：电子商务、软件开发、网页制作、网络服务、手机游戏开发等。

（二）智力服务领域

智力是大学生创业的资本，在智力服务领域创业，大学生应该可以游刃有余。例如，家教领域就非常适合大学生创业。一方面，这是大学生勤工俭学的传统渠道，大学生积累了丰富的经验；另一方面，大学生能够充分利用高校的教育资源，更容易赚到"第一桶金"。此类智力服务创业项目成本较低，一张桌子、一部电话就可开业。

推荐商机：家教、设计工作室、翻译事务所等。

（三）连锁加盟领域

有调查资料显示，在相同的经营领域，个人创业的成功率低于20%。对创业资源十分有限的大学生来说，借助连锁加盟的品牌、技术、营销、设备优势，可以以较少的投资、较低的门槛实现自主创业。但连锁加盟并非零风险。在市场鱼龙混杂的现状下，大学生涉世不深，在选择加盟项目时更应注意规避风险。一般来说，大学生创业者资金实力较弱，适合选择启动资金不多、人手配备要求不高的加盟项目，从小本经营开始为宜；此外，最好选择运营时间5年以上、拥有10家以上加盟店的成熟品牌。

推荐商机：快餐业、家政服务、校园小型超市、数码速印站等。

（四）开店

大学生开店，一方面可充分利用高校的学生顾客资源；另一方面，由于熟悉同龄人消费习惯，因此入门较为容易。正由于走学生路线，因此才要靠价廉物美来吸引顾客。此外，由于大学生资金有限，不可能选择热闹地段的店面，因此推广工作尤为重要，需要经常在校园里张贴广告或和社团联办活动，才能广为人知。

推荐商机：高校内部或周边地区餐厅、冷饮店、水果店、咖啡屋、美发屋、文具店、书店等。

（五）技术创业

大学生毕业后，在学校学习的课程很难应用到实际工作中。毕业后学习一门技术，可以让大学生很快融入社会。有一技之长进可开店创业，退可打工积累资本。好酒不怕巷子深，所以有一技之长的大学生在开店创业的时候，可以避开热闹地段节省大量门面租金，把更多的创业资金用到经验活动中去。

推荐商机：照相馆、养殖、种植有机蔬菜、裁缝店、修车等。

第三节　创业误区及创业风险

一、大学生创业误区

大学生创业需要怎样的准备？一味借鉴企业家的成功经历，并不能解决实践中的所有问题。除了脚踏实地、艰苦奋斗，创业成功没有共同的规律。当前，初出校门创业的大学生在创业初期往往存在以下共同的误区。

（一）眼高手低

比尔·盖茨的神话使IT业、高科技行业成为大学生的创业金矿，以至于不少学生不屑于从事服务业或技术含量较低的行业。其实，高科技创业项目往往需要一大笔启动资金，创业风险和压力都非常大，大学生如果自身经验和能力认识不足，对创业的期望值过高，很容易失败。因此，大学生创业不妨放好心态，深刻了解市场和自己，然后从小做起，从实际做起，第一步走稳了再走第二步。

（二）纸上谈兵

缺乏经验是目前大学生创业中普遍存在的问题，不少大学生创业者不习惯对其产品或项目做市场调查，只进行理想化的推断，例如"如果有3亿人需要我们的产品，每年销售100元，我们就有300亿元的销售市场"，这种推断方法是站不住脚的，而且常常起误导作用。大学生在创业初期一定要做好市场调研，一些可行性研究也可委托专业机构进行，在了解市场的基础上创业才能长久。

（三）单打独斗

在强调团队合作的今天，创业者想靠单打独斗获得成功的概率已大大降低。团队精神已成为不可或缺的创业素质，风险投资商在投资时更看重有合作能力的创业团队。如大学生一般都有个性，自信心较强，在创业中常常自以为是、刚愎自用，这些都影响创业的成功率。因此，对打算创业的大学生来说，强强合作，取长补短，要比单枪匹马更容易积聚创业实力。

二、创业风险

由于创业环境的不确定性、创业项目与创业企业的复杂性，创业者的能力与实力的局限性，创业活动很可能偏离预期目标出现创业风险。分析大学生创业的现状，大学生创业的风险分析如下：

（一）项目选择盲目

大学生创业时如果只是凭自己的兴趣和想象来决定投资方向，甚至仅凭一时心血来潮做决定，从而缺乏前期市场调研和论证，那么成功的可能性一定很低。创业需要理智而不是冲动，需要冷静而不是狂热。因此，对大学生来说，对创业要持十分谨慎的态度。如果对创业所需要的各种条件考虑不周，对创业的前景不甚了解，就马上投入资金和人力、物力，成立自己的公司或者企业，那么将面临很大的市场风险。因此，对创业的决策要科学，要深思熟虑，盲目决定创业将会埋下风险隐患。盲目创业是大学生创业的通病，所以大学生创业者在创业初期一定要将市场调研做扎实，在充分了解市场的基础上进行创业。

（二）缺乏创业技能

创业技能缺乏是很多大学生创业者的共同点，往往当创业计划书中的内容转化为实际操作时，才发现自己根本不具备解决问题的能力。作为创业者既不了解创业的相关政策法规，也没有在相关企业的工作、实践经历，缺乏创业必备的知识技能，也缺乏必需的能力和经验，却对创业的期望值非常高。这样的创业无异于纸上谈兵，所以创业时切忌空谈，要脚踏实地一点一点把事情做好。

（三）融资渠道单一

融资渠道是创业成功与否的关键，如果没有广阔的融资渠道，创业计划只能是一纸空谈。资金难筹几乎是每一个大学生创业者都会遇到的难题，缺乏资金，巧妇难为无米之炊。企业创办后，就必须考虑是否有足够的资金支持企业的日常运作。当代大学生创业由于自身能力及人脉的限制，融资渠道十分有限。所以，创业者应充分了解市场，扩展融资渠道。除了银行贷款、自筹资金、民间借贷等传统方式外，还可以充分利用风险投资、创业基金等融资渠道。

（四）社会资源贫乏

创业本身是一个复杂的系统工程，市场不会因为创业者是学生就网开一面。在单纯的校园环境中成长起来的大学生，由于长期身处校园，掌握的社会资源非常有限，而企业创建、市场开拓、产品推介等工作都需要调动社会资源，所以在面对社会和市场时，大学生在这方面会感到非常吃力，比有社会经验的人更容易迷失和迷茫。这也是大学生创业的劣势之一。所以大学生平时应多参加各种社会实践活动，扩大自己人际交往的范围。创业前，可以先到相关行业领域工作一段时间，通过这种平台，为自己日后的创业积累人脉，或者可以借助父母、亲属的人脉为自己搭桥。

（五）管理过于随意

一些大学生创业者虽然技术出类拔萃，但理财、营销、沟通、管理方面的能力普遍不足，无法凝聚人心，造成创业的失败。所以要想创业成功，大学生创业者必须技术、经营两手抓，可从合伙创业、家庭创业或从虚拟店铺开始，锻炼创业能力，也可以聘用职业经理人负责企业的日常运作。

三、大学生如何规避创业风险

（一）谨慎选择创业项目，避免盲目跟风从众

由于自身能力的限制，大学生往往并不了解市场的需求，大多是凭自己的兴趣和想象来决定投资方向。目前，大学生选择的创业项目多集中在高科技领域和智力服务领域，如软件开发、网络服务、设计工作室等。此外，快餐、零售等连锁加盟店也是大学生青睐的创业项目。这表明大学生在选择创业项目方面出现了明显的扎堆趋势。作为一名大学生创业者，选择一个既有市场需求又符合自己特点的创业项目是重中之重。一般来说，大学生创业者既要客观地分析自身的创业条件，更要冷静地分析创业环境，立足技术项目，尽量选择技术含量高、自主知识产权明确的项目，并在技术创新的基础上做好产品市场化工作。切忌盲目跟风，一定要选择自己最熟悉、最擅长、最有经验、资源最丰富的行业来做。

（二）合理组建创业团队，避免单打独斗和随意搭伙现象

再出色的创业计划也会具有可复制性，但是整个团队是难以复制的，因此那些具有良好合作能力的团队相比那些异想天开的单干者往往会更受到投资者的青睐。团队合作对于创业是否成功至关重要，志同道合的搭档会是你事业成功的无价之宝。因此，组建创业团队时要考虑专业互补、能力互补、性格互补，这样组建的团队才有战斗力，要避免随意搭伙的现象。

（三）积极参与创业竞争，杜绝急功近利心态

创业是一个由小到大、由不成熟到成熟、由弱到强的过程。在这个过程中，创业者要积极参与竞争，逆境中要坚韧，顺境中要冷静。作为一名大学生创业者，不要惧怕同其他创业者竞争，必须做好与风险做斗争的思想准备。创业的过程中还要积极克服急躁情绪，端正心态，采取稳扎稳打、步步为营、

积小胜为大胜的策略。创业者时刻切记，任何浮躁和急功近利的举动都是有害无益的，甚至会前功尽弃。

（四）提升心理素质与抗打击能力

大学生创业者开始创业，需要有一个好心态，对自己有信心，相信自己终能成功。创业是一份极具挑战自信心的工作，只有不断相信自己，才能不断把不可能变为可能。如果在创业过程中，创业者出现了不自信的心理状况，那创业项目会受到阻碍，解决问题的能力也会受到影响；另外，创业者遇到困难需要冷静，不能随意急躁，造成创业机会的浪费。实际上，在创业过程中遇到难题是很正常的现象，创业者应摆正自己对困难的态度，遇事沉稳冷静。在冷静下来之后，还要善于思考解决困难。还有一点，创业者要能吃苦，不怕吃苦，要注意摆脱多疑的情绪。多疑是团队的毒药，它容易产生悲观心理，造成团队人心涣散、工作执行力和效率下降。

拓展阅读

杨少涵与罗贝传媒设计工作室

（西安建筑科技大学华清学院 艺术学院环境设计 1501 班 杨少涵）

2015年，微博自媒体蓬勃而出，初入大学的杨少涵对这一切都有着浓厚的兴趣。有人说，梦想的开始往往是一件事促成的。一次偶然的机会，系里要组织一台晚会，爱表达的他想做一次大胆的尝试，尝试历年都未曾出现在这个舞台上的一种特别的表演形式——舞台剧。就这样，《霸王别姬》剧组诞生了。第一年晚会，他们没有能上台，这让他有些小失落。但他没有放弃，终于在第二年，他带着自己的作品成功登上建筑与艺术系的晚会。台上怒吼的他与台下温文尔雅的他完全是两个人，舞台剧释放了他的野性，也让他更加不满足于现状。

2016年，他开始了网络配音生涯，参与了有声漫画《竹枝曲》《涅槃山纪事》《潜龙勿用》《俊男坊》《温水煮青蛙》等系列配音制作。

可是，这些还不够。坐在教室的他，陷入了迷茫，不知道他的前路该如何走……

一个难得的机会让他有幸参与了一次西安交通广播电台的节目录制，在跟同行伙伴沟通节目时，他突然灵感乍现，决心一定要做一件让自己为之全力奋斗的事情。就这样，在2017年，不满足现状的杨少涵，集合了几位与他志同道合的年轻人，创建了罗贝传媒设计工作室。当问到罗贝工作室得名的缘由时，杨少涵回忆：其实工作室的名字真的是不经意间诞生的。大冬天一群人在一个70平方米的房间里，开始了关于工作室名称的思考。有人提议说不如叫粉红豹工作室，或者叫原谅工作室大家都笑成了一片，直到引发群里的"表情包"出现——一只兔子拿着一个萝卜配着可爱的文字"戳洗泥"，都没有讨论出一个合适的名字。这时，还是杨少涵自己提议："不如，我们就叫罗贝吧！罗是包罗万象的意思，贝在古代是指金钱与财富。"就这样，一群年轻人凭着最开始的"为了挣一点零花钱"的初心踏上了创业之路，"罗贝"这个既庸俗又大气的名字也就是从那时起，陪伴他们展开了逐梦的画卷。

工作室成立之后，每个人都充满着激情与热情，毕竟找到一件值得为之付出青春的事情不容易。当然，他们深知青春也需要物质的支撑，所以他们拼命努力，不肯放过每一个机会。终于，他们接到了第一个大单子——华山国道汇报方案视频。方案展示中，杨少涵凭借工作室精湛的剪辑制作视频作品技术以及他富有磁性的讲解，最终取得了第一次的成功。就这样，更多的客户通过他们的第一个视频，开始了与罗贝的后续合作：介休历史古城汇报视频、圣苑年会制作、城南科艺小镇、飞天艺术学院宣传片……

然而，困惑在不久之后再次来袭。杨少涵开始思考只是这样给客户做出一件又一件的汇报视频，是不是真的是他和同伴想要展示和发挥的自我。成功的道路总是伴有曲折的攀爬。杨少涵和同伴们通过罗贝工作室最初的工作磨炼，最终开始了自己扛起摄像机拍摄录制视频的尝试。2017年，罗贝第一次出品的《罗贝街拍之前任攻略》毁誉参半。在扛着摄像机听了太多人的故事之后，他们梳理出了自己的创作思路，他们决定拍出属于自己的故事。就这样，《遗失的美好》系列视频开始了。第一部拍摄的对象就是杨少涵的爷爷——一个非物质文化遗产传承人的故事，作品的名字叫作《娃娃哨》。

后来，杨少涵越拍越有心得，越制作越脑洞大开、思路大展。终于他们有了自己的代表作——《光怪陆离》系列。2018年，杨少涵自编自导网络小剧场《就从明天开始吧》，讲述了当代年轻人的惰性，也讲述了最初的自己。网络小剧场取得成功之后，他曾这样说道："如果当时的我，没有踏出第一步，就不会有今天。想到什么就去做什么吧，不要有那么多的顾虑，这才是真正的年轻人！"现在的他，始终坚持一边思考一边前行，最近更是慢慢开始转型，去西班牙拍摄了第一期的vlog……

有人问他，创业的意义是什么，他说："人生的路很长，我们只是年轻朋友中先踏出步子的代表，我们也许会拥有成功，也许会伴随失败，但是我们不能停止前进。因为创意永远不会被时代淘汰，创业就是将创意变为现实的最勇敢的尝试"。

第四篇　求职指导

第九章　大学生就业形势、就业制度及政策

第一节　就业形势及前景展望

由于教育的快速发展，我国初步实现了从人口大国向人力资源大国转变的目标。但随着国际、国内经济环境的变化，就业供大于求矛盾逐渐凸显，大学生就业的环境并不乐观，全国城镇就业供大于求的局面短期内难以根本改变，高校毕业生就业的结构性矛盾突出，毕业生就业期望与现实就业岗位之间的差距依然较大，面对就业形势的根本性变化，党和国家高度重视，相继出台了一系列新政策，大学生就业进入了一个新的阶段。

一、大学生就业形势

（一）毕业生人数逐年上升

我国自 1999 年开始实行大学生扩招，到 2009 年大学毕业生人数达到 600 万以上，并且逐年增长，2024 届高校毕业生规模预计 1179 万人，同比增加 21 万人，见图 9-1。从数据可以看出，虽然全国高校毕业生增长率在逐年减缓，但是毕业人数每年依旧在持续增长。随着高校扩招的实施以及就业市场的不确定性，从突破新高的毕业生规模来看，2024 年就业形势依旧不容乐观。大学生在就业市场中不再稀缺，甚至呈现严重的供过于求的状况，这种情况进一步导致了大学就业难问题越来越显著。

单位：万人

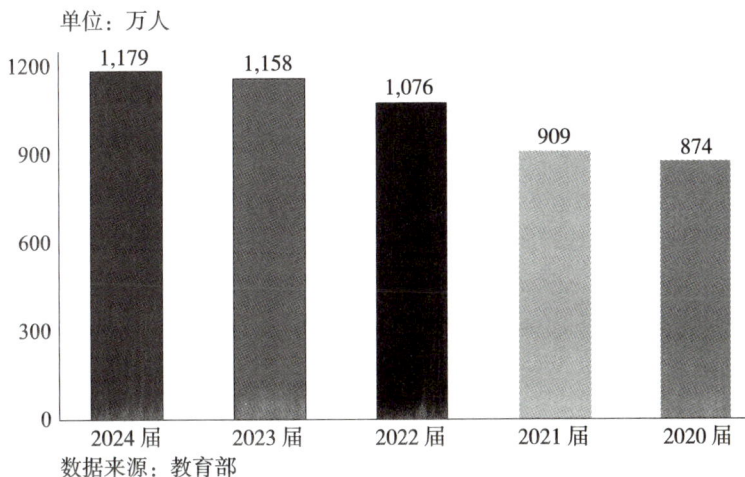

数据来源：教育部

图 9-1　全国普通高校毕业生规模（预计）

（二）存在结构性供过于求的现象

我国已经成为世界重要的经济体，市场对人才的需求是比较旺盛的，目前我国专业技术人才供不应求。但是由于我国经济结构调整和区域经济结构、职场、经验准入要求等市场需求因素发生的变化与大学生适应这一变化所需的知识结构、专业素质、职场经验、就业观念、信息占有、高校分布和专业人数分布不匹配，引发了职位空缺和失业并存现象。传统行业出现大量下岗失业人员，新兴产业、行业和技术性职业所需要的高素质的劳动者却供不应求。所以，出现大学生就业困难的局面并不是大学生太多了，而是结构性过剩，也就是劳动力供求结构不一致，导致大学生结构性失业，如专业设置和社会需求不相适应、学生素质和社会需求不相适应、大学生就业观念滞后、区域结构性矛盾等。

（三）社会需求不平衡

虽然近几年社会对大学毕业生的需求总量有所上升，但仍然存在着学科专业、学历层次、区域、用人单位及性别之间需求的不平衡。①学科专业之间。随着高新技术的迅猛发展和国家对基础设施投资的不断加大，计算机、通信、电子、土建、机械、自动化及农业等技能类专业毕业生需求旺盛，而文史哲学类专业毕业生社会需求则相对较少。②学历之间。目前我国中高层次的人才相对短缺，社会对高层次的复合型、开拓型和应用型人才需求日益迫切，呈现对人才结构的需求层次重心上移的趋势。③地区之间。东部沿海地区、经济发达地区及一些中心城市对大学生需求旺盛，中西部地区的需求有所增加，而一些边远地区及经济相对落后的地

区需求仍然不足。④用人单位之间。公有制单位对大学生吸纳能力明显下降，三资企业、民营企业及高新技术产业的需求数量大大增加，非公有制经济单位已成为目前大学生就业的主渠道。⑤性别之间。由于部分用人单位只录用男生不接收女生，从而使男女生就业机会呈不均等状态。

（四）企业招聘门槛更高

用人单位提高对毕业生的素质要求是大学生就业市场成为买方市场的必然结果。当大学生这种劳动力资源成为一种非稀缺资源时，为了使企业招到真正的人才，招聘者必然从一个更宽泛的范围，通过多种形式去挑选最适合的高素质的大学生人才。他们不仅注重个人综合素质，而且其毕业学校和学历层次也成为必要的指标；不仅注重个人自荐过程和面试成绩，而且注重考察其在校期间的综合表现；不仅注重个人胜任应聘职位必备的专业素养，而且也非常注重胜任该职位与之相关能力的高低；有些单位甚至把工作经验累积作为录用的标准和要求。总之，用人单位接收大学毕业生已从"数量型"转为"质量型"，他们选择人才更加注重的是品德、素质和能力。

二、影响就业的主要因素

在新的就业制度下，虽然大学生求职择业自主性不断增强，但由于受诸多主客观因素的影响，目前我国高校毕业生就业竞争激烈，整体就业形势依然十分严峻。

（一）不利因素

1.大学生的就业观念与就业形势不适应

随着我国改革开放的不断深入，就业形势也在不断发生变化。大学生就业体制和

干部人事制度的改革，打破了"铁饭碗"和"大锅饭"，人才流动和再就业已成为社会普遍现象。住房分配、公费医疗、社会保障等有关制度的发展和完善，使得在公有制单位就业与在非公有制单位就业的差别日益缩小；高科技的迅猛发展和第三产业的多样化，使就业形势也在发生着深刻的变化。然而，与此形势不相适应的是大学生就业观念的滞后。相当一部分学生及家长，仍停留在传统的精英教育阶段的就业观念上。他们认为上了大学就理应有一个待遇丰厚、环境优良的固定工作，有的认为大学毕业生就应该"一次就业定终身"，有的甚至认为只有在党政机关、事业单位和国有企业上班才算就业，等等。大学生传统的就业观念不能适应高等教育"大众化"的要求，既给大学生就业带来了困难，也制约了大学生在就业中的正确选择，使大学生在职业选择上背离了人职匹配的发展理念。

2. 大学生的择业目标与市场需求严重错位

大学生的就业期望值与现实需要的矛盾仍然是造成大学生就业难的主要原因。一方面，大学毕业生普遍感到"找不到理想的单位"，另一方面许多基层一线用人单位急需人才却难以招到"合适的"员工。这就反映出大学生求高薪、求舒适、求名气的心态仍然普遍存在，总希望到大城市、大机关、大公司、大企业等工作，甚至希望就业的单位名气大、条件好、待遇高、环境美、离家近。然而，现实中最需要大学毕业生的恰恰是那些边远地区、中小城市、艰苦行业的基层一线中小型单位，这些地区和单位人才奇缺，渴望能招录到大学毕业生，但年年要人却招不到，即使招到了也容易流失。这样也

造成了大学毕业生为一个较优越的职位竞争激烈，从而使不少毕业生错过了择业良机，也导致了大学生"无业可就"和"有业不就"并存的矛盾日益凸显。

3. 大学生知识能力与应聘职位要求符合度不高

大学毕业生现有及潜在的知识能力能否胜任所应聘职位及今后职业发展要求，往往是用人单位在选录人才时首要考虑的重要内容。在现实中，大学毕业生在求职择业时往往不能满足职业胜任的要求，究其原因，固然与高校人才培养有关，但更重要的还是大学生自身原因。部分大学生在校期间未能提早确立职业发展方向，没有明确学业、职业和人生的目标，要么未做职业生涯发展规划，要么做了规划却未真正付诸行动，导致自身知识能力培养缺乏针对性、目的性和方向性，是造成上述问题产生的关键所在。

4. 大学生择业不仅看重"硬福利"，更看重"软福利"

最近几年经常有"史上最难就业季""史上更难就业季"等各式各样的报道，其实，大学生就业压力没有传说的那么大。高校毕业生就业绝不是"无业可就"的问题，其深层问题早已从就业数量转移到提高就业质量上来。找到一份工作谋生绝不是什么难事，难的是找到一份世俗标准或个人追寻的"好工作"以实现安身立命。在智联招聘发布的《2018年大学生求职指南》中，"应届毕业生选择'实现个人价值'的数量，达到了选择'挣钱'的近两倍。新生代大学生在就业选择问题上相对独立、更加自我，尤其看重是否有符合自己兴趣的成长空间和发展前景；不仅仅重视"硬福利"，还特别重视弹性工作时间、学习培训机会、

带薪休假等"软福利"。

5.大学生出现"慢就业"现象

在最近几年大学生就业形势不容乐观的总体环境下，出现了一个特定的族群——"慢就业族"，或读书深造，或四处游历，或参与支教，或选择间隔年就业，或选择做义工，或凭借一技之长选择开网店、网络直播、新媒体运营、摄影师等自由职业。目前这种"慢就业"的趋势正在逐步扩大。在 2017 年 7 月 28 日召开的人力资源和社会保障部新闻发布会上，新闻发言人表示，"已经观察到部分高校毕业生放缓了求职就业的步伐"。"慢就业"是新生代大学生逐渐展现出来的一个新的就业特点，随着社会经济的发展、人均收入水平不断提高，职业生涯有了更多可能，父母对孩子的选择意愿也更加尊重，"毕业马上就业"的观念在逐渐改变。

（二）有利因素

1.党和国家对大学生就业高度重视

2018 年 5 月在北京召开的全国普通高等学校毕业生就业创业工作电视电话会议上，中共中央政治局常委、国务院总理李克强作出重要批示。批示指出：促进高校毕业生就业创业，关系基本民生，也是加快创新型国家建设的重要支撑。

党和国家领导人多次做出重要批示，要求各级党委、政府全力做好大学生就业创业工作，并多次在有关会议上强调做好大学生就业工作的重要性。同时根据不同的就业形势，国家每年都出台了相应的就业政策和措施，为引导、协调、安置毕业生就业提供了有力保障，各级党委和政府，因势利导，拓宽就业渠道，最大限度地保障大学生优先就业。社会对大学生就业也愈显关注，相对于其他群体，大学生享受到的就业关注和政策

支持，在某种意义上堪称"超级待遇"。

2.各省市人才政策红利释放

近年来，部分二、三线城市纷纷推出力度空前的人才吸引政策，掀起"抢人大战"，给高校毕业生送上了一份"大礼包"，毕业后选择留在当地求职的应届毕业生数量持续增加。例如，2018 年 1 月 10 日，西安市委、市政府出台了《百万大学生留西安就业创业 5 年行动计划》，力争通过实施这一计划，实现"5 年留百万大学生"的目标，让大学生成为大西安建设的生力军。据央视报道，在西安交通大学双选会上，大连、杭州、天津、沈阳等近 10 个二、三线城市的人力资源与社会保障部门带队组团参会，用住房、补贴、科研扶持等一系列优惠政策招揽人才。这让高校毕业生在去向上有了更多选择，促进了人才的自由流动，激发出人才红利，为毕业就业提供了良好的平台和保障。

3.高等学校不断深化以就业为导向的高等教育改革

近年来，教育部坚持和完善毕业生就业情况公布制度，并提出高校年度招生计划与毕业生就业率适度挂钩。要求高等学校认真落实毕业生就业工作在学校的"一把手工程"，要求高等学校以就业为导向，深化教育教学改革，适应社会发展需要。落实科学发展观，适当控制招生增长幅度，相对稳定招生规模，深化教育改革，提高教学质量。要求高校在专业结构调整时，既要考虑面向全国，又要考虑区域经济发展特殊的、局部性的需求，同时还要分析当前的长短线、冷与热，要用超前的眼光和意识预测中长期人才需求的趋势，力求做到专业设置的前瞻性。要求高等学校要积极开展市场调研和毕业生就业跟踪调查，优化学科专业结构，把就业、

创业理念引入教学环节，大力加强实践教学，增强大学生就业意识和创业意识，切实提高大学生的就业创业能力。

4. 大学生就业市场逐渐走向规范化和多样化

随着国家对大学生就业工作的日益重视，大学生就业市场越来越规范有序，以政府为主导、学校为基础的大学生就业市场正在逐渐形成，并走向多样化。高校大学生就业信息服务体系的不断完善，就业服务信息化水平的不断提升，大大降低了毕业生的求职成本，就业信息的网上发布，就业指导的网上进行，就业单位的网上招聘，这些都是大学生就业市场信息化、网络化的重要表现。大学生就业市场的规范化和多样化，为大学生就业提供了更优质的条件和保障。

三、就业前景及展望

（一）未来就业市场发展趋势

随着我国改革开放的深入和社会主义市场经济的不断完善，以及大学生就业市场的进一步发展，今后几年大学生就业市场呈现以下发展趋势。

1. 中小企业和非公有制单位将是大学生就业的主要渠道

我国中小企业占企业总数的99%以上，吸纳了75%以上的就业人员。随着我国市场经济的不断完善和发展，中小企业发展十分迅速，与国有大型企业相比，中小企业更渴望人才，更欢迎大学毕业生的加盟。在麦可思研究院发布的《2018年中国大学生就业报告》中，大学毕业生在民营企业就业的比例从2013届的54%上升为2017届的60%。与此同时，在国有企业就业的比例从2013届的22%下降到2017届的18%，在中外合资/外资独资企业就业的比例从2013届的11%下降

到2017届的7%。这些变化反映出外企、国企招聘放缓对大学生就业产生了影响，民营企业对大学生就业的支撑重要性已凸显出来。谁先去占领，谁就会拥有主动权，谁就会拥有更多的发展机遇。这就要求大学生积极转变就业观念，不要将目光仅仅局限在大公司、大企业上，要适应形势发展，投身到充满生机活力的中小企业和非公有制企业中去。

2. 第三产业将是大学生就业的重要选择

当前我国正处于工业化和信息化并行的阶段，第一、第二、第三产业的结构正在加速调整，今后第三产业将会快速增长，第三产业的就业容量和就业弹性较大，所以第三产业将是今后大学生就业的不错选择。

3. 社区、农村、基层为大学生就业开辟了新渠道

目前，政府相继出台了一系列鼓励措施和帮助毕业生面向基层就业的项目，努力探索政府开发基层公共服务岗位的新机制。通过认真做好"三支一扶计划""西部计划""农村义务教育阶段学校特设岗位计划"等项目的组织实施，积极引导和鼓励毕业生到农村、基层就业。

4. 通过实施小城镇建设和城市社区建设战略，加快劳动力的开发利用

在实施小城镇建设和城市社区建设过程中，需要大量的专业技术人才，国家将通过进一步深化改革，包括人事制度改革、工资制度改革，吸引更多的大学生投身到小城镇建设和城市社区建设中去。

5. 国家将继续加大对中西部地区的开发和东北老工业基地建设的投入

为缓解就业压力，目前中央对中西部和东北地区已经出台了或正在出台一系列优惠

政策吸引人才，同时中西部和东北地区也都制定了一系列吸引毕业生的优惠政策，这些都将对大学生的就业去向产生重大影响。

6. 实行灵活的就业形式

长期以来，大学生普遍认为只有找到稳定工作才算就业，这种观念还是计划经济的思维模式，这种观念已不能适应社会主义市场经济的需要。事实上，采取非全日制的、临时性的、阶段性的弹性工作已经成为现代人就业的一种形式。

7. 宏观调控将进一步加强

通过市场机制实现毕业生的最佳配置是大势所趋，但要实现人才的合理流向控制，还离不开宏观调控手段，尤其是在向关系国计民生的国有骨干企业、重点教学科研单位，以及国防、军工和边远、艰苦地区输送优秀人才方面，国家将会加强以市场为导向的宏观调控力度，积极引导、吸引毕业生到这些地区和单位就业。

（二）未来各专业就业前景

实践证明，没有永远的热门专业，也没有永远的冷门专业。当今世界，科技发展迅速，国际化程度越来越高，就业市场风云变幻，没有人能准确断定三五年后什么专业是热还是冷。在解读《国家中长期科学和技术发展规划纲要（2006—2020年）》《中华人民共和国国民经济和社会发展第十四个五年规划和2035年远景目标纲要》等资料的基础上，教育专家们试图对未来几年各专业的就业前景做出预判：我国今后几年内急需人才主要有八大类——以电子技术、生物工程、航天技术、海洋利用、新能源、新材料为代表的高新技术人才，信息技术人才，机电一体化专业技术人才，农业科技人才，环境保护技术人才，生物工程研究与开发人才，国际贸易人才，律师人才。

根据智联招聘和麦可思研究的数据（见表9-1、表9-2），我们可以详细了解各专业以及各行业的就业前景。

表9-1 2018年冬季求职期需求最多的十大行业

排名	行业
1	互联网/电子商务
2	教育/培训/院校
3	房地产/建筑/建材/工程
4	计算机软件
5	专业服务/咨询（财会、法律、人力资源等）
6	基金/证券/期货/投资
7	医药/生物工程
8	IT服务（系统/数据/维护）
9	快速消费品（食品/饮料/烟酒/日化）
10	贸易/进出口

表 9-2 麦可思 2018 届就业率较高的主要本科专业（前 20 位）

排 名	本科专业名称	毕业半年后就业率（%）
1	软件工程	96.8
2	能源与动力工程	96.8
3	工程管理	95.8
4	数字媒体技术	95.7
5	预防医学	95.5
6	物流工程	95.4
7	机械电子工程	95.3
8	电气工程及其自动化	95.3
9	康复治疗学	95.2
10	信息管理与信息系统	95.2
11	车辆工程	95.0
12	交通运输	95.0
13	护理学	95.0
14	市场营销	94.9
15	物流管理	94.9
16	医学影像学	94.7
17	信息安全	94.6
18	数字媒体艺术	94.6
19	小学教育	94.5
20	通信工程	94.5

根据麦可思数据显示，本科方面软件工程专业和能源与动力工程专业就业率最高，均为 96.8%，其后是工程管理专业。软件工程专业是培养适应计算机应用学科的发展，特别是软件产业的发展，具备计算机软件的基础理论、基本知识和基本技能，具有用软件工程的思想、方法和技术来分析、设计和实现计算机软件系统的能力，毕业后能在 IT 行业、科研机构、企事业中从事计算机应用

软件系统的开发和研制的高级软件工程技术人才。信息技术产业蓬勃发展，对相关专业毕业生的需求量也较大，这促使了相关专业就业率较高。

能源与动力工程专业主要培养能源转换与利用和热力环境保护领域具有扎实的理论基础，较强的实践、适应和创新能力，较高的道德素质和文化素质的高级人才，以满足社会对该能源动力学科领域的科研、设计、

教学、工程技术、经营管理等各方面的人才需求。目前，我国正大力发展新能源，对人才的需求明显，使相关专业更易就业。

（三）未来就业市场的新机遇

随着国家发展的大布局，特别是"一带一路"、京津冀一体化等相关项目的深入实施，当前实体经济正在回暖，不少实体企业在为未来的发展储备人才，对人才吸引力巨大，招聘的岗位人数纷纷增加的同时也出现了许多新的就业机遇。

1. 绿色发展机遇

所谓绿色发展是指建立在生态环境容量和资源承载力的约束条件下，将环境保护作为可持续发展重要支柱的一种新型发展模式，主要涉及节能减排和污染物治理等行业。

2. 新动能机遇

中国经济正在进行新旧动能的转换，亟待培养新的动能。要发展"新经济"就要培育新动能，促进中国经济转型。"新经济"不仅仅是指"互联网+"、物联网、云计算、电子商务等新兴产业和业态，也包括工业制造当中的智能制造、大规模的定制化生产等。大学生相比其他劳动者所具有的学历层次高、学习能力强、领悟力强等特点，也使得大学生在这些新兴产业面前有更多更好的就业机会。

3. 健康服务机遇

近年来，随着人民生活水平的提高，对健康水平和生活质量提出了越来越高的要求。当前，我国老龄人口在不断地增长，健康服务产业面临着极大的需求。《国务院关于促进健康服务业发展的若干意见》界定的健康服务业产业包括：医疗服务、健康管理与促进、健康保险及相关服务，涉及了药品、医疗器械、保健食品、健身产品等支撑产业，预计 2020 年，健康产业的规模将达到 8 万亿元以上。

4. "一带一路"机遇

"一带一路"倡议为丝绸古道赋予了全新的内涵，也为大学生就业带来了全新的发展机遇。"一带"是指丝绸之路经济带，"一路"是指 21 世纪海上丝绸之路。"一带一路"不仅是一项促进我国与沿线国家经济合作、共同发展的国家战略决策，对国内就业形势也起到了极大的促进作用。

"一带一路"涉及的地域包括：新疆、陕西、甘肃、宁夏、青海、内蒙古等西北六省（区），黑龙江、吉林、辽宁等东北三省，广西、云南、西藏等西南三省，上海、福建、广东、浙江、海南等五省市，以及内陆城市重庆。"一带一路"为这些地区的区域经济发展带来了千载难逢的机遇。

随着国家创新驱动发展战略的深入实施，在制造业、互联网、电子通信、房地产建筑等多个领域，企业人才需求数量都比往年增加，对毕业生的需求旺盛，物联网、智能装备、新材料、新能源汽车等战略性新兴产业对毕业生的需求也呈上升趋势。

第二节　就业制度及政策

一、就业制度及政策概述

大学生就业制度及政策是国家就业制度及政策的一个重要组成部分，是大学生求职择业的前提和依据。了解大学生就业制度及政策的内涵和基本内容，对大学生面对现实、调整自我、树立正确的择业观念、提升择业基本素质、提高执行国家就业政策的自觉性有着十分重要的意义。

（一）就业制度

就业制度是指国家对人们合法取得就业岗位、维护就业行为的根本性规定，是国家根据不同时期社会人才、人力供需状况及社会经济、政治状况，为充分利用劳力、人才资源和实现供需平衡而确定的指导劳动就业工作的行为规范和工作标准体系。大学生就业制度是国家整体劳动人事制度的一个重要组成部分，其产生、发展、改革与经济体制的变化密切相关。

（二）就业政策

就业政策是指国家和各级地方政府及高等院校，为促进大学生就业工作而制定的基本原则、具体的实施程序、实施办法、权益和义务等方面的规定。就业政策主要包括了教育部及其他有关部委和各级地方政府、培养学校为大学生就业工作颁布的有关文件。

（三）就业制度及政策的主要作用

大学生就业实行的是中央和地方两级管理，以地方管理为主的工作体制。国家制定的就业政策是针对全国毕业生就业工作进行的宏观调控，它虽然会随着时间的推移而不断调整变化，但在相当长的一段时间内，国家的就业政策具有较高的稳定性。大学生就业制度及政策的主要作用如下：

（1）导向作用。可以引导毕业生走正确的择业道路，少走弯路，提高就业成功率。

（2）保护作用。它将成为毕业生就业中的保护伞，维护毕业生的合法权益，保证就业的公正性。

（3）规范作用。毕业生就业涉及用人单位、毕业生本人及所在学校三方，通过就业制度及就业政策约束各方在毕业生就业工作中的行为，明确各方的权利、义务及法律责任，更好地推进就业工作。

二、就业制度的演进

（一）计划经济时期的"统包统分"阶段（新中国成立后到 20 世纪 80 年代初）

1950 年，新中国刚诞生就面临着第一届高校毕业生的就业工作。出于经济建设和机构建设的需要，6 月 22 日政务院发出了《为有计划地合理分配全国公私立高等学校今年暑期毕业生工作的通令》，从华东、中南、西南三大区抽调部分毕业生支援东北地区，从华北地区抽调部分毕业生充实党政机关。1952 年，政务院又发布《关于 1952 年暑期全国高校毕业生统筹分配工作的指示》，进一步指出"高等学校毕业生的工作由政府分配，这是完全符合我国的实际情况的发展与需要的。"这一指示的发布，把我国"统包统分"的高校毕业生就业制度基本确定下来，直到改革开放初。当时的基本方针是"统筹安排、集中使用、保证重点、照顾一般"。

（二）计划指导下的"双向选择"阶段（20世纪80年代初到90年代初）

改革开放后，在党和政府的领导下，农村全面推行家庭联产承包责任制，城市实行企业经营承包责任制与股份制改革，打破了计划经济时期单一的公有制形式，极大地调动了人民的生产积极性，经济规模的扩大带来了对人才需求的激增。企业对人才的渴求，迫切需要高校教育改革来适应市场经济形势的发展。1985年中共中央及时地颁布了《中共中央关于教育体制改革的决定》，指出对国家计划内的学生，其"毕业分配，实行在国家计划指导下，由本人选报志愿、学校推荐、用人单位择优录用的制度"。随后1989年出台的《关于高等学校毕业生分配制度的报告》，又明确提出了在过渡阶段实行以学校为主导向，社会推荐就业，毕业生和用人单位在一定范围内双向选择的办法。

（三）充分的"自主择业、双向选择"阶段（1992年十四大至今）

随着改革开放的逐步深入，多种经济形式得到认可与并存，三大产业的多元化发展，经济市场化程度越来越高，市场对人才的需求也日趋多元化。1992年党的十四大又做出了关于建立社会主义市场经济体制的决定，并将"建立社会主义市场经济"写入宪法。社会主义市场经济体制确立之后，行政、教育等各项体制的配套改革都被提上日程。1993年2月13日国务院颁布的《中国教育改革和发展纲要》明确规定：除对师范类学科和某些艰苦行业、边远地区的毕业生，实行在一定范围内定向就业外，大部分毕业生实行在国家方针、政策指导下，通过人才劳务市场自主择业的就业办法。1994年7月，国务院发布《关于〈中国教育改革与发展纲要〉的实施意见》，又进一步明确规定了招生和毕业生就业制度的改革措施，即高等学校逐步实行"并轨"招生，学生"缴费上学，毕业后自主择业"。

三、就业制度的内容

（一）统招毕业生的就业制度

按照教育部《关于做好1999年普通高等学校毕业生就业工作的通知》（教学〔1999〕2号）和人事部办公厅《关于做好1999年全国高等学校毕业生接收工作的通知》（人办发〔1999〕11号）文件规定，普通高校毕业生在国家就业方针、政策指导下就业。毕业生就业坚持"公开、公正、择优、自愿"的原则，其就业机制为"市场导向，政府调控，学校推荐，学生和用人单位双向选择"。毕业生通过供需见面会与双向选择落实就业单位的，毕业生就业主管部门负责派遣到接收单位；未落实就业单位的，派遣回生源所在市地，由当地毕业生就业主管部门和就业指导机构推荐或自行联系工作单位。各市、县、区要结合本地实际，通过举办毕业生就业洽谈会，积极帮助未就业毕业生落实工作单位。

（二）定向毕业生的就业制度

定向毕业生是指地区联合办学定向毕业生、贫困地区定向毕业生和行业定向毕业生。定向生在招生时就已经确定了就业去向，因此，定向生毕业原则上要到当年国家招生计划规定的定向地区或单位工作。定向生如遇家迁、升学、留校、参军或原定向单位破产等特殊情况时，可申请办理定向改派。申请办理定向改派的定向毕业生要出具下列相关材料：个人改派申请；关于上述某种情况的证明材料（户口迁移证明、录取通知书、破产证明等）；原定向地区（单位）的主管部门出具的退函；所到地区（单位）主管毕业生就业部门的意见；与新的接收单位签署的就业协议。将上述材料汇总报给学校就业指导中心，经学校初审后，报送省级高校毕业生就业指导中心审查批准，才允许改变就业去向。

（三）免费师范生的就业制度

免费师范毕业生一般回生源所在省份中小学校任教，并且可以申请免试读在职硕士。对违约的免费师范毕业生，应按照规定退还已享受的免费教育费用并缴纳违约金；已在职攻读教育硕士专业学位的，由培养学校取消学籍。省级教育行政部门负责本行政区域内免费师范毕业生的履约管理，建立诚信档案，公布违约记录，并记入人事档案，负责管理违约退还费用和违约金。

（四）结业生的就业制度

结业生是指没有拿到毕业证的学生。结业生由学校向用人单位一次性推荐或自荐就业，找到工作单位的，可以办理就业手续，但必须在报到证上注明"结业生"字样；在规定时间内无单位接收的，由学校将其档案、户口关系转至其家庭所在地，自谋职业。已被录用的结业生，在国家财政拨款单位就业的，其工资待遇按照国务院有关文件规定，比国家规定的普通高校毕业生工资标准低一级。结业生在一年内补考及格换发毕业证书者，国家承认其毕业资格，工资待遇从补发证书之日起按毕业生对待。

（五）肄业生的就业制度

大学肄业的学生由学校发给肄业证书，国家不负责其就业和办理就业手续，并将其档案和户口转回其生源所在地自谋职业。

四、就业政策的内容

大学生就业政策是随着我国高等教育的发展及劳动人事制度改革的深入而形成及不断变革的。从20世纪90年代末开始，我国的高等教育进入了跨越式发展的阶段，并很快由精英化迈入了大众化的时代。毕业生就业所面临的形势发生了根本性变化，大学生就业工作越来越受到党和国家的高度重视，许多新的政策及措施相继出台。

我国高等学校毕业生就业政策的内容主要包括就业总政策、具体政策和有关特殊政策三大部分。总政策主要是关于毕业生安置、使用的基本方针和原则。具体政策包括毕业生就业工作的程序、纪律和各项具体规定以及各地根据具体需要在不违背政策规定的前提下制定的地方性条例。有关特殊政策涉及支援国家重点建设、支边、病残学生的就业政策。这些政策是国家就业政策的重要组成部分，受国家政治、经济、人事等制度的影响。国家对大学生就业工作高度重视，国务院和相关部委制定和出台了一系列促进和保障高校毕业生就业政策，对缓解高校毕业生的就业压力起到了积极作用。

（一）大学生就业的主要政策

1. 毕业生报考国家公务员的政策

国家行政机关、其他国家机关和参照国家公务员制度管理的事业单位从高等学校应届毕业生中录用国家公务员，一律实行考试考核、择优录取的办法，被录用公务员的毕业生与组织、人事部门签订就业协议书，学校就业指导中心凭就业协议书将其纳入就业方案，并予以办理就业派遣手续。

2. 毕业生报考研究生的有关政策

报考研究生的毕业生在与用人单位签订就业协议前，原则上应向用人单位说明本人已参加或准备参加研究生考试，在征得用人单位同意后，可以在就业协议上注明"如果毕业生考取研究生，本协议无效"。如果用人单位不同意此项，那么毕业生原则上不应签署此协议，如果已经考取研究生的毕业生在初签协议时有意隐瞒考研情况，而本人又要求读研的，则按毕业生违约处理。毕业生离校前需要出具原签单位同意读研的退函。

3. 毕业生择业期限的政策

为了保证毕业生充分就业，国家政策规定毕业生的择业期限为两年，对未落实具体就业单位而派回生源地的毕业生，两年内找到就业单位的，就业主管部门仍为其办理有关就业手续。

4. 毕业生档案申请在学校保留的政策

按照国家有关规定，对毕业离校时仍未落实工作单位的毕业生，根据本人意愿，可向学校提出申请，在两年内继续将其户口和档案保留在学校所在地公安机关和学校确定的档案管理单位，两年内落实单位的毕业生，学校负责将其户籍和档案转到就业地，超过两年仍未落实就业单位的毕业生，由学校将其户籍和档案转回其入学前户籍所在地。

5. 离校未就业毕业生享受的服务和政策

按照《国务院办公厅关于做好2013年全国普通高等学校毕业生就业工作的通知》（国办发〔2013〕35号）和《人力资源和社会保障部关于实施离校未就业高校毕业生就业促进计划的通知》（人社部发〔2013〕41号）要求，为做好离校未就业高校毕业生就业工作，从2013年起实施离校未就业高校毕业生就业促进计划。

（1）地方各级人社部门所属公共就业人才服务机构和基层公共就业服务平台要面向所有离校未就业高校毕业生（包括户籍不在本地的高校毕业生）开放，办理求职登记或失业登记手续，发放就业创业证，摸清就业服务需求。其中，直辖市为非本地户籍高校毕业生办理失业登记办法按现行规定执行。

（2）对实名登记的所有未就业高校毕业生，各地都要提供更具针对性的职业指导。

（3）对有求职意愿的高校毕业生，各地要及时提供就业信息。

（4）对有创业意愿的高校毕业生，各地要纳入当地创业服务体系，提供政策咨询、项目开发、创业培训、融资服务、跟踪扶持等"一条龙"创业服务。

（5）各地要将零就业家庭、经济困难家庭、残疾等就业困难的未就业高校毕业生列为重点工作对象，提供"一对一"个性化就业帮扶，确保实现就业。

（6）对有就业见习意愿的高校毕业生，各地要及时纳入就业见习工作对象范围，确保能够随时参加。

（7）对有培训意愿的离校未就业高校毕业生，各地要结合其专业特点，组织参加职业培训和技能鉴定，按规定落实相关补贴政策。

（8）地方各级公共就业人才服务机构要为离校未就业高校毕业生免费提供档案托管、人事代理、社会保险办理和接续等一系列服务，简化服务流程，提高服务效率；有条件的地方可对到小微企业就业的离校未就业高校毕业生，提供免费的人事劳动保障代理服务。

（9）各地要加大人力资源市场监管力度，

严厉打击招聘过程中的欺诈行为，及时纠正性别歧视和其他各类就业歧视。加大劳动用工、缴纳社会保险费等方面的劳动保障监察力度，切实维护高校毕业生就业后的合法权益。

6. 其他情况毕业生政策

毕业前，学生突发疾病且不能坚持正常工作的，应回家休养。一年以内、半年以上治愈的，可随下一届毕业生就业；半年内治愈的，可到原就业单位就业；一年后仍未治愈或无用人单位接收的，户口关系和档案材料转至家庭所在地，按社会待业人员办理。毕业生报到后，接收单位对毕业生身体状况进行检查，单位在 3 个月内若发现毕业生身体条件不符合要求，不能坚持正常工作的，经县级以上医院检查确属在校期间的旧病复发，报主管部门批准，可将毕业生退回学校，如属新生疾病，按在职人员病假期间的有关规定处理，不得把上岗后发生疾病的毕业生退回学校。

申请自费出国不参加就业的毕业生，在毕业前提出申请的，学校不再负责其就业，派遣时未获准出境的，学校可将其户口、档案转到其家庭所在地。

（二）国家对大学毕业生提供的就业优惠政策

1. 鼓励高校毕业生到基层、到中西部地区就业

2016 年 11 月 1 日，习近平总书记在主持召开的中央全面深化改革领导小组第二十九次会议上发表重要讲话，会议指出：高校毕业生是国家宝贵的人才资源，基层是高校毕业生成长成才的重要平台。引导和鼓励高校毕业生到基层工作，要深入实施就业优先战略和人才强国战略，进一步创新体制

机制，完善政策措施，健全服务体系，畅通流动渠道，加快构建引导和鼓励高校毕业生下得去、留得住、干得好、流得动的长效机制。为鼓励高校毕业生到基层就业，国家相继出台政策。

对到农村基层和城市社区公益性岗位就业的，给予社会保险补贴和公益性岗位补贴；对到农村基层和城市社区其他社会管理和公共服务岗位就业的，给予薪酬或生活补贴；对到中西部地区和艰苦边远地区县以下农村基层单位就业并履行一定服务期限的，由政府补偿学费，代偿助学贷款；对有基层工作经历的，在研究生招录和事业单位选聘时优先录取；对参加"选聘高校毕业生到村任职"、"三支一扶"（支教、支农、支医和扶贫）、"大学生志愿服务西部计划"、"农村义务教育阶段学校教师特设岗位计划"等项目的，给予生活补贴，按规定参加社会保险；项目服务期满并考核合格的，报考硕士研究生初试总分加 10 分，高职（高专）学生可免试入读成人本科；今后相应的自然减员空岗全部聘用参加项目服务期满的高校毕业生。

2. 鼓励高校毕业生应征入伍服义务兵役

征集普通高等学校应届毕业生入伍，是适应新时期国防和军队现代化建设需要，进一步优化兵员结构，提高部队战斗力，加强基层指挥军官队伍建设，增强退役士兵就业能力的重要举措。我国现行的义务兵役制度服役年限是 2 年。自 2010 年起，全面实施网上预征报名，所有参加预征的高校毕业生必须上网登记报名。高校毕业生应征入伍服义务兵役，除享有优先报名应征、优先体检政审、优先审批定兵、优先安排使用"四个

优先"政策，家庭按规定享受军属待遇外，还享受优先选拔使用、学费补偿和国家助学贷款代偿、退役后考学升学优惠、就业服务等政策。

义务服兵役毕业生享受代偿政策：国家对应征入伍服义务兵役的高校学生，在入伍时对其在校期间缴纳的学费实行一次性补偿或获得的国家助学贷款实行代偿；应征入伍服义务兵役前正在高等学校就读的学生（含高校新生），服役期间按国家有关规定保留学籍或入学资格、退役后自愿复学或入学的，国家实行学费减免；学费补偿、国家助学贷款代偿和学费减免标准，本、专科学生每人每年最高不超过8000元，研究生每人每年最高不超过12000元；由中央财政提前下拨预算，保证国家资助金及时发放到位。

大学生士兵退役后享受的就学优惠政策有：

（1）高职（专科）学生入伍经历可作为毕业实习经历。

（2）退役大学生士兵入学或复学后免修军事技能训练，直接获得学分。

（3）设立"退役大学生士兵"专项硕士研究生招生计划。根据实际需求，每年安排一定数量专项计划，专门面向退役大学生士兵招生。在全国研究生招生总规模内单列下达，不得挪用。

（4）将高校在校生（含高校新生）服兵役情况纳入推免生遴选指标体系。鼓励开展推荐优秀应届本科毕业生免试攻读研究生工作的高校在制定本校推免生遴选办法时，结合本校具体情况，将在校期间服兵役情况纳入推免生遴选指标体系。在部队荣立二等功及以上的退役人员，符合研究生报名条件的

可免试（指初试）攻读硕士研究生。

（5）将考研加分范围扩大至高校在校生（含高校新生）。退役人员在继续实行普通高校应届毕业生退役后按规定享受加分政策的基础上，允许普通高校在校生（含高校新生）应征入伍服义务兵役退役，在完成本科学业后3年内参加全国硕士研究生招生考试，初试总分加10分，同等条件下优先录取。

（6）退役大学生士兵专升本实行招生计划单列。高职（专科）学生应征入伍服义务兵役退役，在完成高职学业后参加普通本科专升本考试，实行计划单列，录取比例在现行30%的基础上适度扩大，具体比例由各省份根据本地实际和报名情况确定。

（7）高校新生录取通知书中附寄应征入伍优惠政策。高校向新生寄送录取通知书时，附寄应征入伍宣传单，宣传单主要内容包括优惠政策概要、报名流程指南、学籍注册要求等。

（8）放宽退役大学生士兵复学转专业限制。大学生士兵退役后复学，经学校同意并履行相关程序后，可转入本校其他专业学习。

（9）具有高职（高专）学历的，退役后免试入读成人本科，或经过一定考核入读普通本科；荣立三等功以上奖励的，在完成高职（专科）学业后，免试入读普通本科。

（10）应征入伍的高校毕业生退役后报考政法干警招录培养体制改革试点招生时，教育考试笔试成绩总分加10分。

3.积极聘用优秀高校毕业生参与重大科研项目

高校毕业生在参与项目研究期间，享受劳务性费用和有关社会保险补助，户口、档

案可存放在项目单位所在地或入学前家庭所在地人才交流中心。聘用期满,根据需要可以续聘或到其他岗位就业,就业后工龄及参与项目研究期间的工作时间合并计算,社会保险缴费年限连续计算。

4. 鼓励和支持高校毕业生到中小企业就业或自主创业

对企业招用非本地户籍的普通高校专科以上毕业生,各地城市应取消落户限制(直辖市按有关规定执行);对到中小企业就业的高校毕业生提供档案管理、人事代理、社会保险办理和接续等方面的服务;从事个体经营符合条件的,免收行政事业性收费并享受国家相关扶持政策;登记失业并自主创业的,如自筹资金不足,可申请10万元担保贷款;对合伙经营和组织起来就业的,可按规定适当提高贷款额度;参加创业培训的,按规定给予职业培训补贴;灵活就业并符合规定的,可享受社会保险补贴政策。

5. 强化对困难家庭高校毕业生的就业援助

就业困难和零就业家庭的高校毕业生,享受公益性岗位安置、社会保险补贴、公益性岗位补贴等就业援助政策;机关、事业单位免收招聘报名费和体检费;高校可根据实际情况给予适当的求职补贴;对离校后未就业回到原籍的高校毕业生,由各地公共就业服务机构免费提供就业服务并组织就业见习和职业技能培训。

(三)国家对毕业生提供的基层就业项目

近年来,中央各有关部门主要组织实施了四个引导高校毕业生到基层就业的专门项目:①共青团中央、教育部等四个部门从2003年起组织实施的"大学生志愿服务西部计划";②中组部、教育部等八部门从2006年开始组织实施的"三支一扶"计划;③教育部等四部门从2006年开始组织实施的"农村义务教育阶段学校教师特设岗位计划";④中组部、教育部等四个部门从2008年起组织实施的"选聘高校毕业生到村任职工作"计划。为了使大学生能够深入了解国家提出的基层就业项目,下面对这些就业项目分别详细加以介绍。

1. 大学生志愿服务西部计划

大学生志愿服务西部计划是由共青团中央、教育部、财政部、人事部(现人力资源和社会保障部)于2003年共同组织实施的鼓励和引导高校毕业生面向西部基层就业创业的工作项目。主要目的是为了弘扬志愿精神,鼓励优秀青年投身西部大开发战略,为西部地区农村经济社会发展做贡献。

(1)生活保障。2019年大学生志愿服务西部计划的生活保障标准为:中央财政部按照西部地区每人每年3万元(南疆四地州、西藏每人每年4万元)、中部地区每人每年2.4万元的标准给予补助。地方财政统筹中央财政补助资金和自身财力,按月发放志愿者工作生活补贴,承担志愿者社会保险单位缴纳部分,为志愿者购买重大疾病、人身意外伤害等商业保险。各县级项目办及基层服务单位积极为志愿者提供交通、住宿和伙食等方面的便利。

(2)优惠政策。

①服务2年以上且考核合格的,服务期满后3年内报考硕士研究生的,初试总分加10分,同等条件下优先录取。

②参加西部计划项目前无工作经历的

志愿者服务期满且考核合格后2年内（研究生支教团志愿者自研究生毕业时开始计算），在参加机关事业单位考录（招聘）、各类企业吸纳就业、自主创业、落户、升学等方面可同等享受应届高校毕业生的相关政策。

③服务期满考核合格的，按规定符合相应条件的，可享受相应的学费补偿和助学贷款代偿政策。

④服务期满考核合格的，依实际服务年限计算服务期及工龄（参加工作时间按其到基层报到之日起算），并在服务证书和服务鉴定表中体现。

⑤服务期满1年且考核合格后，可按规定参加职称评定。

⑥出省服务的和在本省服务的志愿者享受同等优惠政策。

2."三支一扶"计划

2006年，为贯彻落实《中共中央办公厅、国务院办公厅关于引导和鼓励高校毕业生面向基层就业的意见》（中办发〔2005〕18号），中央组织部、人事部教育部、财政部、农业部、卫生部、国务院扶贫办、共青团中央决定，联合组织开展高校毕业生到农村基层从事支教、支农、支医和扶贫工作，简称"三支一扶"计划。支教计划是指到师资紧缺的基层义务教育学校从事支教服务；支农计划主要是到乡镇或农技服务部门从事支农服务；支医计划是到乡镇卫生院从事支医服务；扶贫计划到乡镇从事扶贫开发项目服务。

（1）经费保障。"三支一扶"计划服务期限一般为2～3年，工作期间给予一定的生活、交通补贴，统一办理人身意外伤害保险和住院医疗保险。上述费用及所需工作管理经费，由地方财政安排专项经费予以支付。

中央财政将通过不断加大转移支付力度予以支持。

（2）优惠政策。

①各级人事、教育、财政、农业、卫生、扶贫、团委等部门要积极制定优惠政策，鼓励服务期满的"三支一扶"大学生扎根基层。原服务单位有职位空缺需补充人员时，应优先考虑接收服务期满考核合格的"三支一扶"大学生。县、乡各类事业单位，有职位空缺需补充人员时，也应拿出一定职位专门吸纳这部分毕业生。服务期满自主创业的，可享受行政事业性收费减免、小额贷款担保和贴息等有关政策。应届毕业生自愿到国家需要的艰苦地区、艰苦行业基层工作，服务达到国家规定年限，并符合相应条件的，可享受国家助学贷款代偿政策，具体办法另行制定。

②服务期满考核合格的"三支一扶"大学生，报考党政机关公务员的，可以通过适当增加分数以及其他优惠政策，优先录用。到西部地区和艰苦边远地区服务2年以上，服务期满后3年内报考硕士研究生的，初试总分加10分，同等条件下优先录取。对已被录取为研究生的应届高校毕业生参加"三支一扶"项目的，学校应为其保留学籍。

③各级人事、教育、农业、卫生、扶贫等部门要制定切实有效措施，采取多种手段，充分挖掘本系统就业岗位，积极吸纳"三支一扶"大学生进入本系统工作。各级人事部门要为"三支一扶"大学生建立专门的人才库，广泛收集各类用人单位的岗位需求信息，动员各类用人单位接收"三支一扶"大学生，有针对性地提供就业指导和推荐，帮助其落实就业单位。

④服务期满考核合格的"三支一扶"大

学生，根据本人意愿可以回到原籍或到其他地区工作，凡落实了接收单位的，接收单位所在地区应准予落户。进入国有企事业单位的，由接收单位按照所任职务比照同等条件人员确定其职务工资标准；其服务期限，计算为工龄。在今后晋升中高级职称时，同等条件下优先评定。

3. 农村义务教育阶段学校教师特设岗位计划

2006 年，教育部、财政部、人事部、中央编办联合发布《关于实施农村义务教育阶段学校教师特设岗位计划的通知》，决定实施农村义务教育阶段学校特设岗位计划。通过公开招募高校毕业生到西部"两基"攻坚县以下农村义务教育阶段学校任教，引导和鼓励高校毕业生从事农村教育工作，逐步解决农村师资总是不足和结构不合理等问题，提高农村教师队伍的整体素质。

招聘条件：①符合招聘岗位要求，具有相应的教师资格证书；②以普通高校本科毕业生为主，鼓励本科师范专业毕业生应聘，特殊情况可适当招聘高等师范专科毕业生；③年龄不超过 30 周岁；④参加过"大学生志愿服务西部计划"、有从教经历的志愿者和参加过半年以上实习支教的师范院校毕业生同等条件下优先录取。

待遇及优惠政策如下：

3 年聘任期间：①执行国家统一的工资制度和标准。与当地正式老师享有同等待遇，绩效工资不足的部分由地方财政解决。②津贴由各地根据当地同等条件公办教师收入和中央补助水平综合确定。提供必要的交通补助、体检费。③按规定纳入当地社会保障体系，享受相应社会保障待遇，政府不安排商业保险。

3 年聘任期满后：①鼓励期满后继续从事农村教育事业。对愿意留在当地学校的，要负责落实工作岗位，工资发放纳入当地财政统发范围。②重新择业，各地要为其重新选择工作岗位提供条件和必要帮助。③可推荐免试攻读教育硕士。

4. 选聘高校毕业生到村任职工作计划

选聘高校毕业生到农村任职工作，是党中央做出的一项战略决策。

招募对象与条件：30 岁以下应届和往届的全日制普通高校专科以上学历的毕业生。重点是应届和毕业 1～2 年的本科生、研究生，原则上为中共党员（含预备党员），非中共党员的优秀团干部、优秀学生干部也可选聘。参加人力资源和社会保障部、团中央等部门组织的到农村基层服务的"三支一扶"计划、大学生志愿服务西部计划等活动期满的高校毕业生，本人自愿且具备选聘条件的，经组织推荐可作为选聘对象。对于各省（区、市）此前已经选聘到村任职的高校毕业生，本人自愿，通过组织考察推荐，可转为选聘对象。

经费保障：项目经费由中央和地方财政共同承担。比照当地乡镇从高校毕业生中新录用公务员试用期满后工资水平确定工作、生活补贴标准，在艰苦边远地区的，按规定发放艰苦边远地区津贴；参加社会养老保险；任职期间，办理医疗、人身意外伤害商业保险。

优惠政策：选聘工作期限一般为 2～3 年。工作期间县级组织人事部门与其签订聘任合同。工作期满后，经组织考核合格、本人自愿的，可继续聘任。不再续聘的，引导和鼓励其就业、创业。

第十章　求职准备

第一节　就业选择

大学生毕业之后，马上就要面临就业择业的选择。对即将走向社会的大学生来说，应该认识到，在踏入社会之前加强对就业心理、就业信息处理、就业能力提升、求职文案的编写等内容的学习是十分必要的，这是实现顺利就业的一个重要保证。在就业选择时，应处理好以下几方面的关系。

一、处理好个人成才与职业生涯规划的关系

首先，职业生涯规划有利于个人确定自己职业目标和努力方向。盲人骑瞎马，夜半临深池。没有目标的人生注定不会有成功的人生。首先，进行职业生涯规划可以有助于检视自身的兴趣爱好、自己的职业倾向，以便树立客观、科学的人生目标，一个人一旦有了目标也就有了前进的方向，就会为目标的实现投入精力和时间，不断努力去获取成功。其次，职业生涯规划有利于调动个人的积极性和主动性。进行职业生涯规划之后，就会明白自己想要什么，自己应该怎么做，从而积极主动汲取知识、锻炼能力。只要能够严格按照自己的职业生涯规划生活、学习，毕业之时就不会迷茫、困惑、无从选择，同时也会以更充分的就业准备迎接就业竞争。最后，职业生涯规划有助于激发个人潜能。尺有所短，寸有所长。每个人都有不同于其他人的优势所在。进行职业生涯规划之后，在努力的过程中我们会不断发现自身的优点，从而激发潜能，锻炼和强化这种优势，使之成为自己提升就业能力、增强就业竞争力的法宝。总之，合理的职业生涯规划能促进个人成才，个人能力的成长也能推进职业生涯规划的实现。

> ### 案例
>
> 李华，某师范大学中文系本科毕业，性格文静，有较强的中文写作能力，但不善于表达，不善于人际交往，在一所中学担任语文教师。在近两年的教学过程中，她发现自己并不适合做老师。她觉得自己虽具备相应的学历，但不具备老师应有的管理学生的能力。课堂上不能调动学生的积极性，所带班级成绩不理想，学校对她的工作表现不是很满意，她

自己也觉得很苦恼。她在思索很久后，最终决定辞去教师的工作，找了一份更适合自己的文案类相关工作。在新的工作中，她充分展现了自己擅长的写作能力，也因此得到了公司的器重，职位连续获得提升。

案例分析： 李华在最初就业中，就是缺乏对自己未来的职业发展进行合理的生涯规划。就像很多人所想的一样，都以为师范类毕业生做教师工作似乎是理所当然、顺理成章的事。然而现实中有太多例子表明，一个师范类毕业生并不一定就是一个称职的教师。因此，在从事教师工作中，她总感觉力不从心，每日因此而苦恼。个人缺乏对自己职业生涯的合理规划，一定程度上会抑制个人的能力提升，甚至影响身心健康。庆幸的是，李华在认识到自己不适合教师工作后，能够认真分析问题，并能给自己调整一个适合的职业发展方向。李华文笔好、文字能力强，在从事文案工作后，工作中得心顺手，连连得到提拔。由此可见，职业生涯规划的确立，能够促使个人确立正确的职业发展目标，促进个人成才。

其他案例请扫描二维码查看。

二、处理好个人就业能力与就业期望之间的关系

什么是就业能力呢？一般认为，大学生就业能力包括通用能力、个人素质、专业技能及求职技能。其中，通用能力包括适应环境的能力、组织管理能力、人际沟通能力、团队协作能力、外语和计算机运用能力等；个人素质包括时间管理、诚实、自信、责任心等，良好的职业道德、职业意识和职业精神等。这些是大学生成功就业应该具备的基本素质，也是用人单位挑选大学生的首要标准；专业技能是大学生经过严格的专业训练后，具备的将本学科、本专业的基本理论和方法运用到实践中去分析解决问题的能力；求职技能包括就业信息收集与处理、自我定位、机会分析与把握、自我决策与营销等方面的能力。

就业期望值是指理想的职位对自己物质、精神需求的满足程度，如工资收入、福利待遇、工作环境和条件，是否能受到同事的尊重和领导的器重，自己的能力和特长能否得以施展等。

把握就业能力与就业期望的关系，简单说来，就是正确理解"能干"与"想干"的关系。通过对自身就业能力、性格特征等进行切实的分析，总结自己"能干什么""适合干什么"，然后结合个人所期望的，也就是"想干的"，思索一下"能干"与"想干"是否平衡，最后理性地寻求更加合适的工作。

目前高校毕业生在进行职业选择时普遍存在就业期望值过高，或就业后能力、性格等方面无法适应岗位要求的现象。由于大学毕业生数量的快速增长，大学生的优势已经逐渐消失，然而尽管就业形势严峻，竞争非常激烈，但是大多数毕业生的就业期望值仍居高不下，对理想职业的选择要求局限在工作环境好、大城市、有发展前途、工资高、待遇好、工作稳定等外在条件，盲目攀比。在这种心理的作用下，大学生职业选择的面很窄，在职业决策过程中不能做出科学判断，直接增加了大学生求职择业的难度，这也严重影响了大学生的及时就业。因此，要合理分析自身的就业能力，通过分析自身的优势和劣势将"能干"与"想干"进行有机结合。

案例

2008届毕业生小王来自云南省罗平县，直到毕业当年3月份他还未落实工作单位。当时有人去参加国家医药管理局的供需见面会，顺便将他的应聘材料带去帮他落实单位。刚好罗平县有一家制药厂想聘用他，专业对口，又在家乡，然而他本人的择业意向却是：单位地点必须在昆明市，至于到昆明的什么单位、具体做什么工作都无关紧要，除此以外，什么单位都不考虑。在这种心态下，就业结果自然难以如愿。

案例分析：小王的思想在当前毕业生的求职择业过程中具有一定的代表性。不少毕业生过于向往经济发达地区，尤其是沿海地区的中心城市，最低的期望也是回自己家乡所在地的中心城市。他们只注重经济文化发达、工作环境优越的一面，而忽视了人才济济、人才相对过剩的一面，择业期望值居高不下，甚至还有逐年上升的趋势，从而导致主观愿望与现实需求之间的巨大落差。像小王这样过分看重单位所在地的毕业生不在少数。曾经有人对某届大学毕业生进行过抽样问卷调查，在衡量单位是否符合自己的标准时，有92%的毕业生要选择效益好、工资高的单位，超过85%的毕业生要求单位地处大中城市，愿意到急需人才的边远地区和艰苦行业的毕业生仅占2%。

其他案例请扫描二维码查看。

三、处理好短期就业与个人就业目标之间的关系

个人就业目标一般认为是职业规划的顶点或较高点，即梦想，极少有人能够通过初次就业实现个人最终就业目标，大多数人都是需要多次就业才能逐步完成个人就业目标。这是因为往往人们向往的就业组织，通常接受应届大学生的数量极为有限，反而是最不被大学生们看好的企业却存在着巨大的职位空缺。

处理好短期就业与个人就业目标之间的关系应坚持以下两个原则：

（1）先就业，再择业。改变"一步到位"的思想，树立灵活就业的新观念，走一条面对现实，降低起点，先融入社会，再寻求发展的道路。只要条件基本认可的用人单位接纳，就先工作，实现就业，走进社会。这对自己既是一份锻炼，也是一种适应社会的准备。工作一段时间后，有了一段就业和择业经历，各方面的经验和能力得到提高，具备了自信心和实力，时机和条件到来时，认为不合适，可以再重新选择职业。

（2）以就业，求积累。在就业目标不能通过一次就业实现时，就需要大学生快速调整就业意向，也就是短期就业，在确立好个人就业目标的前提下，通过短期就业不断向个人就业目标接近。采取迂回前进的发展路线，在先就业中不断积累，最终实现个人就业目标。

案例

小张毕业于北京某知名高校，他的理想就是立足北京，拥有北京户口，所以他的就业目标就是能找一个既解决北京户口又能符合自己专业的职业。毕业时却没有合适的岗位，而且北京大部分单位已经不再解决北京户口，他迟疑了很久，最后他想既然不能一次实现就业目标就先找一个能留在北京的单位先就业。正好，北京出台大学生下基层的就业政策，基层工作满三年解决北京户口，并在以后公务员考试中还可以加分。看到这一消息，他立刻积极报了名，成功考取了北京某地基层工作人员。三年后，他成功落户北京，并在北京公务员考试中，顺利考取北京市某职位。经过三年的努力他成功实现了最初的就业目标。

案例分析：该同学的最终就业目标就是在北京找一份工作并解决户口。三年后，他在北京成功落户并顺利考取北京市公务员，这一成功离不开他没有偏离个人职业目标的初次就业积累。他将留在北京作为发展的第一步，同时通过三年时间解决北京户口，通过短期就业目标的实现进一步逼近个人就业目标，采取迂回前进的方式，最终实现个人就业目标。

其他案例请扫描二维码查看。

四、处理好就业个人价值取向与社会价值取向之间的关系

职业价值观是人们对社会职业需求所表现出来的评价，是人生观价值观在职业问题上的反映。大学生的就业个人价值取向是大学生对于就业目的、就业意义形成的比较稳定的根本看法和态度，它是大学生人生观、价值观在就业问题上的综合反映，对大学生就业具有导向和动力作用。正确的就业个人价值取向能够指导毕业生对职业进行恰当的评价、准确的定位和合理的选择。反之，错误的价值取向将使毕业生对就业产生过高或过低的期望，影响其准确定位和合理选择。

当今，有些大学生以自我为中心，个人主义倾向较为严重，在择业时忽视国家和社会的需要而把个人的需求放在首位，虽然从一定意义上讲，这是大学生择业更为自主、灵活的一种表现，但是如果在求职择业时过分突出个人因素而忽视社会需求，就会导致大学生社会价值观念的淡化，使他们在择业中偏离正确的方向，难以履行对国家、对社会的责任和义务。因此，大学生在就业选择时要坚持自我价值和社会价值的统一，让个人的"小目标"服从于社会的"主导目标"，做到价值取向的共性与个性相结合，也是社会价值取向与个人价值取向相结合。同时，要立足本专业，放眼社会，在各个不同的岗位发挥作用，把"爱一行干一行、干一行爱一行"作为自己职业生涯的基本态度，无论在城市、乡村、西部、边疆，还是在国有的、集体的、乡镇的、合资的、民营的企业，均大有可为。

当然，我们在坚持个人就业价值取向和社会价值取向相统一的同时，还要正确区分社会价值取向并不等同于大众取向。现在社会上涌现出的公务员热、考研热、考证热等，这些并不是社会就业的真实价值导向，而是大众"人云亦云""一窝蜂"的跟风结果。这其中有相当一部分的参与者并不是源于自身职业目标及就业能力与相关岗位的匹配、关联而进行的选择，而是由于求同心理、功利心理、竞争心理以及缺乏对自身的正确认识而产生的盲目从众行为。

总而言之，大学生应树立将个人就业价值取向同社会价值取向相统一、利己利他的、杜绝盲目从众的价值观。

案例

近几年，公务员热持续升温，报考公务员的大学生数量年年增加，甚至出现近四千人竞争一个公务员职位的现象。然而，在20世纪八九十年代，许多公务员曾义无反顾地离开公务员队伍，下海创业经商。当时公务员较低的收入与下海经商的遍地黄金相比，使很多大学生在毕业时或工作后选择了后者。

时过境迁，在当今市场激烈竞争的环境下，大学生到企业找工作，其经济效益不确定，员工待遇难以保证，员工随时有因企业倒闭而丢失饭碗的可能。大学生创业更是风险重重。与之相比，近年来，公务员不断加薪，职位稳定，还享受许多待遇保障。在当前就业形势异常严峻的情况下，公务员岗位越来越诱人，以至于大学生纷纷抛弃理想、梦想和幻想，投奔公务员热考大军。其中，不乏一些理工类"高、精、尖"专业的大学生放弃自己的专业，也投到公务员这条路上来，使本来就人满为患的公务员队伍呈现出趋之若鹜的局面。

案例分析：在我国官本位文化下，大多数人认为做公务员是"正道"选择，同时还意味着较高的社会地位、稳定的收入、诱人的社会保障、相对安逸的生活、较大的自由度、较好的发展空间，甚至还有可观的灰色收入等。但是人云亦云并不等于自我的人生价值。如今的大学生，应正确认识自己，切勿盲目追从社会就业热潮，应合理对待公务员报考热潮，不做"四千分之一的分母"。

其他案例请扫描二维码查看。

第二节 心理准备

随着毕业生人数的逐年增加，大学生在择业时感到了前所未有的就业压力。有些大学生在求职过程中容易出现心理误区，从而产生就业安全问题。大学生择业心理问题已成为各高校关注的重点之一。

一、常见的就业心理

1. 自负心理

不少大学生自认为学识渊博，从政、经商、做学问不费吹灰之力，对就业形势和用人单位需求不了解，完全按照自己想法一厢情愿地谋求高薪职位，结果由于目标定位不切合实际，在择业过程中屡屡碰壁。因此他们在择业时极容易出现"高不成，低不就"的现象，导致择业困难。

2. 自卑心理

自卑是一种缺乏自尊心、自信心的表现。有的学生面对就业问题时总感到自己一无是处：学校不是名牌，专业不热，以至于自己不多的闪光点也被埋没，失去了就业机会。经常在招聘会上看到有些学生言行木讷，面对考官，总是让父母出面，如此当然很难找到满意的工作。一般来说，性格内向的学生以及受到用人单位性别歧视的女生容易产生类似自卑的心理。

3. 急功近利心理

部分大学生过多考虑物质条件，一心只想在大城市、沿海发达地区、跨国公司就业。不但要求月薪高、生活好，还讲究住房、奖金等物质条件，如果用人单位稍不满足他们的要求，他们便潇洒地"移情别恋"。

4. 依赖心理

部分大学生不能主动适应市场经济的要求，消极地等待就业单位选择。当代大学生中，独生子女较多，他们从小受到过度保护，依赖性较强，缺乏自我责任感和独立决策能力，在就业时缺乏进取精神，过多地依赖他人。有些学生寄希望于父母、学校、老师，怀着"车到山前必有路"的依赖心理，超然于求职之外。一旦希望落空，就会怨天尤人，产生很大的心理落差，埋怨父母无能、社会不公，甚至出现欺骗等极端行为。还有一些独立能力较弱的女生受传统观念、家庭环境的影响，就业时也存在依赖心理。这种依赖心理继续发展，形成依附心理，觉得只要找个条件好的男友甚至嫁个有能力的丈夫，自己有无工作都无所谓。

5. 焦虑心理

就业对大学生来说，既是机遇又是挑战。很多大学生面对就业和步入社会深感焦虑。眼看着毕业的脚步越来越近，身边同学一个个名花有主，不由担心自己的理想不能实现，担心择业上的失误导致终身遗憾，担心专业学非所用，担心下一次应聘又会被拒之门外。毕业生择业存在一定程度的焦虑很正常，但不能过度。有的同学整天坐立不安，胡思乱想，情绪不稳定；有的愁眉苦脸，闷闷不乐，忧心忡忡；有的东奔西跑，四面出击，马不停蹄。目前我国就业采取"双向选择"的原则，即用人单位和大学生之间相互选择。大学生就业呈现多元化的趋势。职业选择的自由度越大，选择行为的责任就越重，择业心理压力也越大。很多大学生把人生的憧憬和前途都放在就业上，既渴望进入社会，谋求到理想职业，又担心择业失误造成终生遗憾。因而容易焦虑，对走进社会心理没底。有人甚至患了"择业焦虑症"，一提到择业就心理紧张，怀疑自己的能力，个别人甚至产生绝望的心理，出现极端行为。还有毕业生平时没有认真学习和积累经验，求职的知识、能力、心理准备不充分，求职屡遭挫折，产生极度的焦虑感。

6. 抑郁心理

在全社会就业压力普遍较大的情形下，大学生就业难是一个不可回避的现实问题。择业过程中遭受挫折是正常的事。有的学生受挫后不能正确对待、不思进取、漠然置之，甚至放弃一切努力，把自己孤立起来，自我放逐，不与外界交往，这样就导致抑郁心理发生。

7. 偏执心理

在就业过程中，学生的偏执心理主要表现为追求公平的偏执、高择业标准的偏执和对专业对口的偏执。特别是面对社会上择业的不良风气，如搞关系走后门，有的学生以偏概全，不能正确对待，把自己的择业挫折全部归咎为社会不公，给自己造成阴影，认为一切都是假的，一切都是人为操作的，从来就没有什么公平可言。

8. 懈怠心理

近年来，大学毕业生中出现了"不就业一族"。有些大学生因对工作岗位挑挑拣拣，高不成、低不就，自动放弃就业机会；有的干脆待在家里靠父母养活。他们中的相当一部分人无所事事，闷得无聊，时常返回学校四处游荡，自称为大学校园"漂一族"。"毕业不就业，未来还是梦"是"漂一族"心理的真实写照。此外，还有部分学生由于考研、出国、自主创业或自谋职业等原因而选择"不就业"。

9. 就业盲从心理

就业时盲从表现为随大流、人云亦云，这是缺乏主见的表现。由于大学生阅历浅，对社会认知不足，在择业时表现出的盲从十分普遍。在求职中，不难看到这样的场景：用人单位来招聘，同一班级的同学要么一哄而上，要么一个都不去。这是因为毕业生对自己没有正确的定位，认为大家都去的单位肯定好，表现出明显就业盲从的心理倾向。

大学生的就业盲从还表现为对社会认知和家长认知的顺从，社会认同较好的行业大家都去应聘，社会认同差的行业都避而远之；家长认为好的职业就选择，家长认为不好的职业就回避。择业过程受到盲从心理的多重困扰，面对现实处境缺乏应有的冷静和自控能力，使很多毕业生不经意间丧失了就业的机会。

10. 求稳求全心理

大学生在择业时将职业选择对未来人生和工作的重要性过分夸大，在择业过程中顾虑重重，缺乏承受风险的能力，妨碍了"自我推销"的有效展开。也有的大学生出于求稳而选择去国有企事业单位或公务员单位工作,认为这些职业收入虽不高,但稳定、有保障。这部分学生对未来职业利弊的权衡过于挑剔,求稳求全,缺乏果断性,最终也将妨碍择业的成功。

不少大学生在求职路上或多或少地存在上述心理误区,如果不加以调适,不仅仅会在求职过程中屡遭失败,甚至还会有心理问题,为今后成才埋下祸端。

二、产生心理问题的原因

(一)社会原因

1. 高校扩招

近年来,高校不断扩招,毕业生人数急剧上升。扩招解决了"上大学难"的问题,却带来了"就业难"的新问题。社会岗位的增加幅度远低于扩招的增幅。供需的矛盾日益突出,毕业生就业从"卖方市场"转向"买方市场",导致就业竞争日趋激烈。竞争在重点院校和普通院校、学历层次之间全面展开,使毕业生在就业过程中承受巨大压力,容易受挫。同时,随着经济体制改革的深入,国有大中型企业采取减员增效、下岗分流的政策,各级党政机关、事业单位也"精兵简政",压缩人员,使得就业形势更加严峻。大学生必须面对严峻的就业形势,迎接挑战。

2. 社会变迁

近几年,体制改革,机制转换,又面临经济全球化、人才国际化的大环境,使原有的价值观受到冲击,新的价值观尚未形成。在社会转型、新旧交替的过程中,社会价值观出现了多元化,人们的需求表现出多层次、全方位的特点。青年学生接触社会少,了解社会不深,生理心理尚处于发展成熟阶段,

缺乏坚定的信念和深度的理性思考,容易受外界影响,价值取向趋向个人主义和功利主义。在社会上的所见所闻和同学间的攀比,更强化了他们的利益观念,导致择业价值取向错位。

3. 就业机制不完善

市场经济提倡优胜劣汰、公平竞争,但用人单位录用毕业生时仍存在不当的现象。如:有的用人单位无节制地提高用人规格,大专生就能胜任的工作却非要招收本科生,甚至研究生,造成人才浪费;有的单位宁愿要有"关系"的差生,也不要无"关系"的优等生等。另外,当前人才市场流通渠道还不畅通,公平竞争的环境也不完善,从而使既无关系又不突出的毕业生容易产生就业危机。有的毕业生由期望过高变为自信心动摇,甚至失去自信,导致价值观发生变化,不能正确对待择业。

4. 性别歧视

女生在求职过程中,遇到的困难和障碍要比男生突出,性别歧视客观存在。用人单位由于职位和工作性质所限,宁愿招聘学习成绩及能力平平的男生,也不愿招聘品学兼优、德才兼备的女生,使得备受社会、学校、家庭呵护的女生从择业初期就产生强烈的内心冲突甚至自卑,就业过程中缺乏主动性,甚至产生怨天尤人的情绪,从而大大增加了就业难度。

(二)家庭原因

国家目前实行收费上大学,收取费用既改善办学条件,增加学生接受高等教育的机会,又可增强学生学习的主动性和自觉性。但很多大学生来自贫困家庭,尽管国家和学

校采取了各种措施，如助学金、国家奖学金、国家助学贷款等，但他们仍然承受着家庭经济困难的压力。部分大学生经济状况窘迫加上虚荣心，导致心理矛盾加剧。加上父老乡亲寄予厚望，自尊受伤害，则容易产生委屈感、受辱感和不公平感等，导致心理失衡和心理障碍。此外，部分家长受传统观念束缚，按照自己的想法给子女安排一切，却忽视了子女的主观愿望和性格优势，这些容易使大学生在择业时产生矛盾心理。

（三）个人原因

1.大学毕业生本身处于矛盾期

大学毕业生正处于人生的转折点，面临着人生的重大抉择。这一时期是大学毕业生人生最动荡的时候，内心充满了各种矛盾。心理学认为，人在认识自我、剖析自我时有一种无形的东西——无意识的自我保护机制在保护着自己，影响对自我的全面、正确、客观和公正的认识，使真实自我产生变形或扭曲。心理学研究表明，理想的我与现实的我之间的差距随年龄的增长而增大。安葬于西敏寺的英国主教的墓志铭就这样写道："我年少时，意气风发，踌躇满志，当时曾梦想要改变世界，但当我年事渐长，阅历增多，我发觉自己无力改变世界，于是我缩小了范围，决定先改变我的国家。但是这个目标还是太大了。接着，我步入中年，无奈之余，我将试图改变的对象锁定在最亲密的家人身上。但天不从人愿，他们还是维持原样。当我垂垂老矣，终于顿悟了一些事情：我应该先改变自己。"

大学生择业是在各种矛盾中的选择，自我和超我的矛盾、理想与现实的矛盾、奉献与索取的矛盾、社会需求与自身实力的矛盾等充斥着就业过程。诸多错综复杂的矛盾是前所未有的。加上大学生本身处于人生心理矛盾突出的时期。他们心理发展不稳定，容易出现矛盾，如开放与封闭的矛盾、独立性与依赖性的矛盾、感性与理性的矛盾等。再有，当代大学生生理与心理发展不同步，相当一部分人心理不成熟，加上个体生活经历不同、体验不同，因而个性心理特征具有较大的个体差异，在择业过程中表现出心理特征的复杂性和矛盾性。

2.旧择业观的影响

受传统的"铁饭碗"影响，部分毕业生择业时定位不切实际，过分考虑工作的稳定性和待遇问题。还有部分人，一心往发达城市和沿海城市挤，对私营企业、艰苦行业、待遇较低的单位不加考虑，不愿意去基层、西部地区，更不想吃苦自主创业。还有不少毕业生认为找不到好工作就不能报答父母，无颜见江东父老。

3.自我定位不准

古人云：知人者智，自知者明。没有正确的自知，就难以找到适合自己的工作，难以发挥自己的潜能。大学生的自我意识虽然随着年龄的增长、知识的积累在不断增长，但是由于社会阅历浅、社会经验缺乏，往往不能客观地分析和评价自我。在求职过程中，做好自我评价、提高自信心是取得求职成功的重要一步。一些大学生还未进入就业市场，心中就惧怕，不敢面对现实，不能把握自我，要么对自己的评价偏高，要么过低评价自我，顺利时会忘乎所以、充满信心；遇到阻碍和困难时，则烦躁苦闷，不能冷静和理智地处理问题，总觉得自己这也不行，那也不行，在与用人单位交谈时，总担心自己的言谈举止出现问题，丢了面子，无形中给自己增添了心理压力。

4. 个人能力和素质不高

大学生的综合素质直接决定着其就业顺利与否。大量研究资料表明：当代大学生整体素质较高，但仍存在缺陷。有的大学生注重知识学习，忽视人际交往。有的大学生知识面窄，文科生不了解理科常识，理科生不了解人文常识；还有一些学生学习不努力，专业知识不扎实，英语和计算机水平低，实践动手能力和开拓创新意识缺乏；有的学生依赖性强，缺少独立解决问题、解决困难的磨炼，承受能力差，意志薄弱。

5. 独立性不够

大学生毕业时一般在二十二三周岁，处在这个时期的青年，接受事物快，自我意识强，但同时心理发展不成熟、不稳定，社会地位和角色还没确定，面对复杂环境时，往往心中无数，不知所措。在择业的问题上独立性不够，缺乏职业责任意识、忽视职业的深层价值，也不能积极主动地通过自我努力来取得择业的成功。加之他们的知识结构不完善，个人的生活经历、体验有限，不善于甄别问题和分析问题，因而在求职择业中极易产生负面情绪。

6. 求职准备不足

随着我国高等教育体制改革的不断深入，大学生就业已从原来的"统分统包、包当干部"转向"双向选择、自主择业"的就业制度。就业制度的改革，需要大学生利用各种途径和方法，正确地宣传、展示和推销自己。书面的自荐材料是用人单位了解自己的第一步，决定着用人单位是否愿意与你进一步接触，进行面试。无论是参加双选会还是网上求职，用人单位都需要通过自荐材料了解求职者的工作能力、教育背景等，通过初选才能确定是否面试。所以自荐材料尤为重要。在择业过程中，不少大学生因自荐内容不准确、材料不充分、方法不妥当等，使用人单位不能很好地了解和认识自己，从而失去机会。有的大学生虽然得到了面试机会，但因缺乏心理准备，情绪过于紧张，未能发挥自己的特长和优势，痛失良机。

总之，大学生择业的心理问题和矛盾，既有客观原因也有主观原因。客观方面，我国正处于社会转型时期，产业结构调整，大学教育的大众化，毕业生人数剧增，就业市场还不完善等。主观方面，大学生刚踏入社会，阅历较浅，涉世不深，心理也不成熟，不善于面对应激事件，心理防卫机制还不健全。但大学生择业心理问题属于发展过程中的问题，具有适应性障碍等特点。因此，只要正确引导，教育得当，适当宣泄，绝大多数会随着应激源的消失而趋于正常。

三、调整就业心态，提高抗压能力

就业本身就是我们认识和适应社会的一个过程。在求职过程中遇到困难，甚至经过几次挫折才最后成功是正常的，在就业中遇到许多心理冲突、困惑，产生一些不良情绪也是正常的。遇到就业问题时，要学会调节自己的心态，使自己能从容、冷静地面对就业这一人生重大课题，并做出正确、理智的选择。如果遇到了就业心理困扰，可以试着从以下几个方面来调节。

（一）了解就业形势，正确认识社会

随着我国高等教育的大众化，大学毕业生逐年增加。就业市场化、自主择业给大学毕业生带来了机遇，同时也存在挑战。因此，为了顺利就业，在求职过程中应正视就业压力，并将这种压力变成动力，积极行动起来，及时了解并恰当处理各种信息。

第一，了解国家有关就业政策是大学生求职择业的关键一步。要及时向学校就业部门了解国家关于就业方面的方针、政策。

第二，了解就业市场的现状和发展趋势，通过向就业部门咨询、网站查询、订阅报纸杂志等多种途径，积极搜集就业信息，减少在择业过程中的盲目性。

第三，了解用人单位的基本情况和招聘毕业生的基本要求。满足用人单位对毕业生提出的基础扎实、专业精通、通识多能、特点突出等多方面要求，以适应当今社会对人才的需要。

（二）接受客观现实，调整就业期望值

正视现实是大学生择业必备的健康心态之一，包括两方面的内容，即正视社会和正视自身。我国目前的就业市场还不完善，供需形势也不平衡，西部地区、边远地区、艰苦行业和基层一线急需人才。因此，大学生必然会面临这样一种困境：用人单位要招聘高层次人才，而毕业生一味想要找到好工作。一些就业洽谈会尽管场面非常火爆，用人单位数量多，层次高，但实际签约却寥寥无几。产生这一现象的原因就是供需双方没能确定恰当的目标，致使选择失败。大学生要从自身找原因，不要去抱怨，要结合自己的实际情况确定合理的就业期望值，客观分析自我，

要在职业生涯规划和职业发展观念的基础上确定人生轨迹，树立长远的职业发展观念，规划自己整个人生的职业生涯。

在当今市场经济社会中，毕业生应牢固树立勇于面对竞争的观念、树立先就业后择业的观念、树立到基层去就业的观念、树立正确对待就业的观念，在就业过程中要学会以平常心面对，冷静地做出选择，正确排除就业中遇到的挫折，打破陈旧观念，强化就业的自主意识，树立正确的择业观。

（三）充分认识职业价值，树立合理的职业价值观

对于现代社会的人来说，职业可以满足人们从低层次到高层次多方面的需要，职业价值空前丰富，对个体发展、社会进步起到重要作用。在择业时不能只考虑工作的经济收入、工作条件、地点等因素，更要考虑职业对自我一生发展的影响与作用，应看重职业能否实现自我价值。因此，要在考察社会需要的基础上，树立适合自己的职业价值观。对那些虽然现在工作条件艰苦，但发展空间大，能让自己充分发挥作用的单位要优先考虑；对于那些现在经济发展水平不太高，但发展潜力大、创业机会多的工作地点也要重视。总之，盲目选择到一些表面上看来不错，但不适合自己，才能又得不到有效发挥的单位去工作，是不会让自己满意的。与其将来后悔，不如现在就改变自己，树立适应我国当前市场经济发展、人才需求规律的合理的职业价值观，正确择业。

（四）认识与接受自我，主动捕捉机遇

大学生就业中的许多心理困扰与大学生不能正确认识和接受自我有关，因此正确地

认识自我并接受自我，以帮助自己找到合适的职业方向。要知道自己喜欢什么样的职业、需要什么样的职业、自己的择业标准以及以自己目前的能力能干什么样的工作，这样才能知道什么样的工作更适合自己。许多大学生"眼高手低"，通过亲身的求职经历后就会发现自己的能力与水平并不像自己以前想象得那么高，容易出现各种失望、悲观、不满情绪。在认识自我后还要接受自我，对自我当前存在的问题既不能一味抱怨，也不必自卑，要承认自己的现状，学会扬长避短。另外，要用发展的观点来看待自己，要知道有缺点不可怕，可以先就业，然后在工作岗位中不断完善自己。

（五）坦然面对就业挫折，提高心理承受力

挫折是指个人在从事有目的的活动过程中，遇到的干扰和障碍，致使动机不能实现时的情绪状态。遇到挫折，要认真分析失败的原因，是主观努力不够还是客观要求太高；是客观条件苛刻，还是主观条件不具备。只有认真分析，才能心中有数。有人说，挫折就是试金石，心理健康的人，勇于向挫折挑战，百折不挠；心理不健康的人，知难而退，甚至精神崩溃、行为失常。

大学生在面对求职择业时，总会遇到许多困难、挫折和委屈，但面对问题仅有负面情绪是没用的，需要调整心态，提高应对各种突发事件的心理承受能力，通过挫折和失败来增强自我心理调节与承受能力，并客观地分析自己失败的原因，通过求职展现自我。只有保持健康稳定的心理，采取积极的态度，才有可能找到满意的工作，并在求职的路上走得越来越远。

第三节　信息处理

就业信息是毕业生求职择业的前提和必要条件，对面临职业选择的毕业生来说，就业信息在择业过程中起着越来越重要的作用。目前的就业竞争从某种意义上来讲就是就业信息的竞争和比拼，谁获得的就业信息更多、更及时，谁就会在就业过程中占得先机。因此，就业是否成功不仅取决于大学生的知识、能力、综合素质、性别和所学专业等因素，也取决于个体获取信息的质和量以及对信息加工的能力。毕业生应当及时、全面地掌握有关就业方面的各种信息，并认真地对这些信息进行整理、筛选、分析，最终做出正确判断，为求职成功奠定基础。

一、就业信息

（一）就业信息的概念

就业信息是指通过各种媒介传递的有关就业方面的消息和情况，包括就业形势、就业政策、用人单位情况、招聘会信息等。

（二）就业信息的特点

（1）时效性。就业信息具有很强的时效性，过了一定的时间界限，就失去了信息应

有的作用和意义，成为无效信息。毕业生在搜集、整理时应及时对信息做出反应，机不可失，时不再来。

（2）真实性。就业信息的种类繁多，涉及面广。不仅涉及宏观的经济政策和专业信息，也涉及微观的企业供求具体信息。由于信息来源渠道不同、传递方式多样，难免造成信息的失真，获得虚假信息，贻误毕业生求职的最佳时间，甚至造成更严重的后果。因此，毕业生应冷静分析，准确判断。

（3）复杂性。就业信息不仅多样，而且复杂。毕业生一定要注意选择，从简单的就业信息中认真琢磨，仔细体会，对于不清楚的信息要及时与用人单位取得联系，获得准确信息，避免浪费许多精力、财力，甚至上当受骗。

（4）针对性。随着社会分工的进一步细化，用人单位对人才需求的层次、专业、能力等方面千差万别，五花八门。就业信息本身说明了它所适用的对象，以及该对象所应具备的条件，否则就会让每个人都产生自己都能适应和胜任的错觉。因此，一定要注意信息的针对性，不要盲目"跟风"。

（三）就业信息的意义

（1）就业信息是职业选择的基本前提。求职的竞争在一定意义上是就业信息的竞争。获得的就业信息越多，视野越开阔，选择面也越宽，成功就业的可能性就越大。如果没有获得准确可靠的需求信息，就无法稳妥地把握择业的主动权，实现职业理想就会变成一句空话。

（2）就业信息是择业决策的重要依据。若要择业决策具有科学性，就必须保证获得足够量的就业信息，如国家的就业方针、各地方及行业的就业政策、自己所属院校的就业细则，当然更为主要的还是用人单位的需求信息。如果对这些信息了解不足，毕业生取舍决策的科学性、准确性就要大打折扣。

（3）就业信息是顺利就业的根本保障。对毕业生而言，要想顺利通过面试关，就必须对用人单位的情况有一定程度的了解，这就是对就业信息深层次的要求了。一位大学毕业生谈到他如何顺利通过面试时讲："若不是之前认真浏览了该公司的英文网站，无论如何我也翻译不出那几个重要项目专用名词的。"除了对招聘单位基本情况的了解外，在面试时，如果能就公司的企业文化、经营方式、产品结构和市场行情等情况谈谈自己的理解，相信会给考官留下深刻的印象。

二、收集就业信息的渠道

（一）学校就业部门

学校就业部门是学生获取就业信息的主渠道。从目前的就业机制来看，学校就业部门是毕业生就业工作所有环节的核心，它既与毕业生就业工作各级主管部门之间保持着密切联系，同时也是用人单位选录毕业生所依赖的一个主要窗口。从学校获得的就业信息具有以下特点：权威性高，真实性强，针对性强，时效性好，使用率高，竞争激烈。

（二）互联网等社会传播媒介

目前能够获取就业相关信息的网站主要有以下两类：

（1）专门的就业网站。其主要包括政府主办的就业网站，如教育部主办的中国高校毕业生就业服务信息网，各部委、各省市教育行政主管部门、人力资源和社会保障部门主办的毕业生就业信息网，各高校毕业生就业指导中心网站。

（2）用人单位网站。网络招聘的发展促使用人单位建立起了劳动力市场平台，一定程度上为毕业生提供了一个无形的、统一的、开放的就业环境，使所有毕业生可以站在同一起跑线上竞争，不受地域空间的限制。

（三）招聘会

为做好每年的毕业生就业工作，各地方政府、各行业主管部门都要举办大大小小的人才招聘会，很多高校每年也要组织举办大型的双选会和校园专场招聘会。这些招聘会为毕业生与用人单位面对面接触提供了机会，所提供的的需求信息量非常大。毕业生要十分重视、充分利用这些机会，去交流、展示自己，尽可能地多了解相关情况，广泛收集各单位的用人信息。

（四）各种社会关系

毕业生应积极拓展一切可能的信息渠道搜集信息，充分发挥社会关系的作用，例如亲戚、朋友、校友等。除此之外，毕业生还要主动寻求本专业老师的帮助，因为本专业的老师比一般人更了解行业的发展情况及适合就业的区域、单位、岗位等，通过他们所提供的信息往往更准确、具体，就业的成功率也较高。另外，已经毕业的师兄、师姐们也是良好的社会关系资源。他们不但工作单位分布广泛，而且岗位与专业相对对口，从他们那里了解到的就业信息具有较高的实用价值。

（五）实习单位和社会实践单位

实习单位一般都是专业对口的单位，通过实习实践，毕业生可以比较深入地了解该单位各方面的信息，单位对该毕业生也会有所了解。如果单位要招人，而该毕业生的条件又让他们满意，该毕业生就可能成其为招聘考察的对象了。再者，寒暑假时间里的社会实践、平时的社会交往活动等，也都是收集企业单位用人信息的好机会，要充分利用这些资源。

就业信息的获取应该是全方位、多渠道的，绝不仅仅局限于某一种或某几种形式，以上只是介绍了五种常见的渠道。重要的是要有意识地、科学地搜集和利用这些信息。搜集信息的过程本身就是一个自我锻炼与提高的过程。

三、筛选就业信息的方法

就业信息的筛选过程实际上是一个求职决策过程，这是择业的关键所在。毕业生在筛选就业信息时，应结合自己的实际情况，依据国家、地区的政策和法规，对获取的原始信息进行有目的、有针对性地选择、整理、加工和有效利用。

筛选程序：初选→鉴别→分类→归档→运用。

（一）初选

搜集到信息后，应首先对信息进行初步选择，剔除那些明显不合理、不符合政策法规、过时的无效信息。

（二）鉴别

对初选过的信息进行真实性、可靠性、有用性等鉴别，并主要鉴别：客观真实性、信息完整性、信息权威性、合理有用性。

（三）分类

分类不局限于某种形式和方法。可以按单位性质进行分类；也可按地域、时间、收集途径、待遇等其他标准进行分类。其目的是便于信息管理，在后期使用时更加方便和有序。

（四）归档

就业信息可以通过以企业信息库的形式来进行归档保存。重点是将分类过的就业信息的要点记录下来，以备求职时随时查询，如表 10-1 所示。

表 10-1　企业信息库

信息层次	单位名称	单位性质	单位地址	联系人	联系方式	职位	人数	要求	收集途径	收集时间	有效期	备注
一级												
二级												
三级												

（五）运用

（1）根据信息整体情况，结合自己实际，制订合理的求职计划，尽快联系用人单位，争取在较短的时间内顺利就业。

（2）根据社会对人才的需求及用人单位对岗位的要求，准确定位，及时调整求职目标，完善知识、能力状况以适应社会和用人单位的需要。

（3）有些就业信息对自己用处不大，但对其他同学却十分有价值。遇到这种情况，应及时和同学交流，主动告诉相关同学。这不仅可以帮助同学找到工作，也可以增加同学间的信任和感情，实现互惠互利。

四、挖掘就业信息内容，提高就业信息含金量

毕业生在了解了收集就业信息的渠道和方法后，应对就业信息进行深层挖掘。这是因为就业信息具有较强的时效性，一旦反应慢，没能对信息进行处理和运用，其他毕业生就会运用这些信息与用人单位达成求职意向。所以毕业生获取就业信息后，一定要尽快使用，既不能盲目，也不能拖拉，应及时对就业信息进行有目的、有重点、有针对性的挖掘分析，以提高就业信息含金量。

（一）就业信息包含的内容

1. 国家就业政策和相关规定

毕业生从宏观角度要了解国家就业政策、方针和规定，更重要的是了解当前国家就业形势和决规，例如《劳动法》《合同法》等文件中规定的有关约束企业和劳动者双方的法律法规。毕业生必须要了解就业相关的法规法令，依法办事，学会用法律来保护自己。这样不仅可以取得合法权益，而且可以保障自己的正当权利，减少不必要的损失。

2. 地方用人政策

各地区、各单位根据国家有关规定，结合当地情况，也会制定关于毕业生的引进、安排、使用、晋升等一系列具体的规定，如《2019 年非上海生源应届普通高校毕业生进沪就业申请本市户籍评分办法》等。不少地区为了吸引人才，还制定了许多优惠政策，方便和鼓励毕业生到该地区就业。

3. 学校有关规定

为了保证毕业生顺利就业，学校一般会

根据国家政策制定相关规定和文件，如《毕业生就业工作实施办法》《关于促进毕业生就业的规定》等，这也是毕业生应该了解和遵守的。

4. 用人单位招聘信息

这里面不仅包括用人单位对人才的要求，如能力、素质、知识、身体条件等，也包括用人单位本身的信息。有些毕业生在选择单位时对用人单位不了解，在择业时带有很大的随意性和盲目性；有些毕业生只挑选大城市而不问用人单位的性质、业务范围；有些毕业生只图单位名称好听，只要是"中国"开头的单位就盲目签约等。要避免这些现象的出现，就要对用人单位有一个比较客观的评价，其关键在于掌握用人单位的信息。

(二) 挖掘就业信息内容的方法

就业信息筛选与挖掘的过程，其实就是毕业生将社会职业与自我进行匹配的过程。通过各种渠道收集的就业信息，由于信息来源和收集的方法不同，真假难辨、良莠不齐，这就要求毕业生经过整理，把无形的就业信息转换成实实在在的成功就业收益。在挖掘就业信息的时候，应从以下几点进行：

1. 整理信息，分出主次

收集好信息后，根据个人对职业的要求，将符合自己定位和发展的就业信息分出主次进行排队、筛选。要学会取舍，毕竟人的精力是有限的，找准定位，重点突出，切不可把所有信息都平等对待。大学生在初次就业时，往往不能正确定位，过分注重就业信息中提供的薪资和职位。有的毕业生认为只有高薪金与高职位才能体现自己的价值，因而

放弃一些其他条件不错，但薪资、岗位一般的信息。其实，作为一名刚毕业的学生，首先要努力让单位接纳自己，这样才能找到一个展现自己的平台。如果选择了自己不能胜任的工作，工作时也会力不从心，容易因为工作压力而产生挫败感；但如果选择难度较低的职业，时间一长，也就会因为工作的单调乏味和无法体现自我价值而失去积极性和创造性，进而丧失工作热情。因此，要学会客观分析就业信息，根据岗位的难度，从实际出发找到适合自己的工作。

2. 核实信息的准确性和有效性

要掌握用人单位招聘的专业、层次、具体的工作岗位及岗位要求等，以及对求职者的学历、学习成绩、特长、政治面貌、思想品德、职业能力、外貌、性别、身体状况等要求。另外，就业信息一般都有时间限制，还要特别注意信息的时效性，要选择最新的信息。大学生在挖掘就业信息时，要特别注意信息是否公布了招聘时限，及时向信息发布者反馈信息，以便把握良机，真正找到自己心仪的单位。

3. 深入了解用人单位信息

要尽可能详细地了解用人单位情况，如用人单位准确的全称，上级主管部门及其隶属关系，用人单位的性质、规模、发展前景、环境、经营业务、待遇以及用人单位介绍的情况是否真实等。在对以上所有信息分析研究的基础上，制订就业的目标方案，最终做出选择。为保证决策的正确性，征求家长、老师和同学的意见也是必不可少的。大学生毕竟是刚步入社会，没有太多经验和阅历，就业信息中有一些不实或者夸大的地方，不

容易分辨，只有向有经验的师长或朋友请教，才会多一些分辨是非的能力。有的招聘单位玩文字游戏，在一些达不到的条件上，用比较绕弯的文字，让人产生误解。俗话说，"三个臭皮匠，顶个诸葛亮"，对信息拿不准真假时，多找几个人询问，肯定有益无弊。

4. 灵活运用信息

毕业生在挖掘就业信息的时候，往往把"专业对口"放到找工作的首要条件。用人单位在招聘时，也会按照专业情况来对口招聘，因为这样可以使个人更容易发挥特长，避免浪费资源。但随着社会的发展，这样"专业对口"的情况也不是绝对的，有很多成功人士都是半路出家从事某项职业，并且功成名就。在就业信息面前，大学生要冷静地认真分析自己的优劣，不要因某个次要条件达不到用人单位的要求而轻言放弃，应该努力地去争取与尝试，也可能会有意外的收获。

5. 参照信息完善自己

将筛选出来的就业信息，根据岗位要求对照自己目前的学业水平，从中发现自己的不足并努力缩小差距，完善自己，这也是挖掘、运用信息时最大的收获。

第四节　提升就业能力

就业能力是人们能否顺利被用人单位接收从而实现就业所应具备的主观条件，是个体获得最初就业成功、维持就业、获取就业提升机会和必要时获得再次就业成功的能力。因此，提高就业能力就等于增加了就业成功的概率。就业能力在大学生就业过程中有着重要的作用，在大学生活中提升就业能力也非常重要。

一、就业能力概述

一般认为，就业能力是获得和保持工作的能力。进一步讲，就业能力是在劳动力市场中通过充分的就业机会，实现潜能的自信。美国劳工部 21 世纪就业技能调查委员会提出 21 世纪就业人员需具备以下三大基础和五大能力。三大基础是：能力基础，包括阅读、写作、算术/数学、倾听和表达能力；思维基础，包括创造性的思考、决策判定、问题解决、懂得如何学习、推理能力；素质基础，包括责任意识、自我尊重、社交能力、自我管理能力和正直/诚实。五大能力是指资源确定、组织、规划与分配的能力，良好的人际关系及与他人合作的能力，获取并利用信息的能力，对复杂相互关系认知并系统运作的能力，利用多种科技知识手段进行工作的能力。

就目前我国大学生就业现状及职业素质来看，就业能力是毕业生发现、获得并长期保持工作机会的一种综合能力。毕业生应根据固有知识能力、专业技能，结合新生事物进行自我充实，以提高自身综合素质与整体竞争能力，从而获得自身价值展现的机会，最终实现就业。

在大学生个体层面，就业能力作为一种职业生涯发展工具，是个人职业成功的关键，个人有必要对自身的就业能力进行投资和锻炼。在组织（学校和企业）层面，就业能力作为一种人力资源管理工具，是学校保持健康持续发展以及企业保持弹性和活力的关键。学校和企业不仅要通过各种教育和培训来提升大学生和员工的技能以满足组织内部的需要，而且要帮助大学生和员工发展就业能力以帮助他们在组织外部流动。在政府层面，就业能力作为一种教育和就业政策工具，是社会经济可持续发展的关键。

二、提升就业能力的途径

（一）重视专业知识的学习

专业知识的学习决不能忽视。常常有学生抱怨自己所学的专业知识与实践脱节，殊不知书到用时方恨少，没有扎实的基础知识，大学专业教育的成果就不会凸显，自己的专业价值也会随之丧失。所以，大学生要积极学习专业知识，对专业知识要精益求精。社会的发展形成了职业和岗位的多样性，但对求职者知识结构却有着共性的要求。

1. 扎实深厚的基础知识

基础知识包括很多，如数学、计算机、外语、物理学、人文知识（哲学、文学、艺术）、历史学、地理学、企业管理等内容。无论毕业生选择何种职业，也不管将来要在哪个专业方向上发展，毕业生在择业、就业上已不能是从一而终，职业岗位的变动是不可避免的。如果要适应社会变化，必须要靠扎实深厚的基础知识。

2. 广博精深的专业知识

大学生在大学学习中所学的专业知识是今后走向社会和工作岗位能够依赖的一技之

长。所谓广博精深，是指大学生对自己所要从事专业的知识和技术具有一定的深度和研究，对概念、理论、研究方法、学科历史、发展现状都要有一定的了解和掌握。同时，对相近专业的知识也应该有些了解和熟悉，并掌握善于将本专业与相近专业的知识紧密联系的能力。

3. 大容量的新知识储备

现代社会的发展，要求人们的知识"程度高、内容新、实用强"。用人单位普遍要求毕业生能够熟练运用一门外语和熟练使用计算机。此外，毕业生若能掌握一技之长，诸如体育运动、绘画、书法、驾驶等，也一定可以增加其求职的成功率。

（二）注意非专业知识的学习

一些用人单位到高校参加双选会，往往会对学生进行书面考试。考试的内容不仅包括专业知识，也包括非专业知识，并且占比很大。非专业知识一般是指社会、经济、管理、科技、演讲、写作等多方面的知识，这些知识既是高校毕业生成为"社会人"的基础，也是高校毕业生可持续发展的必备常识。

（三）积极参加社会实践，全面提高综合素质

市场经济的时代既给当代大学生提供了广阔的思维空间和选择余地，也给他们提出了前所未有的挑战。随着市场机制的逐步完善，企业竞争程度的加剧，企业对人才的要求越来越高，不少企业对大学生的综合素质也提出了更高的要求。一个人的实践能力如何，将决定他在求职择业时的自由度和取得职业岗位的层次。

知识、能力、素质是大学生社会化的三大要素。知识并不能简单地与能力画等号，

知识与能力是辩证的关系。在一定意义上说，能力比知识更重要。知识是素质形成和提高的基础，能力是素质的一种外在表现，没有相应的知识武装和能力展示，不可能内化和升华为更高的心理品格。但是知识和能力往往只解决如何做事，而提高素质可以解决如何做人。高素质的人才应该将做事与做人有机地结合，既把养成健全的人格放在第一位，又注重专业知识、技能和能力的培养，使自身得到全面、和谐的发展。因此，一名优秀的大学毕业生应把构建合理的知识结构、培养科学的思维方式、锻炼较强的实践能力和提高全面的综合素质统一起来，这样才能在择业、从业过程中立于不败之地。

（四）提高应变能力

职场如战场，要想在职场快速成长起来，那么个人的应变能力一定要很好。应变能力是人应具备的基本能力之一。在当今社会中，每个人每天都要面对比过去成倍增长的信息，如何迅速地分析这些信息，是把握时代脉搏、跟上时代潮流的关键。它需要我们具有良好的应变能力。对应变能力高的人，要正确地选择职业，将自己的能力服务于社会；而对于应变能力低的人，在注意选择适合自己职业的同时，还要努力进行应变能力的提高。如何提高自己的职场应变能力是毕业生在职业选择中所面临的重要问题。应变能力是可以通过实践来逐步提高的，大学生可以从以下几点入手。

1.参加富有挑战性的活动

在实践活动中，必然会遇到各种各样的问题和实际困难，应变能力高的人往往能够在复杂的环境中沉着应战，而不是紧张莽撞行事。在工作、学习和日常生活中，遇事沉着冷静，学会自我检查、自我监督、自我鼓励，有助于培养良好的应变能力。努力去解决问题和克服困难的过程，就是提高应变能力的过程。

2.扩大个人的交往范围

无论家庭、学校还是小团体，都是社会的一个缩影，在这些相对较小的范围内，可能会遇到各种需要应变的问题。因此，只有学会应对各种情况的人，才能应付各种复杂环境；只有提高自己在较小范围内的应变能力，才能推而广之，应付更为复杂的社会问题。实际上，扩大自己的交往范围，也是一个不断实践的过程。

3.加强自身的修养，改变不良的习惯和惰性

假如遇事总是迟疑不决、优柔寡断，就要主动地锻炼自己分析问题的能力，迅速做出决策；假如总是因循守旧，半途而废，那就要从小事做起，努力控制自己，不达目标不罢休。只要下决心锻炼，人的应变能力是可以不断提高的。

第五节　求职文案

求职文案是广大毕业生"投石问路"最常用的办法之一。它的特点是具有客观性、创造性、独特性和全面性。在求职择业过程中，求职文案有着举足轻重的作用，推荐、面试、录用都离不开它，求职文案的好坏直接影响就业的成败。

一、求职文案的内容及作用

（一）求职文案的内容

一般而言，较完整的求职文案一般应包括以下内容：求职信、个人简历、推荐表、成绩单、各类证明材料等内容，如图 10-1 所示。

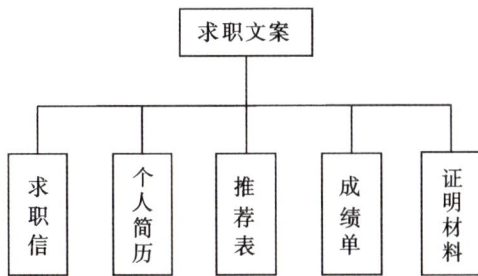

图 10-1　求职文案构成图

（1）求职信。求职信又称自荐信，是毕业生向用人单位表明自己求职意愿和诚意的信函，是求职文案的基本内容。

（2）个人简历。简历是毕业生向用人单位简单说明自己的学习和工作经历，介绍个人基本情况，初步展示学识、能力、个性、特点的书面文件。

（3）推荐表。高校毕业生就业推荐表是由省级就业服务中心或相关学校统一印制的，用于向用人单位推荐合格毕业生的法定书面文件，是反映毕业生学习、工作、表现、能力状况的基本资料。

（4）成绩单。由学校教务部门统一盖章并打印，有规定格式的成绩通知单，是学校官方唯一的成绩说明材料。一般用人单位对大学生学习成绩单较为重视。

（5）各类证明材料。证明材料是指用于强调自己所取得的能力或具备某种资格的证书及文件材料。一般包括以下内容：毕业证书、学位证书、各类学历证明等；获得奖学金以及三好学生、优秀干部、优秀党员、优秀团员、优秀毕业生等荣誉称号的获奖证书；英语、计算机水平等级证书；美术设计作品、科研论文、文学作品、音像作品等，以及各类小制作、小发明、小创作的资料；其他有关专长、爱好的证明材料等。

以上各种材料应装订成册，有封面、目录和封底，要美观大方，干净整齐，使人感到条理清楚，内容充实。其他材料根据自荐的形式而有所不同。如果面见招聘者或亲自上门推荐自己，材料可以准备充足一些，凡能反映自己各方面能力的材料尽可能都带齐全，而且最好是原件。若采取邮寄或邮件的形式自荐，则应选择最具代表性的材料，而且要根据各单位的不同情况有针对性地取舍，邮寄时最好寄复印件，以免丢失。网络投递最好将材料扫描后以附件形式传送。

（二）求职文案的作用

（1）自我评估，做出择业取向。在编写求职文案过程中，毕业生逐渐清楚了自己的实际情况，能对自身的情况做出全面分析和评价，明确自己的爱好和专长，把职业的要求与自己的个性特征、实际才能结合起来，理性思考，做出明智的择业决定。

（2）宣传接洽，叩开成功就业的大门。求职文案是用人单位的面试出发点及面试后做出取舍的重要依据。所以毕业生一定要认真制作，合理定位自身的优势特点。通过求职文案，用人单位不仅能了解求职者的个人简历，而且还能了解求职者的知识能力、技能、特长、爱好，并依此决定是否给予其面试机会。

二、求职文案的形成

（一）求职文案的整理

（1）收集材料。收集个人自荐原始材料是一项基础性工作。收集材料的原则就是为就业服务，以择业目标为中心，按需收集。即围绕就业目标所需的专业特长、知识结构和能力等进行，注意专业特点、个人能力与行业特点的统一。

（2）分类整理。收集的原始材料很多，在分类整理过程中一般按个人简历性材料、专业学习材料、特长爱好材料、社会实践材料、奖励评论性材料五个方面进行专题细分。

（3）编辑审查。分类整理之后就要进行编辑审查，即对分类的材料进行汇总编辑，检查材料是否有明显遗漏，不能出现材料残缺。同时，材料含糊甚至与实际情况有出入的，一定要撤除或修补。还要对材料上是否有错别字等细节进行校对。

（4）汇总分析。经过分类整理和编辑审查后，首先要把同类型的材料集中起来，然后对材料的使用价值进行自我分析评估，最后把材料依其价值评分按照主次，一一罗列出来，以便编写使用。

（5）合理编撰。在编撰求职文案的过程中，要针对所应聘目标的具体情况，合理取舍，有机组合，充分体现择业者的优势与特长。

（二）求职信的写作

1. 求职信的含义

求职信是一种介绍性、自我推荐的信件，它总结归纳了履历表，是踏入社会、寻求工作的第一块敲门砖，也是求职者与用人单位的第一次"短兵相接"。一份好的求职信能体现出一个人清晰的思路和良好的表达能力，换句话说，它体现了求职者的沟通能力和性格特征。一般来说，一份完整的求职文案打开后首先看到的就是求职信，所以，求职信无论在文体上还是内容上都必须给阅读者留下深刻印象。

2. 求职信的分类

（1）有明确单位的求职信。有明确单位的求职信是求职者有确定的求职单位，求职信只是写给该单位，意欲在此单位谋职。这类求职信，可以根据该单位的用人需求，目的明确地介绍自己的情况，以及符合岗位要求的条件。

（2）广泛性的求职信。广泛性的求职信是求职者无确定的求职单位，写给所有同类性质的单位。这种求职信只能根据自己的专长和技能，凭借用人单位通常的用人标准编写。

3. 求职信的格式

求职信属于书信的一种，其基本格式与其他书信没有太大差异。一般包括标题、称呼、引言、正文、结尾、落款等六部分。

（1）标题。标题"求职信"写在首行的正中间，字体略大，十分醒目，也可写为"求职自荐信"或"自荐信"等字样。

（2）称呼。称呼顶格写在第二行。求职自荐信有特定的收信人，一般由"招聘单位名称＋职位称呼"组成，之前冠以"尊敬的"字样。如前去中学应聘，可以写"尊敬的××中学校长"；若写给国家机关或事业单位的人事部门负责人，可以写"尊敬的××处长"；若写给企业人力资源部，可以写"尊敬的××经理"。如果对该单位的人员职位不了解，可以直接称呼"尊敬的领导"。在这里要注意，对用人单位名称及收信人的称呼一定要准确，这样能拉近求职者与招聘单位的距离，使求职单位感受到求职者的诚意。有些求职者用"尊敬的单位领导""贵公司人力资源部"这种万能称呼，写出的求职信不会给用人单位留下深刻的印象，还可能会让单位联想到求职者是一个做事不严谨、不认真、懒惰的人，往往把求职者排除在面试之外。因此，毕业生应尽量结合用人单位"量身定做"求职信，用准确得体的称呼博得对方的好感。当然，求职信的称呼也不能过分亲密，以免给人阿谀奉承、套近乎的感觉。

（3）引言。引言要另起一行，一般首句先介绍自己身份，接着写事由和应聘职位。"身份"包括自己的姓名、性别、就读院校、专业、何时毕业等内容，可以视具体情况增减；事由和应聘职位必须简洁、明确、得体。求职信的第一段可以简单叙述写信目的，简要说明一下是怎样知道招聘信息的，何时开始关注该公司，如果公司中有人推荐自己，也可巧妙地将此人写进求职信中，但千万不要给人有炫耀的印象。例如："获知贵公司××年××月××日在××网站上招聘××职位的消息，故冒昧自荐，应聘××一职"；"我具备××资格，具有××能力，适合贵公司××职位要求，希望能成为贵公司一员，为贵公司的发展做出贡献"。

（4）正文。正文是求职信的核心部分。形式多样，风格各异。一般应围绕以下内容展开：专业知识和相关技能、胜任此项工作的特长和个性、以往所取得的一些成绩等。总之，这部分表达一个中心意思就是：我对该岗位的胜任程度。这一部分是求职信的核心部分，通常用一段或两段来写。表达的内容要有说服力，说明自己怎样适合这个职位，能给公司做什么，录用自己后，能给公司做出怎样的贡献等。这部分的写作和个人简历是相辅相成的，要说明自己的能力，但又不能把简历的内容都写进去，选择最能代表自己长处、技能和特点来写，并且能够说明这些优势能给该公司带来什么益处。

（5）结尾。结尾一般是两个内容：盼回复和祝词。如"热切盼望着您的答复"或"盼望您的录用通知"或"希望能给予我面试的机会"等。最后写上感谢的或致敬的惯用语。

（6）落款。结束时通常要按照惯例，写上"此致敬礼""致以友好的问候"等此类话语，署名最好亲自签名，可以个性，但不能潦草。落款位于信体的右下方，须写明"自荐者：××"，下方写上完整的日期。

4. 求职信的内容

（1）说明本人基本情况和求职信息的来源；

（2）说明应聘岗位和能胜任本岗位工作的各种能力；

（3）介绍自己的潜力和优势；

（4）表示希望得到答复和面试的机会，并注明联系方式。

求职信最好不要太长，A4纸一页长短最佳，便于用人单位阅读。

5. 求职信的写作要领

在所有的求职文案中，求职信是较为重要的内容，它是毕业生向用人单位自我推荐的书面材料，是与招聘单位沟通的第一道桥梁。求职信能否吸引招聘者，直接关系到毕业生是否能获得面试的机会，关系到择业的成功与否。写出一封有影响力的求职信应该把握以下要领。

（1）格式规范，整洁美观。求职信的写作格式必须符合书信的正确写作格式。现在大多数毕业生选择打印求职信，用电脑打印的求职信应注意页面设置美观、简洁，字体以宋体或楷体为宜，字号通常可用四号或小四号；字不宜过大或过密，避免造成阅读者的视觉疲劳。结尾最好手写签上自己的名字和日期。

如果毕业生的钢笔字或者毛笔字写得很好，建议个人工工整整地手写，这样不仅给人以亲切之感，凸显个人诚意，同时也展示出了自己的特长，一定会给用人单位留下深刻的印象。

（2）态度真诚，实事求是。写求职信时，要明确自己的身份，作为一名大学生，首先要想到"我能为单位做什么"，而不是"单位能为我做什么"，需要摆正自己的位置。在自我描述时应真实可信，不夸夸其谈，自吹自擂。把自己的学历、能力、专长如实介绍给对方，对自己知识能力水平做客观的描述，真诚地展示出对机会的渴望和为公司效力的愿望，做到言出由衷，诚恳真情。

（3）内容清楚，言简意赅。求职信既要行文如行云流水，清楚明了，又要言简意赅，言辞贴切。在动笔之前，首先要弄清楚自己想说明什么，对方想要知道什么，初稿完成后要反复推敲、修改，做到语言恰当、文风朴实、内容清楚。其次要保证求职信的内容让对方完全了解，可以根据用人单位的要求有针对性、选择性地突出自己的专长。

通常求职信的字数控制在500～800之间较为合适，太短显得不够真诚，甚至说不清楚问题，难以引起注意；太长又会浪费阅读时间，也会引起反感。但不论长短，只要能以事实或真情打动用人单位，那么目的也就达到了。

（4）立足对方，重点突出。求职信的核心部分是自己胜任工作的条件，这并非多多益善，而是要有针对性。不同的用人单位、不同的职位对求职者的要求都不一样，求职信应根据不同的单位、职位需求而有所变化。目前有许多毕业生一稿多投，用"普遍撒网，重点打捞"的态度应对招聘，结果却石沉大海，杳无音信。所以，建议毕业生在符合自身实际情况的条件下，针对不同的用人单位量身定做、投其所好，做到有的放矢。如应聘三资企业，最好用中英文双语来写，既可自荐又显示出自己的英语水平；如应聘的是计算机或软件开发人员，应体现自己稳重、细心的性格态度，把自己的程序设计、软件开发能力和项目多描述一些；如果要从事营销和管理工作，最好突出自己在学生会、社团、班级担任干部期间组织实践活动的协调能力和自信心，这样才能让招聘人员产生兴趣，引起对方的注意。

范文

求职信

尊敬的 ×× 领导:

　　您好!

　　我是 ×× 大学的一名本科毕业生,主修国际经济与贸易。

　　×× 年我以优异的成绩考入 ×× 大学,在这四年里,我学习努力,成绩优异,多次获得奖学金。在课余,我研读了各种报纸、书籍,对世界各国的政治经济、风土人情都有了初步的了解,尤其是经济的全球化以及世界经济未来的走向,更引起了我极大的兴趣。

　　步入大学校门伊始,我就问自己:到底怎么做才能更加完善自己,成为德、智、体、美全面发展的大学生? 所以,我积极参加各类活动,如文艺方面,我多次编排舞蹈,参加演出,成为大学生艺术团的文艺骨干;体育方面,我多次参加运动会并取得名次。另外,我还积极参加辩论会、主持人大赛、演讲比赛等多种活动。

　　大学生活即将告一段落,在这里,我各方面都得到了提高,四年大学生活的学习和锻炼,给我仅是初步的经验积累,对迈向社会还远远不够,但我相信自己饱满的工作热情以及认真好学的态度完全可以弥补暂时的不足。因此,面对过去,我无怨无悔,来到这里是一种明智的选择;面对现在,我努力拼搏;面对将来,我期待更多的挑战。战胜困难,抓住每一个机遇,相信自己一定会演绎出精彩的一幕。

　　希望通过我的这封自荐信,能使您对我有一个全面深入的了解,我愿意以极大的热情与责任心投入到贵公司的发展建设中去。您的选择是我的期望。给我一次机会还您一份惊喜。期待您的回复。

　　最后祝贵公司的事业蒸蒸日上! 稳步发展!

　　此致

敬礼!

求职人:×××

日　期:×× 年 ×× 月

其他范文请扫描下面二维码阅读。

（三）个人简历的撰写

所谓简历，就是概括介绍个人情况，是对求职者生活、学习、工作和成长经历等方面简要总结而形成的文字材料。简历是行走职场的敲门砖，是个人的名片，它的真正目的是为了让用人单位全面了解自己，从而为自己创造面试的机会，最终达到就业的目的。一份撰写良好的简历是毕业生成功求职择业的助推器，一份失败的简历，也会使个人丧失许多被选中的机会。

1. 个人简历的形式

个人简历一般有四种形式：表格式、时间顺序式、学习工作经历式以及重点突出式。表格式是用表格的形式列出自己的基本情况和学习、工作经历，使人一目了然；时间顺序式是按年月顺序列出自己的学习、工作经历，条理清楚；学习工作经历式是根据需要有选择地列出自己的学习、工作经历，充分表现自己的技能、品德；重点突出式是按照自己本次求职信息的有用程度确定次序，最有用的排在最前面。对于即将毕业的大学生来说，采用表格式和时间顺序式最好。

2. 个人简历常用的两种版本

（1）通用版。其是指在明确自己职业定位求职目的前提下，不针对任何企业，只针对相关行业和职位种类而撰写的简历。注意事项包括职业定位、岗位调研、自身相关资质和经历的提炼该类简历要简洁而重点突出，对细节进行适当处理美化，不能有错别字。

（2）专用版。其是指找准特定企业的情况下，专门针对该企业而撰写的简历。结合要应聘的特定企业的岗位职责和任职要求，对通用版简历做有针对性的调整和修改。

3. 个人简历的内容

一份完整的简历一般应包括以下几个方面的内容：

（1）个人基本信息。简历最上方一般只需填姓名、电话、电子邮箱。如果应聘企业没有具体要求，对通信地址、身体健康状况、性别、籍贯、年龄等基本信息可以不用具体描述。姓名放在最显著的位置并且字体加粗，因为这是最想让对方记住的信息。对个人照片要选择正式的证件照。

（2）求职意向。这是在简历中必须要写明的。求职意向一定写在简历上方，可以放在个人信息前或者紧跟个人信息后。很多的求职者在制作简历时不写自己的求职意向，这是不对的。实际上，企业一般会同时发布多个岗位的招聘信息，等收到简历后就会按照求职意向进行分拣，这时如果简历没有注明求职意向，很可能就会被放在一边，不会再继续看下去了。所以，求职意向一定要注明。

（3）教育背景。对大学生而言，由于缺乏工作经验，教育背景就成了必须要写明的部分。一般而言，要在教育背景中写明自己受教育的情况，但是要注意，一般只写在大学期间的教育就可以了。在教育背景下面可以具体说明与专业相关的课程情况。

如何写教育背景呢？一般有以下几种形式：①排序。如果拥有不止一个学位，并曾就读于不同的学校，那么可以从最近的教育经历开始，按照时间顺序把具体的学习情况介绍清楚。②时间。一般常用的年月写法为"2016.09—2019.07"，也可用"09/2016—07/2019"的日期格式。③相关课程。根据应聘的职位决定，如果应聘者是数学系的，要去应聘计算机相关职位，就应该把计算数学、数学实验、C语言等各种与计算机有关的课程列在前面。

学校的名称是求职者的一个卖点，所以专家建议学校名称单独成行，不要与院系、专业在同一行。对毕业生来说，主修专业课可以适当写明，但是与所学专业和应聘的职位无关的就不必写上了。对成绩一项，是可有可无的，除非成绩非常好，否则就没有必要列在简历中。正常情况下教育背景应包括正规、非正规的教育和专业培训，很多大学生只是写正规高校教育，社会教育只字未提，这也是不对的。

（4）工作经历。工作经历可分为校内实践经历、校外实习经历和培训经历。

①校内实践经历。其主要包括在校期间，在班级、学生会、社团和协会担任过职务或者参加过学校组织的各项活动。作为应届毕业生没有太多的社会工作机会，所以校内实践经历是很重要的。以下几点需要注意：在撰写校内实践时，应写明自己的具体职位，自己做过的事情，自己在这件事情上担任什么样的角色，最后的结果怎样。例如，可以说自己曾组织了校运动会，有多少人参加，与以往的运动会相比有哪些改进。这些都是用人单位可能会关注的信息。

②校外实习经历。如果有在校外实习过的经历，要写得具体，具体到做过什么工作，工作效果如何，将其中与职位相对应的写上，不相关的不要写。在描述工作经历时要注意工作成就要数字化、具体化，比如说"工作内容基本上完成"，不如说"工作完成了90%"。不必拘泥于时间顺序，可以先写最有成就的，这样可以让招聘人员在短时间内发现亮点。凡是列入校外实习经历的工作，都应该交代清楚所在的部门和所担任的工作，如××公司市场部兼职市场调查员。如果不是知名企业最好不要缩写公司名称。

③培训经历。如果在求职之前参加过培训，而且这些培训对要应聘的职位来说很重要，那么一定要写上。比如，曾接受过一周的销售培训，那么在应聘销售职位时，就一定要写出这段经历。如果接受的是公司的培训，那么就把培训经历放在实习公司的下面，作为公司的一种奖励，这也是应聘时的亮点。一般外企很重视学生不断学习的能力，因此，接受过的培训经历是一个很大的亮点，如果到外企应聘又有培训经历的话，一定要写上。

（5）所获荣誉。在描述个人所获荣誉时，除了描述获得荣誉的时间和获得荣誉的内容，还需要标注出在比赛中的排名、名次及比例，比如"获优秀毕业论文(奖励前5%)"这样的写法是最专业的。撰写简历有一个重要原则，就是尽量表达清楚，一看就能明白。同时切记无关奖励不要写。请看下面示例：

获得荣誉
- 2016年6月第五届"挑战杯"全国大学生创业计划竞赛陕西省银奖（20/400+）
- 2016年5月第四届"星火杯"创业大赛银奖（5/80+）
- 2017年度全校最佳明星社团（1/70）
- 2017年度西安地区特殊人士展能运动会优秀志愿者

（6）相关技能。在技能的描述中，除了要描写具体所具备的技能以外，还应在简历中显示出具体能运用该技能做的事情，这样会更有说服力。请看下面示例：

相关技能

- 大学英语四级、六级。
- 熟练使用办公软件 Word/Powerpoint/Photoshop/Dreamweaver 等
- 2018 年考取驾照，能熟练驾驶车辆

外语能力

- 大学英语四级：573 分
- 大学英语六级：586 分

计算机能力

- 能用 Word 制作海报，用 Excel 制作报表，用 PowerPoint 制作简易动画片
- 能用 Photoshop 处理图片，用 Dreamweaver 制作简单网页

（7）自我评价。自我评价一般不是必须要写的，如果要写的话，可以适当地对自己的性格、对自己的专业知识进行评价。但是要真实客观，不要写太多对自己褒扬的词，一般最多存三个就可以了。在评价自己的性格的时候，用词不能自相矛盾，例如性格外向与沉稳内敛就是两个相互矛盾的词。不要出现对自己的能力夸大的现象。

4. 描述工作经历

（1）描述得越具体越好。

①越具体，越充实：一段四行字的经历，感觉要比一行字的好很多。

②越具体，越真实：要知道简历很多都是经过修饰的，具体的实践互动可以赢得用人单位的信赖。

③越具体，越准确：具体的事情更能体现出求职者所具备的能力。

（2）动作分解，按步骤描述经历。

怎么能把一件小事情，写得很具体呢？最好的方法就是动作分解。把一件事情，按照它发生的顺序拆解成多个步骤，一步一步地写下来，这就是动作分解。请看下面示例：

举办班级联谊活动

按照动作分解的方法，可以这么写：

▲联系赞助和对口班级

▲确定场地，组织人员布置场地

▲制作宣传海报，组织人员张贴海报

▲当日会场协调组织

（3）深入细节：写背景、写做法、写结果。

有一位求职者，在大学期间曾经组织过一次游园会。因为年纪轻，她在游园会中只是担任了一个小角色，她感觉基本上是做了一些零散辅助工作。这段经历，她就写了两句话：

某大学艺术中心干事

- 参与组织了 2017 年的文化节

看了这两句话，我们对这位同学的能力还是一无所知。也就是说，这两句话白写了，对于呈现能力起不到任何作用。该文化节是学校的传统活动，比一般的活动更有影响力。在活动中，虽然她只是做了一些琐事，却很积极很投入，比其他学生强很多。可是，如何把这些不同表达出来呢？

①写背景：文化节是某大学最有影响的传统经典活动，包括文艺巡演、围湖诗会、思源灯谜等三大部分，从每年的 4 月份持续到 5 月份。

②写做法：作为社团的学生干事参与校学生会组织部、宣传部的工作，联系了 23 个

参演社团的工作人员，通知会议、做会议记录、协调排练场地，收集各社团的宣传海报，统一张贴。

③写结果：本届活动有大约200多名工作人员，2000多人次参加，成为最成功的一届文化节。

（4）社团工作不写"官位"，只写具体事情。

撰写工作经历时并非一定要写社团名字和职务，可以写在这个社团里做的某件事情。请看下面示例：

> **2014.10　××大学**
> 参与组织传统经典活动：文化节
> • 文化节是××大学最有影响的传统经典活动，包括文艺汇演、学术交流

（5）数字让经历看起来更具体。

有数字的经历看起来更真实，数字也让人可以横向对比，更具有精确的感受程度和水平。比如上文提到的一段经历，如果把数字加进去，一切就变得更容易理解了，数字能体现工作量和任务的难易程度。请看下面示例：

> 联系了23个参演社团的200多名工作人员，共通知了6次会议，记录会议摘要1万多字，协调排练场地34次；收集46张各社团的宣传海报，统一张贴在校内7个主要的海报栏

（6）文字简洁，使用动宾结构。

描述客观事实，表达能力的最小单元是一个动宾结构。例如："我"是代词，"自行车"是名词，这两个词放在一起，没有能力的体现。如果加上不同的动词，就会出现不同的能力，比如"我骑自行车""我修自行车"等。因此动词加上宾语，一个动宾结构就可能完整而具体地表达一种能力。上文提到的"动作分解"，就是要把一件事情用多个"动宾结构"表达出来，各种各样的能力就自然表达出来了。

（7）排版简洁，每句话独立表述一件事情。

排版的目的是让阅读更简单。简单的句子就是只表达一个意思的句子。比较一下下面两段经历就明白了。

> A. 某市图书馆志愿者活动 团体负责人
> 　　我在里面担任了志愿者的小组长，协助领导的工作。在工作中学会了与人相处的技能，提高了团队合作能力，尤其是在协调志愿者的过程中，锻炼了沟通的技巧。最后我们获得了"先进集体"的称号，我获得"个人优秀组织者"称号
> B. 某市图书馆志愿者活动团体负责人
> • 宣传志愿活动，招募选拔组员并进行培训
> • 处理突发事件，组织协调管理人事调动
> • 与某市图书馆志愿者管理方协调解决志愿服务过程中暴露的问题
> • 任职期间，所带团队获某市图书馆志愿服务"先进集体"称号，个人获"优秀组织者"称号

5. 简历撰写的注意事项

（1）避免烦琐，篇幅适中。个人简历通常很简短，语言一定要朴实，不要用华丽的辞藻，长篇累牍不等于有吸引力。"博士生一张纸，本科生几页纸，专科生一摞纸"，

这是用人单位在多次招聘中总结的所谓"规律"。简历与自荐信不同，简历是叙述个人客观情况的，是支持自荐信的材料；而自荐信则是主要反映求职者的主客观情况和求职意向，是对个人简历的必要说明和补充。现在有些毕业生撰写简历存在一个误区：唯恐没有把自己全面展示出来，在简历上"长篇大论"，结果事无巨细，导致招聘人员对这样的简历没有时间和兴趣阅读。通常个人简历应尽量控制在一页纸之内，用最简单的语言来陈述基本情况和主要经历，让招聘人员能在数分钟甚至几十秒内看完，并留下深刻的印象。

（2）目标明确，层次清晰。简历中最好能体现出求职者明确的求职目标，做到有的放矢，能针对申请的职位突出重点，使招聘人员觉得求职者情况与任职资格相符，感到这份简历就是写给该单位的，与招聘条件较为一致。简历布局要合理，内容资料要摆布得当。要避免把所有信息掺杂在一起，让人理不出头绪。简历的开头是个人情况介绍，要高度概括，突出求职者的特点；中间部分描述要显得客观可靠，语气要坚定、积极、有力，让人无可置疑；最后部分一般是获奖情况及能力证明，这部分应充实、有影响力。切记不要"眉毛胡子一把抓"，要妥善安排各种信息，排好版面，笼统的、毫无个性的简历只会被埋没在其他人的简历之中。

（3）渲染优势，模糊弱势。简历只是一块敲门砖，关键还在于要有真才实学的本事。招聘人员在筛选简历时，多注重硬件标准及职位所需的能力要求。所以毕业生在

编写简历时应特别注意对与自己申请职位相关的优势进行细致描述，最好对其内容数字化、具体化。一定要实事求是，千万不能夸张。当某些条件不符合招聘要求时，可以省略不写，或是一笔带过。如用人单位要求英语水平，当毕业生没有考级或正在考级时，可以写成"具有四级或六级水平"，以此类推。坚决反对不符合实际的夸张，这样做往往适得其反。

（4）避免过于简单和雷同。某用人单位在一次招聘结束后准备离开会场，被该校的一位同学拦住，该同学说："和我一起投递简历的同学都有面试机会，而我为什么没有得到通知？况且我的学习成绩、综合能力都不比他们差。"同时还说了很多其他的条件，希望用人单位能给他一次机会。为了满足该同学的要求，招聘人员从行李箱中找出了他的简历，发现该同学简历仅有一张纸，除了姓名、性别、出生年月、毕业院校、专业、课程、联系方式之外，什么都没有写，既看不出其学习情况，也看不出其综合能力。试想，如果你是招聘人员，你会给他面试机会吗？

另外，有的毕业生图省事，从网上下载简历模板并且不加修改地进行填写，甚至有些学校同一个班级学生的简历，格式、内容都大同小异，基本雷同，没有一点特色，根本看不出是经过本人设计和制作过，更反映不出个人特点和优势所在。对于有经验的招聘人员来说，这种简历大都会被排除在外。

表10-2、表10-3为某两位同学的简历。

表 10-2 个人简历样表 1

张某某

求职意向：房地产招商专员

电话：××   邮箱：××   出生日期：××   籍贯：××

教育背景

2015.09—2019.06   ××大学   ××学院   ××专业   本科

专业前 15%
连续三年获得校级三等奖学金（2016—2018）

招商/销售经历

2017.06—2017.09   某世纪广场投资有限公司   招商专员

- 参与某广场一号街项目的全国范围招商工作
- 通过论坛发帖、跟帖、QQ 群发信息等网络渠道进行招商网络宣传推广
- 利用知名论坛、专业招商网、综合信息网（赶集网、阿里巴巴）等网络资源寻找有需求的客户
- 每天电话联络 30 ~ 50 位客户，记录客户情况、需求等信息，并陪同预约客户逛商铺
- 对意向客户进行跟踪联络，洽谈合作，签订相关合同
- 平均月签 3 ~ 5 个铺面，掌握近 1000 位客户需求信息及联系方式（其中全国性品牌近 140 个）

2018.06—2018.09   某企业发展有限公司   销售实习生

- 负责公司的销售工作，分析客户需求并制订销售计划
- 通过电话与 83 个客户建立关系并从中发现 20 个销售机会
- 通过网上参与潜在客户调查，成功访问了 86 个客户

2016.09—2016.10   某图书馆志愿者活动   负责人

- 宣传志愿活动，招募选拔 20 名组员并进行培训
- 活动期间处理突发事件，协调人事变动

2018.10—2019.05   国美电器   市场导购员

- 为顾客提供服务咨询以及各款产品的详细介绍

技能证书

- 大学英语四级证书，日常口语交流熟练，读写能力良好
- 国家计算机等级二级证书（C 语言）
- 熟练使用 Office 办公软件

特长爱好

- 乒乓球，曾获区级青少年乒乓球比赛二等奖
- 游泳，旅游

表 10-3   个人简历样表 2

	李某某
个 人 照 片	求职意向：教师岗位 电话：×× 邮箱：×× 地址：××

教育 & 荣誉

2015.09—2019.06	某师范大学 汉语言文学专业	本科
	• 比赛竞赛：曾获得全国作文大赛三等奖 • 发表文章：《我的滑板鞋》被《×× 文摘》采用并发表在第 ×× 期 • 学校播音主持风采大赛三等奖（2017.01） • 第四十七届校田径运动会大型团体操比赛二等奖（2018.10）	

教学经历

2017.07—2017.09	某师范大学附属中学	教学实习
	• 协助语文老师完成日常授课活动，并定期检查辅导学生作业 • 融入学生社团，近距离了解学生所需及疑惑，并在教学中改进教学方法 • 在指导教师的帮助下，完成对古文、现代文、诗歌等不同类型课程的实践教学活动 • 实习期间多次获得专业教师赞扬和学生们的认可	

其他经历

2017.02—2017.03	某市科技馆地铁站站内服务志愿者
2018.09—2018.10	学校搬迁工作志愿者

教师技能

• 高级教师资格证 • 普通话等级测试（一级甲等）

特长爱好

• 唱歌

（四）推荐表和附件

1. 高等院校毕业生双向选择就业推荐表

高等院校毕业生双向选择就业推荐表，简称就业推荐表，是毕业生直接与用人单位面谈的重要媒介之一，它可以证明持表人的应届毕业生身份。它是由毕业生填写，学校审核并签章的权威性书面材料。

2. 附件

个人简历应包含附件，附件主要包括毕业生在大学期间所获得的各类证书以及成果证明等材料的复印件。一般把各类材料复印成同样大小的纸型，并按照时间顺序或重要程度依次排好，如材料较多，可列出目录。

同时准备好原件，以备核查。

（五）求职文案的包装

在原始材料的基础上，根据不同的应聘目标完成求职文案主体部分的编写后，就要进行包装，即完成封面（主题）设计和求职文案的装订工作。封面的设计是丰富的，但其基本原则是美观、大方、醒目、整洁。封面设计要有一个主题（标题），因为一个好的主题往往能吸引用人单位的眼球，使招聘者想进一步了解求职文案的具体内容。同时，封面的设计风格与求职文案内部主体内容风格要一致，具有统一性和整体性。封面设计中最好还能体现出求职者的姓名、专业、年级、学校等最基础的内容。在求职文案的装订中最好采用标准纸，用计算机打印，不要用繁体字（有特殊要求除外），装帧不要太华丽，保持整洁明快是最重要的。

三、电子简历的制作

随着计算机网络的广泛应用，网络招聘以其成本低、见效快、无地域限制等特点被用人单位和毕业生所认可，并且成为用人单位招聘毕业生的主要渠道之一。很多用人单位通过网络发布招聘信息，进行网络面试、网络签约等一系列招聘活动。毕业生也常常通过网络提交简历与用人单位沟通并推销自己。大学生如何通过网络推销自己，如何提高网上求职的成功率，应注意以下事项：

（一）网络媒介的选择要安全规范

网络求职有很多优点，但也有其弱点，就是安全性无法得到保证，很多网络信息具有欺骗性。所以，毕业生选择网上求职要注意选择正规的网站，登录信息监管规范、知名度高的网站并注册登记求职信息。对网站上的招聘信息要反复甄别，不断验证。在投递简历时要选择规模较大、信誉好的单位作为求职目标企业，对那些只留手机号和邮箱的招聘信息一定要认真核实，最好能获得用人单位的固定电话和地址，以便核实相关企业信息。对不合规范的网站，不要将自己的资料信息随意泄露，对信息模糊的单位，不要随意发送自己的求职材料。

（二）电子简历力求简洁，循规操作

电子简历版面应比书面简历要简洁，以避免招聘人员阅读时多次翻页。所以编写电子简历时要更加简练，主要突出自己的能力和业绩，通过材料展示出自己各方面符合应聘的职位即可。为了规范和方便简历收集，大多数招聘单位和求职网站都提供了统一的简历模板，并告知了具体的填写步骤，毕业生只需要按照提示填写上传即可。

（三）电子简历的发送

发送简历的同时附一封求职信，这样可以体现自己的诚意，也可以让招聘人员更全面地了解自己。发送电子简历时应避开上网高峰时间，这段时间不仅传递速度慢，而且常会出现未知的错误。即使遇到网络拥挤，也不要放弃求职机会，应择机而动。发送完简历后，要主动与招聘单位联系。在网上应聘结束后，要主动通过发送邮件或打电话询问情况，向用人单位表示诚意，也让自己心中有数。

☕ 课后练习

制作一份自己的个人简历。

第十一章　求职应聘

随着大学生人数的逐年增加，大学生就业问题已成为全社会关注的焦点，毕业生要了解就业市场和多种就业途径，重点掌握面试的目的和原则、面试的形式和内容、面试的交谈技巧以及面试的难点和应对策略，同时掌握笔试的方法和技巧，知晓应聘的流程和主要事项，最终才能达到成功求职，顺利就业。

第一节　求职渠道

一、大学生就业市场

（一）就业市场的含义

就业市场又称劳动力市场，它通过市场主体的积极参与，市场组织者的有序管理，政府的宏观调控，承载着对全社会劳动力资源进行有效配置的功能。它与消费品市场、生产资料市场、金融市场、信息市场、技术市场、房地产市场等各类市场有机结合而形成完整的社会主义市场体系。

大学生就业市场已经成为高校毕业生在就业市场中调整就业、寻找理想职业的重要场所。大学生就业市场属于人才资源市场的一种，它是毕业生与用人单位进行双向选择的重要场所。大学生就业市场是在社会主义市场经济体制下，专门以高校毕业生为服务对象的就业市场，是高校毕业生就业工作管理体系和就业制度中的一个重要组成部分。

它的工作职责和任务是为高校毕业生举办各种类型的双向选择会、洽谈会，开展就业咨询，为用人单位提供相应的招聘服务等。这一系列的就业服务最终为高校毕业生寻找合适的工作岗位，高校毕业生的就业需求提供了保障基础，同时也为用人单位选择自己所需的大学毕业生创造了条件。

（二）大学生就业市场的特征

1. 公益性

大学生就业市场以促进大学生就业创业为宗旨，构建毕业生与用人单位之间安全、可靠的服务平台，为高校毕业生就业创业提供快捷、有效、全面、高质量的服务。

2. 市场主体的特殊性

在大学生就业市场中，学校是基础，政府为主导，市场起调节作用。因此，大学生就业市场的组织主体可以是政府教育部门，也可以是高校。市场的就业主体是高等院校毕业生。这是一个高附加值的特殊群体，具有良好的可塑性。但是，正是由于这个主体都是大学毕业生或研究生，学历层次差别不大，年龄也较集中，因此在就业的过程中竞争会更加激烈。

3. 时效性

我国现行的大学生就业政策规定，毕业生就业必须在有限的时间内完成。每年寒假或暑假，全国有几百万应届高校毕业生，一般要求他们在一年内落实工作单位，现在择业期延长为两年或三年。各级主管就业部门对每年的毕业生就业市场的运行日程都有一个大致的安排，从用人单位到高校招聘，再到毕业生落实就业单位、签约，以及未能落实或重新落实单位等都有具体的时间规定。毕业时，未就业的毕业生在三年内不能落实就业单位，或者已就业的毕业生毕业满两年，就要离开这一市场而转到其他就业市场择业或待业。

4. 区域性

大学生就业市场的主办者多以各省市教育部门、高校或行业主管部门为主体。不论谁举办，这些就业市场的用人主体一般都是本地区的，同时也是为本地区的高校毕业生服务的。因此大学生就业市场表现出较强的区域性。

5. 集中性

我国每年都有几百万名大学生进入社会就业。从人数到时间，都有集中性的特点。用人单位和毕业生在一个相对固定的时间和场所集中招聘或应聘。特别是校际或院校内举办的人才交流会，表现在专业方向上，更具有集中性的特征。供需双方直接签约，

减少了中间环节，提高了供需双方的效率和效益。

6. 影响性

高校毕业生就业市场涉及面广，任何一个毕业生就业都牵动着毕业生、家长、亲朋好友的关心以及社会关注，影响极大。

（三）大学生就业市场的基本职能

1. 信息交流

大学生就业市场是大学生与用人单位供需双方进行双向选择，实现求职和招聘的必要场所，而充分交流就业信息与求职信息又是供需双方进行双向选择的基础和前提。因而，促进信息交流是大学生就业市场的首要职能。大学生就业市场需要收集和整理各种就业信息，并通过适当的方式对所有毕业生公开，供毕业生了解和选择。这些就业信息既包括国家宏观的政治、经济形势，也包括有关的就业政策、规定，还包括用人单位的基本情况和具体的用人需求，是各种与大学生就业有关信息的集合。同时，市场也要向用人单位提供各个高校的专业介绍、生源情况和求职者的应聘信息，方便用人单位进行招聘。市场信息能否实现共享，交流是否充分，直接决定了市场作用能否有效发挥，人才配置是否合理。

2. 就业服务与管理监督

大学生就业市场的宗旨就是为大学生和用人单位提供政策咨询、就业指导、供需见面、创业培训等就业创业综合服务。目前，大学生就业市场提供的就业服务主要有以下几个方面：向毕业生和用人单位提供就业政策和规章咨询；办理毕业生就业改派、人事代理等一系列手续，实行一站式服务；为求职毕业生提供就业指导和

职业介绍；为需要培训的求职毕业生推荐培训单位；公开发布需求信息、供求分析信息和职业培训信息；办理求职登记；对就业困难毕业生进行就业援助；举办毕业生求职和用人单位招聘双选活动；完成主管部门规定的其他相关服务。

（四）大学生就业市场的作用

1. 市场配置作用

大学生就业市场是通过市场的调节作用，实现对大学生人才资源的合理配置，促进人才的合理流动，达到人尽其才、才尽其用的根本目的。大学生要依据人才价格信息、个人与职业匹配情况和人才竞争的激烈程度等因素来决定是否就业。用人单位则是根据工作要求、经营状况和社会平均人才价格等信息决定对毕业生的录用。大学生就业市场就是依靠市场竞争机制，通过这些供求规律、价值规律等最终决定人才的组合与配置。多年的就业实践经验表明，高校毕业生就业市场在毕业生就业中发挥了不可替代的基础性作用，大多数毕业生都是通过这一市场实现就业的。因此，高校大学生就业市场已经成为毕业生求职、就业的主渠道。

2. 市场导向作用

大学生就业市场中毕业生的就业状况，从根本上讲，反映的是高等学校人才培养与市场需求之间的适应程度。认真分析用人需求与毕业生就业的状况以及存在的问题，有利于高等学校转变办学思路，加强学科建设，调整专业设置和教学计划，增强学校主动适应社会与经济发展需要的能力。大学生就业市场建立了就业预测制度（主要预测包括毕业生的生源状况、需求状况、就业状况及其他信息），加强了对就业形势的研究，

定期公布就业预测情况。这不但对高等教育的改革起到了导向作用，同时也为相关部门制定和调整大学生就业政策提供了重要参考和依据。

3. 市场调节作用

大学生就业市场为毕业生和用人单位引入了公平竞争机制。优胜劣汰是市场经济的主要特点，大学生就业市场也不例外。毕业生在就业市场中取胜的直接原因，就是自身的竞争实力。当竞争实力较弱时，就业相对来说就比较困难，毕业生甚至会被淘汰出局。毕业生为了找到一份理想的工作，根据市场需求和个人意向，不断调整知识结构或择业方向，以增加竞争实力。可以说，市场竞争机制有力地激发了大学生的求职欲望，调动了大学生的学习积极性。大学生就业市场也使用人单位之间的竞争更加激烈。

二、大学生求职的校内途径

（一）校内招聘会

1. 用人单位高校专场招聘会

这种招聘会一般由用人单位通过高校就业指导部门安排，在指定高校举办招聘应届毕业生的专场招聘会。

特点：涉及的专业、人数不多，但招聘对象针对性强——指定高校、指定专业的毕业生，应聘成功机会大，特别是安排在学院、系一级招聘的，成功的机会更大。由用人单位到高校内招聘是目前毕业生就业的主要渠道。

2. 高校组织举办的毕业生双选会

为了让本校毕业生顺利就业，很多高校每年都会集中邀请一些与该学校有长期合作关系的用人单位，开展与学生供需见面的招聘活动。这种招聘会基本上专门针对本校的

毕业生，所招的职位要求与本校的专业方向相符或相近。一般由高校就业部门通过发函、电话联系全国各地用人单位参加，每年 1 ~ 2 次，大多安排在每年的秋季 10 ~ 11 月份，也有的高校会在春季 3 ~ 4 月份举办第二次双选会。

特点：参加的用人单位多，分布在各行业、各地区、各层次，如国有制、股份制、民营企业，需求的专业和人数较多，毕业生有较大范围的选择，一般除了本校毕业生外，还会有许多外校的毕业生前来应聘。因此，用人单位的选择也较大。

3. 行业内单位联合举办校园大型综合类招聘会

这类招聘会是高校之间分行业、分学科横向联合举办的。一般是面向本区域或者相关高校，并具有一定规模的综合类招聘会。从目前校园招聘会的新动向可以看出，行业内若干企业联合举办招聘会是以后高校招聘会的主要发展方向。如中石化总公司人才招聘会、航天集团招聘会、全国建筑行业毕业生招聘会等。

特点：对行业相关的专业需求量大，涉及专业较多，应聘成功率高。

4. 各地区赴高校专场招聘会

由各地（市）人社局、大中专毕业生就业管理部门组织当地各企事业单位在高校举办大型招聘会。

特点：用人单位分布在各个行业，需求专业和人数较多，对毕业生生源不限于本地区。

（二）学校推荐就业

学校的就业推荐是大学生求职的一个重要而有效的途径，即通过学校毕业生就业指导中心推荐，获得就业渠道并成功就业。

1. 学校推荐的分类

（1）间接推荐：毕业生就业部门搜集就业信息并进行统一发布，学生自主参加应聘。

（2）直接推荐：有倾向地推荐优秀毕业生，但是直接推荐并不是学生就业的主要途径。

2. 学校推荐就业的优缺点

（1）学校提供的信息可信度和有效性最高。

（2）能较为准确地考虑到人职匹配的问题，推荐成功率高。

（3）就业面相对狭窄，学生选择余地不足。

（三）社会实践或实习求职

对缺少社会经验的大学生来说，能够接受专业的实践、建立职业化观念、提前体验职业生涯是不可多得的机会。而从企业的角度来看，给大学生提供实践和实习机会，可以说是一举多得。一方面可以宣传企业文化，另一方面可以为公司将来储备人才，同时也可以降低用人成本。

三、大学生求职的社会途径

1. 综合性人才招聘会

全国各大城市高新技术人才中心或人力资源机构，每年都会举办各种各样的招聘会，如湖北省的"百企万岗"公益招聘会，还有其他大型的综合招聘会、中小型的专业招聘会以及专为毕业生服务的专场招聘会等。此类招聘会有许多特殊性，招聘会规模庞大、招聘单位众多、行业范围广泛，大学生可通过参加这类招聘会了解就业行情，接触和熟悉社会，即使不能顺利签约也能够丰富自己的求职经验。

参加这类招聘会，需要注意的是，要有主见，因为参会的人很多，不要人云亦云，盲目从众，一定要通过自己的接触做出判断。此外，要准备多份简历和个人材料，以备用人单位当场查阅。

（1）省（市）大中专毕业生双选会。

这类招聘会是指各省（市）人事部门、大中专毕业生就业管理部门在本地举办的大型招聘会，一般安排在寒假期间或寒假前后，也有的省市在毕业派遣后的七月中下旬再次举办。

特点：参会用人单位基本为本省（市）单位，需求信息较多，但由于在当地就业毕业生参会太多，竞争过于激烈，应聘成功率不高。

（2）各地（市）人才交流市场举办的招聘会。各地（市）人才交流市场会不定期举办各类招聘会，但涉及范围过大，包括不同层次、不同专业、不同籍贯人才。

特点：一般要求应聘者具有一定的工作经验，一般不解决户口，应聘成功率不高。

2. 电话求职

大学毕业生可先通过电话簿或在已获取的求职信息中选定自己喜欢的企业单位，然后按照地址及时与单位进行电话联系，询问和了解自己的应聘机会，向单位推销自己，表达自己的就业意愿。

采用电话途径求职时应注意：要敢于主动推销自己，通过电话留给对方一个好的印象。要注意，如果希望在短暂的时间里完成自己的求职过程，达到求职的目的，就应对通话时段、通话时间、通话内容做精心设计和准备，也要熟悉必要的电话礼仪。

3. 网络求职

网络求职是一种特殊的择业形式，网络求职方便快捷，是一种多、快、好、省的择业新方式。现在越来越多的企业和求职者开始选择网络招聘和求职，并且这种趋势在不断增长。

网络求职一般有两种形式：一种是在网上发布求职信息，坐等用人单位与自己联系；另一种就是根据网上发布的招聘信息发送自己的求职意向，或直接登录用人单位网站，主动发送电子邮件与对方联系。网上择业已得到越来越多的用人单位和毕业生的认可。

4. 中介机构代理

在尝试上述各种就业途径的基础上，毕业生还可以通过人才中介机构来寻找工作。可以到就业中介机构专设的委托招聘部门去办理就业代理、免费注册、投放简历、委托推荐等。需要注意的是，毕业生在选择求职代理中介时，应警惕黑中介和假中介机构，还要注意考察和了解中介机构的信誉度和社会认可度。

5. 直接登门自荐

在没有其他介绍和推荐渠道的情况下，大学生可以带着自荐材料，直接到一些选定的公司登门拜访，勇敢地把自己介绍给对方，以赢得用人单位的赏识。

特点：机会掌握在自己手中。直接登门自荐之前，首先要通过公司网站对该公司性质、企业文化进行了解，做到心中有数，要在拜访时表现出对该公司的熟知、了解和喜欢，给用人单位留下深刻的印象。

6. 社会关系介绍

大学生还可利用自己的社会关系搜集就

业信息，并进行求职选择。许多用人单位也愿意录用经人介绍或推荐而来的求职者。在求职过程中，如果关键时刻有人帮自己引荐，当然效果会更好。因此，建立自己的关系网对择业是非常必要的。通过亲朋好友找工作最为可靠，成功率也较高。亲戚朋友的推荐分为两种情况：一种是"无力度"的推荐，就是你的亲朋好友只是推荐你完成择业应聘过程；另一种是"有力度"的推荐，这种推荐可直接影响人力资源部门的决策，但前提必须是你要符合该单位该职位的任用条件，或者说完全能胜任此项工作。

通过社会关系介绍的途径有：血缘关系——家长和亲朋好友；地缘关系——老乡；学缘关系——老师和校友。

综上所述，求职者一定要根据自己所在的地域、所学专业、求职行业及自身条件来选择最有把握和最有机会的求职途径和方法，最大限度地降低求职成本，缩短应聘周期，尽快实现就业。

四、大学生的毕业选择

大学生在刚入学时就应该考虑自己毕业后想做什么，从而进行科学的学业规划和职业规划，有条不紊地实现自己的职业目标。然而毕业时究竟有几种选择呢？

1. 就业

大学生毕业前通过招聘会等多种途径与用人单位双向选择后，签订就业协议、劳动合同或其他有效就业证明材料落实工作岗位。

2. 升学深造

大学生毕业时通过考研的形式提高学历层次，增强自身的竞争力，同时也缓解了就业压力。因此，考研成为许多应届本科毕业生的选择。

3. 出国留学

大学生毕业时通过公费或自费的形式，申请到国外高校求学深造的机会。目前，也有一部分毕业生到境外的企事业单位去工作。

4. 国家和地方服务基层项目

大学生可选择按照国家扶持大学生就业的相关文件，到基层、农村、社区、部队工作服务。例如："选聘高校毕业生到村任职""农村义务教育阶段学校教师特设岗位计划""大学生志愿服务西部计划""三支一扶计划""预征入伍"等方式就业。

5. 自主创业

自主创业，是指劳动者依靠自己的资金、资源、信息、技术、经验以及其他因素创办实业，解决就业问题。现阶段，由于国家政策的大力支持和引导，加之信息化、全球化、企业盈利模式的变革等多种因素，中国正迎来新的自主创业高潮。

6. 延时就业

延时就业是指应届毕业生在毕业离校前未能落实工作单位，或由于其他原因未签订就业协议，即视为延时就业。

第二节　面试技巧

面试技巧就是面试中一些巧妙的技能，可以影响面试是否成功、是否被聘用。面试不仅能考核一个人的能力水平，而且能让用人单位面对面地观察毕业生的体态、仪表、气质、口才和应变能力等。同时，面试也是求职者全面展示自身素质、能力、品质的最佳时机。面试发挥出色，可以弥补先前笔试或是其他条件如学历、专业上的一些不足。在整个应聘过程中，面试无疑是最具有决定性作用的环节，有很多毕业生顺利通过了简历关、笔试关，最后却在面试中铩羽而归。因此，面试是求职者求职成功的关键一步。

一、面试的目的和原则

面试即当面测试，是一种经过组织者精心设计，在特定的场景下，用人单位通过有目的地与求职者面对面交流沟通，以获得求职者整体信息，考查其整体状况，推测未来发展能力的选拔测试过程。通过面试，招聘者可以直观地了解求职者的更多信息和资料，有利于选拔到合适人才。

（一）面试的目的

对求职者来说，面试的目的是在限定时间内向面试官推销自己，令面试官认为求职者是所有应聘人员中最合适的人选。同时求职者可以通过面试了解所应聘公司的工作性质、职位、待遇等信息，看看是否符合自己的期望。

而对于招聘单位来说，可以通过与求职者之间的问答，来清楚地了解应聘者的简历中提供的数据及推荐意见是否真实可信，面对面观察应聘者的礼仪、态度、谈吐，用各种方法评估应聘者的性格、能力及各方面知识，以考核应聘者的动机与工作期望，初步考察应聘者是否有能力、有诚意担任此职，

是否适合该工作等。

（二）面试的原则

面试是招聘过程中最重要的一个步骤，因此适当掌握和具体运用科学的面试原则是非常有必要的。

1. 仪表得体，诚信守时

面试礼仪是很重要的，得体的着装、优雅的谈吐，不仅能给面试官留下良好的第一印象，也能提升自己的信心。

（1）一定要守时。无论有什么理由，迟到都会被视为缺乏自我管理和约束能力的表现。应聘者要提前到达面试地点，以利用面试前的时间调节自己紧张的情绪，迅速适应考场环境。

（2）着正装。面试是正式、严肃的场合，务必穿正装出席，宁可保守一点也不要标新立异。男士最好穿深色西服，打领带；女士选择相对多一些，但也要以整洁美观、稳重大方为原则，服饰色彩、款式、大小应与自身的年龄、气质、肤色、状态相协调，还要与自己所应聘的职位、学生年龄相吻合。合适的着装会提升自身的职业素养。

（3）面试中要杜绝晃腿、吐舌、转笔、动手指等小动作，这些动作容易给面试官留下求职者不成熟、不稳重、不自信等印象。应手脚自然放松，两眼平视面试官，注意与面试官的目光交流。面试中语速要平缓、自然，尽量避免中英文夹杂，尽量少用助词，例如"啦""喽""呢"等，不要给面试官留下用语不清、冗长、不认真及缺乏自信的感觉。

2. 紧扣题目

当应聘者在回答问题时必须根据面试官提出的问题要求应答，不能答非所问，也不能随意扩大或缩小问题的内容或范围，并且要控制回答问题的时间。

很多应聘者不假思索地开始按答题套路分成事前计划、事中实施、事后总结来答题，而忽视了题目的核心，结果适得其反，给面试官留下此应聘者只会生搬硬套，不能够变通，遇到问题不能随机应变的印象，自然也就得不到高分。因此一定要紧扣问题来作答，以问题为中心，结合自身特点进行创新，才能有所突破，获得高分。

3. 实事求是

实事求是是指在回答面试官提问时，要从本人的实际情况出发，正确应对面试官的发问。例如，当面试官问及应聘者家庭情况时，应如实简单相告。如果问及应聘者在大学本科或研究生阶段学过多少门课程时，应聘者如记得清楚，就如实报告，如记不准，就说个大概，切不可随意编出个数字来。当问及应聘者的优缺点时，要简明扼要地叙述，切不可谈得过多、过高。在面试中涉及专业知识时，更要实事求是地回答。如果应聘者对面试官所提的问题回答不出来，可以坦率地承认"不知道"并表示歉意。当问到应聘者熟悉的问题时，应聘者应尽量发挥得充分一些。

4. 沉着冷静，随机应变

面试官比较看重应聘者随着情况的变化而灵活应对的能力。例如，进入面试考场后，如遇面试官都不发问，而是面带微笑地看着你，这更使人不知所措，心里紧张。这时你应"主动出击"，改变这种被动局面。你可以先做自我介绍，甚至可以向考官们提出一些问题，以显得自己是头脑灵活、反应敏捷、能够随机应变的人。一般来说，在面试过程中，当面试官提出问题以后，应聘者应稍做思考，不必急于回答。即便是所提问题与你事前准备的题目相似，也不要立即答题。因为这样给面试官的感觉可能是你不是在用脑答题，而是在背事先准备好的答案。如果是以前完全没有接触过的题目，则更要冷静思考。磨刀不误砍柴工，切勿忙于答题而导致文不对路、东拉西扯或是没有条理、眉毛胡子一把抓。应该经过思考，理清思路后抓住要点，层次分明地答题，这样才会给考官留下较好的印象。

5. 条理清晰，层次分明

逻辑思维能力是面试测试中不可或缺的内容，而这种能力的高低能通过求职者的答辩显示出来。条理清晰、前后一致是逻辑思维能力的具体表现。要注意面试官不是看你答什么而是看你怎么答，这就要求求职者在听到面试题后，思维和陈述要有逻辑性。这种逻辑性要求求职者的回答层次清晰，条理分明，前后衔接紧密，表述前后呼应。依此作答才能征服面试官。

6. 推陈出新

面试中，面试官一般比较看重求职者个性化回答。因此求职者的回答富有新意，能够做到推陈出新，别出心裁，就能给面试官留下好的印象，为面试成功增加砝码。

二、面试的形式和内容

（一）面试的形式

面试有很多种形式，按照不同标准可以有不同的划分。例如：按操作方式可分为结构化面试与自由化面试；按应聘者的行为反应可分为交谈式面试和压力式面试；按人员组成可分为单独面试和小组面试；按面试场景可分为情景面试和行为面试；按面试进程可分一次性面试和分阶段面试等。如图11-1所示。

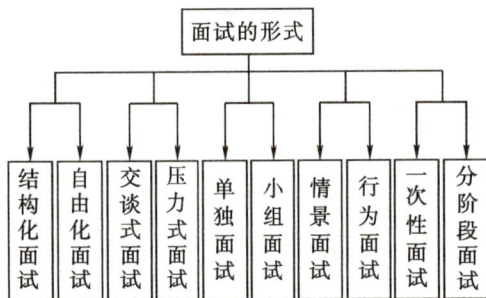

图 11-1 面试的形式

1. 结构化面试与自由化面试

结构化面试，又称标准化面试，是一种对试题构成、测评要素、评分标准、时间控制、考官组成、实施程序和分数统计等各环节事先按照要求进行规范性设计的面试方法。面试官按预先设定的程序和谈话提纲逐一向应聘者进行提问，应聘者针对问题一一作答。结构化面试的特点是过程严密、层次分明，通过多维度的评价系统很快能确定应聘者是否适合该职位。

自由化面试，是指与面试有关的因素不做任何限定，没有任何规范的随意性面试。在"随意"的条件下，关于面试过程、面试的评分角度及面试结果的处理，不需要提前准备和系统设计，面试过程中所提的问题、谈话及所采用的方式等都由面试官自由决定，形式很像人们日常交谈。自由化面试的特点是谈话层次交错，容易有针对性，但偶然性大。

2. 交谈式面试和压力式面试

交谈式面试，是通过面试官与应聘者的面对面谈话、交流，由面试官提问应聘者做答的方式，考察求职者的专业知识、业务能力、个人修养等的一种面试方法。交谈式面试是最常见的面试方式之一。

压力式面试，是面试官有意识地对应聘者施加压力，就某一问题或某一事件进行一连串的发问，问题具体详细并且追根问底，直至求职者无以应答。此形式主要考查求职者在特殊压力下的反应、思维敏捷程度及应变能力。

3. 单独面试和小组面试

单独面试是直接面对求职者的面试，大多数用人单位采用这种形式，时间一般为10分钟至30分钟。

单独面试又可分为一对一面试和一对多面试两种。一对一面试通常用于第一轮面试，在应聘者众多时，按顺序点名面试。面试的问题较为规律，求职者的注意力也较为集中。由于只面对一个面试官，应聘者往往心态自然轻松，话题能够深入，但却容易受面试官个人情感的影响。一对多面试是一个应聘者面对多个面试官，面试气氛紧张，目的是考验应聘者的心理承受能力，以便对其进行客观评价。应聘者要沉着冷静，避免紧张，每次只针对一个问题来回答，并注意回答时既要把重心集中在提出问题的面试官身上，又要顾全大局，与在场的每个人都要进行目光交流，不忽略任何一个面试官。如有多个问题同时提出，就选择一到两个问题重点回答，其他问题一时不知道答案，应婉转地表示自己不清楚，切忌强词夺理。

小组面试是面试官将多个应聘者分成小组，被试小组根据设定题目进行讨论，面试官在一旁观察每位应聘者的表现，如沟通能力、协调能力、语言表达能力和领导力等，从而确定录用候选人，然后再对候选人进行单独面试。

4. 情景面试和行为面试

情景面试突破了常规面试那种一问一答的模式，引入了无领导小组讨论、公文处理、角色扮演、演讲、答辩、案例分析等内容，如接一个电话、接待一位客户等，让应聘者进入角色模拟完成。这种形式逼真性高、针对性强，应聘者的才华能力更能得到充分、全面的展示，面试官对应聘者的素质也能做出更全面、更深入、更准确的评价。其目的在于考查应聘者处理特别情况或解决客观问题的能力和态度。

大公司经常采用行为面试来测试应聘者的工作和解决问题的能力。这种形式的面试着重考虑一系列个人行为和能力。公司认为对工作很重要的品质和能力，包括团队合作、创造性、持之以恒、沟通能力等。面试官使用的方法是询问应聘者对实际工作中遇到问题该如何解决的方法。例如，面试官想知道你的团队合作方面的能力，就会问你认为最好的团队合作经历是哪一次，你担任什么职位，做了哪些事情，对所在团队有什么帮助，

以及为什么你觉得最好。应聘者如果有很强的合作能力并且有过合作经历，当在描述团队合作经历时，回答便会简单清楚。而喜欢单独工作的求职者描述起来就会非常困难。

5. 一次面试和分阶段面试

面试的次数是根据不同用人单位的招聘要求来决定的。有的用人单位仅需一次面试就确定用人意向，有些单位则需要多次面试后，才确定最终人选。分阶段面试的程序分为以下几个步骤：第一次面试通常由人力资源部门的工作人员进行面试，主要是对应聘者的基本条件进行核实。第二次面试一般由人力资源部与业务部联合主持，是对应聘者个性特征、愿望动机、业务能力等方面的综合考察，因此也是面试中最重要的一次。第三次面试由公司分管人事的领导约见，主要考察应聘者的适应性和应变力。

面试形式多样，以上只是根据面试形式所做的大致划分，在实际面试过程中，招聘者可能采用一种或同时采用几种形式进行面试，以达到全面考查的目的。毕业生应认真学习这些面试形式，掌握一定的技巧和策略，沉着应对，以不变应万变，在求职择业中取得好成绩。

（二）面试的内容

面试的内容很丰富，用人单位可以从不同的角度来考查求职者，所以，求职者在准备面试内容的时候，也要从不同角度做准备。通常用人单位面试考查的主要内容包括以下几个方面：

1. 个人基本情况

这主要考查毕业生的个人情况及阅历，例如：民族、身高、视力、体格等自然状况，家庭主要成员及社会关系、文化程度、毕业

学校、所学专业等，接受过哪些培训，从事过哪些工作，参加过哪些社会实践等。

2. 仪表体态

这是指毕业生的体型、外貌、衣着举止、精神状态等。如外企、大型私企等单位，国家公务员、教师、公关人员等职位，对仪表风度的要求比较高。研究表明，仪表端庄、衣着整洁、举止文明的人，一般做事有规律、注意自我约束、责任心较强。

3. 专业知识

这主要考查毕业生的知识层次，包括专业课程、学习成绩、知识掌握程度、外语和计算机水平等。目的是了解毕业生的专业知识是否符合所要录用职位的要求，以此作为对专业知识笔试的补充。面试对专业知识的考查更具灵活性和深度，所提的问题也更接近空缺岗位对专业知识的要求。

4. 工作实践经验

这主要是根据求职者的个人简历或求职登记表，用人单位询问求职者有关工作背景及过去工作的情况，以补充、证实其所具有的实践能力。通过对工作经历与实践经验的了解，用人单位还可以考查毕业生的责任感、主动性、思维能力。

5. 口头表达能力

这是看求职者是否能够在面试中将自己的思想、观点、意见或建议顺畅地用语言表达出来，包括表达的逻辑性、准确性、感染力、音量、音调。

6. 综合分析能力和应变能力

综合分析能力是指在面试中，求职者是否能通过分析，抓住面试官所提出问题的本质，并且说理透彻、分析全面、条理清晰。在回答问题时，面试官还会根据求职者对问题的理解是否准确，回答是否迅速，判断求职者对突发问题的反应是否机智敏捷，处理意外事情是否妥当。

7. 人际交往和兴趣爱好

在面试中，通过询问求职者经常参加哪些社团活动，喜欢与哪种类型的人打交道，在各种社交场合扮演何种角色，日常都喜欢参加什么样的兴趣活动，阅读哪些书籍，有什么样的嗜好等，可以了解求职者的人际交往能力、兴趣爱好等方面的内容。这些对录用后的工作安排会有一定参考。

8. 求职动机和工作态度

这主要考查求职者的应聘目的、对什么工作或职位感兴趣、求职者的个性特点与专业结构是否符合职位要求。通过了解求职者过去的工作学习态度，也可预测其未来的工作态度。

9. 薪金福利

面试官在面试时还会向求职者介绍该单位及拟聘职位的情况与要求，讨论有关薪酬、福利等求职者关心的问题，以及回答求职者可能问到的其他问题。

三、面试交谈的技巧

交谈是招聘单位考察求职者自身素质的一个重要环节，也是面试的主要方式。求职者要积极主动地推销自己，注意面试中的沟通策略，掌握恰当的交谈技巧。

（一）答问技巧

回答面试官的提问是面试中的主要环节，任何求职者都会面对。由于面试中的提问带有考核性质，用人单位大多以此判断求职者是否符合本单位的需要，因此毕业生应注意提问环节的几方面问题，以提高回答问题的质量。

1. 思路清晰，把握重点

面试官提出问题后，不要急于回答，可以稍做思考，理清思路，再作回答。一般情况下回答问题要结论在先，议论在后，先将自己的中心意思表达清楚，再做叙述和论证。否则，长篇大论，逻辑混乱，会让人觉得不得要领。多余的话太多，不但容易走题，更容易冲淡主题或者漏掉主题。

2. 避虚就实，避免抽象

面试中招聘者提出的问题有时会过大，或者会提出一些摸不着边际和难以理解的问题，以致应聘者不知如何回答。对待这样的问题最好避虚就实，可以礼貌地请求招聘者复述提问，待重新理解问题，把握了问题主旨和目的后，再做出回答。这样回答起来就有的放矢，不致答非所问、南辕北辙。问答结束时，要注意"画龙点睛"，注意总结与提炼。

3. 冷静对待，开放式回答

招聘者有时提出的问题刁钻，难以理解，可能故意挑衅，令应聘者难堪。这不是"不怀好意"，而是一种战术提问，是在考察应聘者的"灵活性"和"应变性"。应聘者应灵活处理，语言缓慢、表情微笑地作答，要让对方看出自己的沉着与冷静。应聘者若反唇相讥，恶语相对，就大错特错了。

4. 创新答问，突出特色

毕业生在回答问题时，应尽量推陈出新，富有新意，这样才更有可能成功。因为用人单位面试时要接待的求职者很多，相同的问题会提出很多遍，类似的回答也可能要听很多遍，面试官常常会有乏味、枯燥的感觉。一个具有独到的个人见解和个人特色的回答，很快就会引起用人单位的注意，也就

让对方有兴趣继续交谈下去，对求职成功有很大帮助。

5. 正面回答问题和巧妙回答问题

一般来说，回答问题分正面回答和巧妙回答两种。当对方想知道非常明确的信息时，最好是正面回答。因为这样会凸显信息，给人留下深刻的印象，比如对方问"你学的什么专业""兴趣爱好是什么"，应聘者直接回答就可以了，不用附加修饰，说得天花乱坠。但面试中也有很多问题是开放性的，需要考查应聘者的意见和想法，这种问题回答起来，就不要正面回答了。因为如果正面回答，会让对方觉得应聘者很武断，或是极端；如果答案与对方的想法相悖，效果就不好了，有可能还会引起争论。因此，在回答时要尽量谦逊地说出自己的想法，或是简单地提出看法后征求对方的意见，以示尊重，避免观点不同造成气氛尴尬甚至不愉快。

（二）发问技巧

面试快结束的时候，面试官大都会问求职者是否有问题要咨询和提问。这时，求职者至少要问一两个问题。如果一言不发，会给对方造成两种印象：一是对该用人单位没多大兴趣，因此实在想不出问题，这样必然让用人单位难堪；二是在面试时应聘者没有太多思想活动，也没有能力提出问题，这样的话面试官会认为应聘者能力不足，反应迟钝，不会应变。因此，面试时适时提问能反映出求职者的水平和能力，但提问时也不可以随便，要注意以下几点。

1. 大胆提问

大多数毕业生在求职时总是顺从招聘单位意愿而不敢提问，这反而给人一种缺乏自信的感觉。事实上，毕业生没有实际工作过，

对企业不完全了解，大胆地提出问题可以体现出沟通能力强、有思想、善于观察思考的个性特点，也可以反映出毕业生良好的心理素质和对此份工作的重视。一个好的提问，可能胜过简历的各种说明，让面试官对该毕业生刮目相看。

2. 提问内容要合理、具体

求职者向用人单位提问应避免敏感话题，如工资待遇、公司效益、福利要求等，也要避免提出面试官不懂的问题。提问内容最好是与个人利益没有直接联系但与企业整体形象和招聘活动相关的概述性问题，如企业文化、企业经营模式、企业综合优势、企业发展前景等相关问题。求职者应注意把提问的重点放在招聘者的需求以及自己如何能满足这些需求上，应紧扣工作任务、紧扣职责来提问。

3. 注意提问时间

毕业生在提问时应把握好时间，该问时才问，切不可打断面试官的谈话。提问的内容也并非越多越好，"打破砂锅问到底"反映出该毕业生对应聘企业的不了解，同时由于面试时间安排紧张，过多的提问会让招聘单位产生厌倦之感。

（三）交谈技巧

在交谈的过程中，要注意以下几点：

（1）与其他交谈不同，应聘时的谈话应顺其自然。不要误解话题，不要过于执着，更不能独占话题，要适时给对方发问的机会，别人说话的时候不要随意插话。

（2）留意对方反应。交谈中很重要的一点是把握谈话的气氛和时机，这就需要随时注意观察对方的反应。如果对方的眼神或表情已经显示对你所谈论的某个话题失去了兴趣，应该尽快用一两句话结束此话题。

（3）有良好的语言习惯。谈话时不仅表达要流利，用词得当，同样重要的还有说话方式。发音清晰、语调得体、声音自然、音量适中、语速适宜等，这些都是在交谈说话中需要注意的细节问题。

此外，还要警惕容易破坏语言意境的现象，例如过分使用语气词、口头词，这不仅有碍于听者的连贯理解，还容易引人生厌。

（四）交谈心态

作为应届毕业生首次参加招聘面试，如何摆正自己的心态很大程度上关系着招聘的成败。

（1）要学会展示真实的自己。面试时切忌伪装和掩饰，一定要展现自己的真实实力和真正性格，要将自己的兴趣爱好充分地告诉对方。有些毕业生在面试时故意把自己塑造一番，比如明明很内向，不善言谈，面试时却拼命表现得很外向、健谈。这样的表现既不自然，很难逃过有经验的招聘者，也不利于自身发展。即便通过了面试，用人单位往往会根据面试时的表现安排适合的职位，这对于个人的职业生涯也是有影响的。

（2）以平等的心态面对招聘者。面试时如果能以平等的心态对待招聘者，就能够避免紧张情绪。特别是在回答案例分析问题时，一定要抱着自己已经是这个单位员工了，此时正在和单位同事一起讨论问题的心态，而不是觉得对方在考自己，心态好才有可能提出精彩的论述。

（3）态度要坦诚。做任何事情之前都应该先学会做人。所以，面试的时候求职者一定要诚实地回答问题。某位企业的高管说，企业曾经需要招聘毕业生到国外进行工作，因此要招聘家中有兄弟姐妹的毕业生上岗，以避免因为照顾父母为由经常探亲。面试时一位毕业生说自己家中有兄弟姐妹，当进入公司需要外派时又说自己没有兄弟姐妹，需要照顾父母。单位只好与他解约。这种欺骗行为实不可取，也不利于毕业生以后的职业发展。

4.四种不良心态

面试时存在以下几种心态都会影响面试的成绩，甚至导致面试失败。①竞赛心态：你考不倒我；②迎合心态：我就是你想要的人；③表演心态：我必须超常发挥；④急于求成心态：我还有很多优点没有展现呢。因此，在面试时应把握原则，摆正心态，合理运用技巧，正常发挥水平。

（五）交谈原则

应聘者与招聘者交谈应该把握以下"四个度"的原则。

（1）体现高度。在交谈过程中要展示自己的水平和能力。一方面是政治觉悟水平和敬业精神，另一方面是个人的专业水平。对问题回答不能信口开河，不能满足于"知其然"，还要回答出"所以然"。

（2）表现风度。在交谈过程中展示自己的气质和风度。一方面要体现自身的外在美，言谈举止要文明大方；另一方面要体现自身的内在气质。言语是一个人内在气质、个人修养的外在体现，要注意用自己的语言魅力展示自己。

（3）增强信度。要在交谈过程中展示自己的真诚和耐心。首先，态度要诚恳，不能在交谈中心不在焉；其次，表达时要准确，少用或许、大概、可能等模棱两可的词语；最后，表达的内容要真实，尤其对自己的优缺点要一分为二，实事求是。

（4）保持热度。在交谈中展示自己的热情。要注意做到主动问候、精神饱满、细心聆听。

（六）告辞技巧

（1）适时告辞。面试不是闲聊，也不是谈判。从某种意义上讲，面试是陌生人之间的沟通。谈话时间的长短要视面试内容而定。招聘者在决定要结束面试时，往往会说一些暗示的话语，例如："我很感谢你对我们公司这个岗位工作的关注。""谢谢你对我们招聘工作的关心，我们做出决定后将立即通知你。""你的情况我们已经比较清楚了，面试下一阶段的安排我们会通知你。"应聘者听了诸如此类的话语之后，就应该主动告辞。

（2）礼貌再见。面试结束时的礼节也是用人单位考察录用的一个重要环节。首先，应聘者不要在面试结束谈话前表现出浮躁不安、急于离去的样子。其次，告辞时应感谢对方花时间与你的交谈。离开时，如果有其他见过面的招聘者或者工作人员的话，也应该向他们致谢告辞。

四、面试的难点和应对策略

面试的主要内容是"问"和"答"。招聘者在面试中往往千方百计"设卡"，以提高面试难度，鉴别单位真正需求的人才。为了应付这种局面，应答得体，随机应变，就应掌握应答的基本要领，只有这样才能够对不同角度、不同形式提出的问题应对自如。

面试是考核应聘者的一种方式。尽管应聘者在面试前做了大量的准备，考虑到了每一个可能涉及的问题，但还是会出现一些意想不到的情况，许多时候这些意想不到的情况会直接影响面试的结果。以下介绍几种在面试中常见的难点和应对策略，以利于毕业生有针对性地加以准备，从而顺利完成面试，为成功就业奠定基础。

（一）沉着应战，坦白对待

面试过程中，对自己求职资格和工作能力的申述要充分、中肯、令人信服。回答问题要力求恰当、准确、灵活，而且自始至终要力求表现沉着、自信、充满活力、轻松自如，言谈举止要得体。面试期间，如果自己很紧张，甚至无法控制，办法很简单，就是坦白地告诉面试官，例如说："对不起，我有点紧张，可不可以让我冷静一下再回答您的问题。"通常主考官会理解并允许毕业生的请求。毕业生自己也会因为将感受讲出来，感觉舒服很多，而且在一定意义上也为自己争得了一些主动。

（二）精神紧张及克服的办法

有关调查显示，几乎所有的毕业生都承认自己在面试时精神紧张。可见，面试时紧张是毕业生面试时需要战胜的最大敌人。陌生的环境，被陌生的人提问，事关自己今后一段时间的发展前途，毕业生不可能不紧张，适度的紧张可以促使毕业生更加集中注意力投入面试。但若紧张过度，则对面试极为有害，这不仅会使应聘者注意力不集中，甚至可能将事先准备的内容忘得干干净净，头脑一片空白。这里提供几种克服紧张的方法：

（1）要做好充分的准备工作。预计到自己临场可能很紧张，应事先请有关教师或同学充当面试官，在教室或者宿舍进行模拟面试，找出可能存在的问题与不足，增强自己克服紧张的自信心。

（2）应反复告诫自己，不要将一次面试

的得失看得太重，其实你的竞争对手也不轻松，也有可能出差错，甚至可能不如你。同等条件下，谁克服了紧张，大方、镇定、从容地回答每一个提问，谁就会取得胜利。

（3）不要急着回答问题。面试官问完问题后，应聘者可以考虑 5 ~ 10 秒钟后再做回答。在回答时，要注意语速不可太快，快了容易使思维与表达脱节，也容易表达不清。而一旦意识到这些情况，会更紧张，结果导致面试难以取得应有的效果。所以面试从头到尾应讲话不紧不慢，逻辑严密，条理清楚，让人信服。

（三）遇到不清楚问题的对策

知之为知之，不知为不知。在面试过程中，你可能会遇到自己不熟悉或根本不懂的问题，这时你应该坦白承认，默不作声、回避问题是不可取的，牵强附会更不可取。面试官提出问题，应聘者听后不知怎么答，在要求再讲一遍题目后，应聘者仍无法回答。这种情况一旦发生，应聘者可以婉转地问面试官是否指某方面的问题。此时，重要的是态度要坦诚，不可胡乱猜测，信口开河。若真是一点也不清楚怎么回答，就应实事求是地告诉面试官，这方面的知识未接触过，作为面试官一般是可以理解的。

（四）讲错了话及改正的办法

人在紧张时很容易说错话，例如称呼时张冠李戴，申述时记错年月等。曾有毕业生在面试时出过这样的笑话，用人单位领导问："阁下认为我公司发展前景如何，发展动力是什么？"这位毕业生太紧张，听完提问后，不假思索地说："我阁下认为……"遇到这样的情况，许多应聘者往往心烦意乱，感觉自己讲错了话，这次面试肯定通不过，越发紧张，接下去的效果更差。此时，最好的应对办法是保持镇静。若说错的话无关紧要，也没有得罪人，可以若无其事，继续专心应对，切勿耿耿于怀。用人单位也不会因讲错一句无关大局的话而错过一个具有真才实学的人才。若说错的话比较重要，应该在适合的时间更正并道歉："对不起，刚才我过于紧张，好像讲错了，请原谅。"然后表达出自己心中本来要讲的意思。对招聘者而言，他可能更欣赏应聘者坦诚的态度和语言表达的技巧。

（五）长时间的沉默及应对的办法

面试时出现半分钟左右的沉默是正常的，但有时面试官为试验一下应聘者的心理承受能力，会故意长时间不讲话，造成长时间的沉默。这样的场景会让许多应聘者不知所措、惶恐不安，甚至说了一些不该说或毫无意义的话，造成自己的被动局面。好的应对办法是利用这一时间，对应聘者前面所讲的话题加以补充；或者也可以提出一些应聘者对用人单位尚不了解的问题，还可以利用这部分时间介绍一些应聘者个人的有关详细情况。

（六）多位招聘者同时提问及对策

遇到多位招聘者同时提问，一些应聘者会胡乱地选择其中某一个问题加以回答，结果自然不能让所有招聘者满意。在这种情况下，既要逐一回答，又要显得有礼貌。应聘者可以说："对不起，请允许我先回答甲领导的提问，然后再谈乙领导和丙领导的问题，可以吗？"回答哪位领导问题在先，哪位在后，一般应按官职从高到低排。当然，也可以按发问的先后次序排。需要注意的是：

在回答甲领导问题时不可太多太长，否则，乙、丙两位领导会有不被尊敬之感。回答问题时，应聘者的目光主要和发问的面试官进行交流，但也要适当顾及其他领导，让他们觉得，自己是和所有的招聘者在交流。同时，还应注意观察提问者的反应和面试室内的气氛，以便随时调整谈话的策略和方式。

总之，面试时不论遇到什么情况，应聘者都应沉着冷静、镇定自若地加以处理，千万不能惊慌失措。这或许是面试官故意考验应聘者的能力和应变技巧。

五、面试后的注意事项
（一）回顾总结

（1）面试一结束，应该对自己在面试时遇到的困难进行回顾，及时反思。并且应该重新考虑一下，如果面试官再一次问同样的问题，该如何更好地回答这些问题。

（2）尽量把参加面试时的所有细节内容都记录下来，并一定要记住面试时和自己谈话的人的姓名和职位，相信后期一旦进入该公司对自己会有所帮助。

（3）万一通知自己落选了，也应该虚心地向招聘者请教自己有哪方面欠缺和不足，以便今后改进。这样，就可以知道自己为什么会落选。一般来说，这样的信息用人单位给自己反馈不容易，应该好好把握。

（二）会后致谢

（1）在面试后的两天内，应聘者可以给某个面试官写一封邮件或编辑一条短信。在信里应该感谢用人单位为应聘者所花费的精力和时间，感谢对方为应聘者提供的信息。

（2）如果在一个星期后，或者依据用人单位所决策的一段时间内没有得到任何招聘相关的通知，应聘者可以给用人单位主管招聘的部门或者负责人打个电话，内容可以表达出自己强烈求职的意愿和热情，顺便了解为何没有通知面试结果的原因。如果打听到自己有希望通过面试并可能签约，但未做出最后决定，可以过一段时间再打一次电话催问。

（3）当用人单位暗示或通知应聘者落选后，应聘者还应该向对方表示感谢，说明自己即使没有成功但也很高兴有面试机会。这样做不仅仅是出于礼貌，而且还能使对方在其公司出现职位空缺时能够想到自己，无形中创造了一个潜在的就业机会。

六、面试禁忌

（一）面试中，忌不良用语

1. 急问待遇

"你们的待遇怎么样？"工作还没干，就先提条件，何况还没被录用呢！谈论报酬待遇无可厚非，只是要看准时机，一般在双方已有初步意向时，再委婉地提出。

2. 报有熟人

"我认识你们单位的××"，"我和××是同学，关系很不错"，等等。这种话主考官听了会反感，如果主考官与应聘者所说的那个人关系不怎么好，甚至有矛盾，那么应聘者的这些话引起的结果就会更糟。

3. 不当反问

主考官问："关于工资，你的期望值是多少？"应试者反问："你们打算出多少？"这样的反问就很不礼貌，很容易引起主考官的不快。

4. 不合逻辑

主考官问："请你告诉我一次失败的经历。"应聘者回答："我想不起我曾经失败过。"如果这样说，在逻辑上讲不通。又如："你有何优缺点？"应试者回答："我可以胜任一切工作。"这也不符合实际。

5. 本末倒置

例如，一次面试快要结束时，主考官问应聘者："请问你有什么问题要问我们吗？"这位应聘者欠了欠身，开始了他的发问："请问你们的单位有多大？招考比例有多少？请问你们在单位担当什么职务？你们会是我的上司吗？"参加面试，一定要把自己的位置摆正，像这位应聘者，就是没有把自己的位置摆正，提出的问题已经超出了应当提问的范围。

（二）面试中，忌不良习惯

面试时，个别应试者由于某些不拘小节的不良习惯，破坏了自己的形象，使面试的效果大打折扣，导致失败。

（1）手。这个部位最易出毛病。如双手总是不安稳，忙个不停，做一些玩弄领带、挖鼻、抚弄头发、掰关节、玩弄考官递过来的名片等动作。

（2）脚。神经质般的不停晃动、前伸、翘起等，不仅人为地制造紧张气氛，而且显得心不在焉，相当不礼貌。

（3）眼。惊慌失措，躲躲闪闪；该正视时，却目光游移不定，给人缺乏自信或者隐藏不可告人的秘密的印象，容易使考官反感；另外，死盯着考官，又难免给人压迫感，招致不满。

（4）脸。呆滞死板，冷漠无生气等，如僵尸般的表情是难以打动人的。这种习惯一定要改掉，应以一张活泼动人的脸去应聘。

（5）行。手足无措，慌里慌张，明显缺乏自信；反应迟钝，不知所措。这样不仅会自贬身价，而且考官也会将应聘者看"扁"。

总之，面试时这些坏习惯一定要改掉，应尽量保持斯文有礼、不卑不亢、大方得体、生动活泼的言谈举止。这不仅可极大地提升自身的形象，而且往往也可使成功机会大增。

（三）面试中，忌不良态度

凡参加面试的人，不管素质如何，水平高低，一定不要忘记自己是在接受用人单位的挑选，以下问题应当避免。

1. 目空一切，盛气凌人

有的应聘者笔试成绩名列前茅，各方面条件也较优越，于是就恃才傲物，目空一切，在面试中态度傲慢，说话咄咄逼人。一是主考官对自己的回答不够满意或进行善意引导时，常强词夺理、拼命狡辩、拒不承认错误；二是总想占据面试的主动地位，经常反问主考官一些与面试内容无关的问题，如用人单位住房条件如何，自己将任何种职务，好像用人单位已决定录用了自己。

2. 孤芳自赏，态度冷漠

有的应聘者平时性格孤僻，对人冷淡、心事较重，并把这种个性带进了面试考场，面试中表情冷漠，不能积极与主考官配合，缺乏必要的热情和亲切感。岂知所有用人单位的领导都希望自己的工作人员能够在工作中和睦相处、与人为善、团结互助、使人感到轻松愉快，这样才能提高工作效率。即使应聘者平时性格孤僻，在面试的过程中，也应加以克服，否则气氛就会变得很沉闷。

（四）面试中，忌不良表现

1. 准备不足

无论学历多高，资历多深，工作经验多丰富，当主考官发现应聘者对申请的职位了解不多，甚至连最基本的问题也回答不好时，印象分自然大打折扣。主考官不但会觉得应聘者准备不足，甚至会认为应聘者根本无志于在这方面发展。所以，面试前应做好充分的准备工作。

2. 迟到失约

迟到失约是面试中的大忌。这不但会体现出应聘者没有时间观念和责任感，更会令主考官觉得应聘者对这份工作没有热忱，印象分自然大减。守时不但是美德，更是面试时必须做到的事。因此，应提前 10 ~ 15 分钟或准时到达。如因有要事迟到或缺席，一定要尽早打电话通知该公司，并预约另一个面试时间。另外，匆匆忙忙到公司，心情还未平静便要进行面试，面试表现也会大失水准。

3. 欠缺目标

面试时，千万不要给主考官留下没有明确目标的印象。虽然一些应聘者的其他条件不错，但工作没有目标就会缺少主动性和创造性，给企业带来损失。主考官宁愿聘用一个各方面表现虽较逊色，但有远大目标和热忱的应聘者。

4. 逞强好胜，耍小聪明

有的应聘者一入面试考场，便无拘无束，神采飞扬，处处显示高人一筹。不管主考官愿不愿意，应聘者竟主动上前与他们一一握手，然后四平八稳地就座，对主考官所提出的各种问题，均表现出不在话下的样子，回答问题总喜欢用"我以为""我主张"这一类字眼开头，不管对错，均夸夸其谈。本来有些问题自己确实答不上来，但自作聪明，东拉西扯地乱讲一遍，宁可答跑了题，也不愿做个老实人。这样做不仅容易贻笑大方，而且会使主考官感到应聘者骄傲自满、敷衍塞责、不可信赖。

5. 与主考官"套近乎"

具备一定专业素养的主考官是忌讳与应试者套近乎的。因为面试中双方关系过于随便或过于紧张，都会影响主考官的评判。"套近乎"也会在客观上妨碍应聘者在短短的面试时间内，做好专业经验与技能的陈述。聪明的应聘者可以列举一至两例来赞扬招聘单位，从而表现出自己对招聘单位的兴趣。

6. 长篇大论

虽说面试是在推销自己，不过切勿滔滔不绝、喋喋不休。主考官最怕应聘者长篇大论，无始无终，回答问题不针对重点。相反，有些应聘者十分害羞，不懂得把握机会表现自己，无论回答什么问题，答案往往只有一两点，甚至只回答"是、有、好、可以"等，这也是不可取的。如果性格胆小害羞，则应多加练习。

7. 不善于打破沉默

面试开始时，应聘者不善于打破沉默，而等待主考官打开话匣。面试中，应聘者又出于种种顾虑，不愿主动说话，结果使面试出现冷场。即便能勉强打破沉默，语音语调也极其生硬，使场面更显尴尬。实际上，无论是面试前还是面试中，应聘者主动致意或交谈，会留给主考官热情和善于交谈的良好印象。

8. 语气词过多

使用太多的如"呢、啦、吧"等语气词或口头禅会把主考官弄得心烦意乱，这只会让主考官误以为应聘者自卑，准备不充分。

9. 说谎邀功

面试时，说谎、伪造"历史"，或将不属于自己的功劳"据为己有"，即使现在能瞒天过海，也难保谎言将来不被揭穿。因此面试时，应实话实说，可以通过谈话技巧扬长避短，却不能以谎话代替事实。

（五）面试中的误区

国外有些大公司甚至对不予录用的情况给出明文规定，如日本某公司条文说："应聘者声音轻如蚊子者，不予录用；说话没有抑扬顿挫者，不予录用；交谈不得要领者，不予录用；面谈不能干脆利落地回答问题者，不予录用……"如果概括而言，至少要走出以下两方面的误区。

1. 缺乏信心

缺乏信心，是因为怕落聘。假设求职者的学识才能是基本符合要求的，那么缺乏信心是一种自卑心理的表现。在这种心理驱动下，应聘者可能的表现如下：

（1）说话吞吞吐吐，声音轻如蚊叫，表情很不自然；生怕说错、出丑，担心自己不符合要求。

（2）说话空洞，有时会不自觉地加大音量；往往伴有表情、手势、姿态上的小动作；说话令人乏味。

（3）刻意追求仪表，不合乎所应聘工作岗位的要求。

（4）谈话时经常打断对方话头，生怕对

方不了解自己，尤其怕对方误解自己，想通过插话来壮胆。这样，一方面显得应聘者不礼貌，另一方面又是故意掩饰自己信心不足的表现。

（5）说话唯唯诺诺，思维只跟对方走，对所有话题的处理，只是一味地顺从、点头，看不到应聘者的主观能动性，更无法显示出自己的个性。

缺乏信心的表现很多，其总的特征是瞻前顾后、缩手缩脚、小心翼翼、顾虑重重。现代心理学告诉我们："除了一些基本条件之外，成功来源于自信。"心理坦然，态度自然，说话实事求是，才有可能正常发挥自己的学识和能力水平，甚至超常发挥，取得成功。

2. 强人所难

面试成功的条件之一是与对方取得共鸣，可是有些人却喜欢谈一些以为对方也感兴趣的话题"套近乎"，结果常常是事与愿违。须知，己是"客"，彼是"主"，"客"须取悦于"主"，"客"须感动"主"。"客"的自说自话不能令"主"产生共鸣反让人感到生厌，其失败是必然的。战国时期的商鞅自荐于秦王，第一次谈商道，"孝公时时睡，弗听"；第二次谈王道，"孝公依然弗听"；第三次谈霸道，"孝公有了兴趣"；第四次精心准备，一举自荐成功，掀起中国历史上著名的"商鞅变法"运动。

案例

案例一

山东某公司到某高校招聘毕业生。面试时，学生依次排队，当该公司负责人叫到一位同学不在现场时，立即有一位同学去找，去找的这位同学回来后说："对不起，我没有找到他。"这时，负责招聘的领导当场表态："就凭这句'对不起'，你这样的学生我们要了。"

该同学能够顺利签约，主要受益于其热情、礼貌待人的优良品质。面试中，文明礼貌、待人接物也是用人单位考查毕业生的一项重要内容。礼貌的具体表现反映在语言上，更多使用"您好""谢谢""对不起""让您费心了"等词语，更能让招聘者感受到求职者的态度和修养。一个人的人品好坏远比专业水平能力重要。

案例二

有一名女生因穿着超短裙参加招聘面试惨败而归。主考官这样评价她："如果她有职业水准的话，就不会那样做，虽然未必在工作的时候一定要穿得非常正式，但在面试时的标准应该提高。"

关于面试时的穿着问题，负责招聘人员的答案几乎是一致的："穿适合该行业、该职业的服装参加面试"。面试礼仪是每个人在求职过程中所表现出的由里到外的一种涵养，外表的礼仪是对招聘单位和招聘人员最起码的尊重。

案例三

索尼公司面试有时不足10分钟，要求五六个求职者同时参加；有时十分复杂，半个月里可能会约见求职者三四次，面试人经常更换，提很多与工作无关的问题。到了吃饭时间，面试人会像老朋友一样请求职者到餐厅共进午餐，说说笑笑地聊些家长里短。

通过这种方式，前者考验的是他们在大众面前的表现力以及抗压能力；后者一般会用在要求较高的岗位或有一定级别的职位，通过多角度的接触，营造轻松的沟通环境，从中获取更多信息，建立起信任和感情，为判断的准确性及今后的合作打下良好基础。

联合利华公司在面试的时候，曾将应聘者分成多组，每组分一根长绳，所有的组员被黑布蒙上眼睛，要求组员在20分钟内将长绳拉成一个正方形，并且每个边上站上数量相等的人。这个游戏除了考验应聘者是否诚实（绝对不能偷看）外，还能很好地反映出一个人的团队合作精神、领导组织能力和其他特质，如是否善于创新、是否富有执行能力等。每个应聘者在游戏中都担任不同角色，如果不断有新点子产生，会在"创新、灵活"一栏得到加分；而善于总结经验并协调大家去顺利完成任务的人，在"领导才能"一项可得到加分；主动实践、积极执行会在"认真"一项得到加分，甚至最后主动收起长绳的应聘者也可在"踏实肯干"一项得到加分。

在可口可乐公司面试，每个求职者会经历多次（至少三次）的面试，由不同主管从不同角度来考查。面试主要考核应聘者是否有热情，是否了解可口可乐，对公司从事的行业和产品是否有热情，其次才是考核求职者的团队能力和领导能力。可口可乐大中华地区人力资源总监表示，公司每位招聘人员手中都有一份职业描述，明确了招聘职位所需员工的标准。面试中，招聘人员会围绕职位描述，非常具体地提出问题，希望应聘者以事实为基础与招聘人员沟通。在面试中经常会问求职者的人生目标，是否为自己制定了职业生涯规划；举例说明最喜欢的工作是什么，为什么喜欢等。

案例四

某广告公司以高效率、高效益著称业内，据说其选拔人才的方法苛刻而奇特，但至今没有人知道细则，即使那些应聘落选者，对考试经历也是守口如瓶。

刚毕业的程某，决定去试一次。不料面试选拔过程很简单：第一轮集合所有应聘人员到公司大会议室，指定一个题目，在规定时间内设计一件作品，然后由专家组评审，当天下午公布入围者名单；第二轮考试在第二天下午，与昨天一样，也是指定一个题目，在规定时间内设计一件作品，不过应考者少了许多而已。时间一到，收了卷子，全部送到另一间屋子，请专家组评审。不同的是，公司主考官要求应聘人员等待，并送来午餐。

不足两小时，10份作品皆评审完毕。主考官笑眯眯地进来了，"我公司向来重视专家的意见，但作为一种艺术品，你们也为广告设计倾注了自己的灵感与心血，因此，专家的评分只占此轮考试的 50%，另一半分数由你们相互评审。"

大家都有些吃惊，然后便按主考官要求，各自带作品上前台展示一次，另外 9 人则在下边评分，并写出简略评语。另外 9 人中，至少有 3 人的作品令程某叹服，不得不怀着复杂的心情给了他们高分和好的评语。

最终，程某入选了，这有点意外；更意外的是，令程某叹服的那三个人中，只有一名入选。程某简直怀疑专家组以及公司的眼光，但随后总裁与应聘者的首次谈话令程某释然："最后 10 位考生，都是专家组眼中的佼佼者；而你们之间的相互评审，更能证明自身的能力与素质。庸才看不见别人的才华，情有可原；人才看不见人才，就太狭隘了！我们不仅需要本身具备高素质的人才，更需要那些能彼此欣赏、相互协作、团结共进的人才！"

拓展阅读

10 个面试经典问题回答技巧

第三节　笔试技巧

笔试，是指通过纸笔测验的形式，对应聘者的知识广度、深度和知识结构进行测评的一种方法，是用人单位在招聘中选拔优秀人才的重要环节。大学生在应聘中，笔试则有着更重要的地位和作用。了解笔试的相关知识和技巧，可以帮助学生从容应对笔试，取得好成绩。

一、笔试的种类

笔试的种类很多，由于行业多、范围大，很难将目前存在的所有行业的所有笔试一一进行归纳分类，只能将考试规模较大、组织较为规范、应用较为普遍的代表性行业的笔试归为以下七大类。

（一）专业考试

这种考试主要是为了考查学生专业知识水平和相关的实际能力。大多数用人单位一般只看学校提供的毕业生推荐表和成绩单就能够了解该毕业生的基本知识、能力等情况，而不需要专门进行专业考试。但也有一些特殊用人单位，需要通过笔试的方式对学生进行专业知识的再考核。例如：外资企业要考核外语；科研院所有可能考查实际操作等动手能力；国家机关招聘公务员考查行政管理和法律知识等。

（二）心理测试

心理测试是用事先编制好的标准化量表

或问卷要求应聘者完成，根据完成的数量和质量来判定其心理水平或个性差异。一些对应聘者的综合素质要求较高的用人单位常常以此来测试求职者的态度、兴趣、动机、智力、个性等心理素质。

（三）智商测试

智商测试主要测试应聘者的记忆力、分析观察能力、综合归纳能力、思维反应能力。一些外资企业和跨国公司常采用智商测试。他们对应聘者所学专业一般没有特殊要求，认为专业能力可以通过入职后的培训获得，但是否具有不断接受新知识的能力则至关重要。

（四）性格测试

性格测试是考查应聘者的性格是否与应聘岗位的要求相符，是否人职匹配。一些企业在筛选应聘者时引入了性格测试测评工具，如MBTI职业性格测试、霍兰德职业倾向测试、兴趣与职业匹配测试、个体价值观和职业匹配测试、能力（包括认知能力、操作能力、社交能力）与职业匹配测试、气质与职业匹配测试等。这些测试由专业的人才测评公司研发使用，有些只是性格或者气质类型与职业匹配的单方面测试，有些则是综合了气质、性格、能力、价值观等多方面的综合测试。由于测试种类繁多且对不同岗位有不同的结果和答案，因此求职者基本上无从准备。

（五）综合能力测试

综合能力测试与智商测试有相似之处，但要求更高，难度更大；主要考查学生的阅读理解能力，文字表达能力，逻辑思维能力以及发现、分析、解决问题的能力；它是对应聘者的全方位测试。

（六）命题写作

这种考试的目的主要是考查应聘者分析、综合、比较、归纳、推理等思维能力。

例如，阅读一篇文章写读后感；自编一份报告或会议通知；听取几个人的发言后写一份评价报告；就一个科研题目写出科研论文的详细大纲等。在进行命题写作时要注意使用公文写作的行文格式和语言风格。

（七）国家公务员录用考试

根据国家《公务员法》第四章第二十三条规定："录用担任一级主任科员以下及其他相当职级层次的公务员，采取公开考试、严格考察、平等竞争、择优录取的办法。"国家机关录用公务员，一律实行面向社会的公开竞争性考试。应届大学毕业生只需测试行政职业能力测验和申论。行政职业能力测验主要测查与公务员职业密切相关的、适合通过客观化纸笔测验方式进行考察的基本素质和能力要素，主要包括言语理解与表达、数量关系、判断推理、常识判断、资料分析等内容。申论主要通过对给定材料的分析、概括、提炼、加工，测查应试者的阅读理解能力、综合分析能力、提出和解决问题的能力和文字表达能力。

二、笔试的方法和技巧

（一）笔试的方法

拿到试卷后，应将试卷通览一遍，了解题目的多少和难易程度，以便掌握答题的时间和深度。答题时一般按照先易后难的原则排出答题顺序，先解答相对容易的题，最后再攻难题。答题完后，尽可能留出时间对易出错的地方进行复查，特别注意不要漏题或者不作答。笔试试卷一般由用人单位手工评分，所以卷面字迹认真清晰，书写潦草、字迹难以辨认会影响考试成绩。

笔试的方法很多，常见的有以下三种：

1. 测试法

测试法是一些具体方法的总称，也是笔

试时运用最多的方法。在一些国家，测试法甚至是唯一的考试方法，如美国的托福考试、GRE 考试等。常见的测试方法有填充法、选择法、问答法。以上方法是互相交叉的，比如选择法同时也是辨别是非的方法，所列举的多半是简答形式，它只要求用一个词、一个符号作答，至多不超过一句话，应尽量避免出现需要死记硬背的内容。

2. 论文法

这种方法与测试法明显不同的是，它可以使应试者写出自己想要说明的答案。如果说测试法是封闭性考试或识别性考试方法的话，那么论文法则是开放性考试或表达性考试方法。

论文测验的内容，主要是让学生对职业选择的具体问题做出评价，对某种现象做出分析或者写出感想。论文测验远比简单的测试题更能判断一个人的水平，其缺点是评分难以制定准确的答案，容易加入评卷者的主观因素。论文测验多属于理解性的，在解答这类题型时应该读透题意，解释全面。

3. 作文法

作文法是我国的传统考试方法，目前它已演变成以下两种。

第一种是给定条件，叫作限制性作文。给定条件的作文，就是让学生根据考试单位提供的给定条件，在一定范围内作文。第二是分项给分，综合评分。就是按作文的构成因素，区分项目，分别给分，然后给予综合性的评定。如先区分为内容和形式两方面；内容方面再区分为立意和取材两项；形式方面区分为段落结构、语句、文字、书写、符号等项。所以要求学生在进行作文考试时，一定要在主题表达清楚的同时，对字、词、句及标点符号认真对待，以取得用人单位的好印象。

（二）笔试的相关技巧

笔试从某种角度来说，能更深入地检验毕业生的综合素质、毕业生平时的知识积累程度、对知识是否真正理解和掌握等。用人单位的出题方式远比学校灵活多样，更侧重于能力，而不是单纯的知识。因此，在笔试之前，毕业生应对用人单位所处的行业及相关知识进行深入的了解，做到知己知彼，不打无准备之仗。

1. 笔试前的准备工作

（1）保持良好的身心状态。求职过程中的笔试毕竟不同于学校平时的考试，临考前要注意以下几点：首先，要适当减轻思想负担，不可给自己施加过大的压力，否则适得其反；其次，笔试的前一天要注意休息，保证充足的睡眠，避免考试时精神不振，影响正常思维；最后，要适当参加一些文体活动，从而使高度紧张的大脑得到放松休息，以充沛的精力去参加考试。

（2）了解笔试类型，做到有的放矢。不同的笔试类型，有不同的考试内容，毕业生在考前应做详细的了解，针对不同情况做出相应的准备。比如公务员考试就有明确的考试范围，并有指定的参考书，复习相对有针对性。而一些用人单位的笔试则相对灵活，范围也比较大，没有明确相关的参考书。毕业生可围绕用人单位划定的大致范围翻阅一些有关的图书资料。笔试成绩与毕业生平时的努力也有很大的关系，如果毕业生兴趣广泛，平时注意搜集各种信息，考试时就能驾轻就熟，得心应手。

（3）知识准备。

①学以致用，理论联系实际。现在的求职考试越来越强调用学过的知识来解决实际

问题，具有很强的实用性。换句话说，现在的应聘考试主要是考核学生对知识的运用能力。因此，在复习过程中必须始终突出一个"用"字，通过各种实践，把学到的知识运用到工作实际中去解决各种具体的问题。

②提纲挈领，系统掌握。在知识与能力这两者中，知识无疑是基础，没有扎实的基础知识，也就无从谈能力的培养和提高。掌握知识的一个有效方法就是把零散的知识化为系统。但是应聘笔试往往范围大、内容广，存在着一定的随意性和盲目性，因此，凡是与求职有关的一些知识，如文史知识、科技知识、经济知识、法律知识和一般的电脑知识，均要系统地复习一遍。

③多读多练，提高阅读能力。提高阅读能力，对扩展知识面和回答应聘考试的各类问题很有益处。要提高阅读能力，首先要坚持进行阅读实践。知识的获得，主要依靠传授；能力的提高，则必须通过实践。复习时经常做一些阅读训练，有助于阅读能力的提高。在做阅读训练时，一定要做到"眼到"和"心到"，特别是"心到"，即对每个问题都仔细揣摩，认真思考，分析比较，综合归纳，努力提高自己的阅读能力。

④敏锐思考，提高快速答题能力。为了适应招聘考试中的题量，还应该尽快培养自己快速阅读、快速思维和快速答题的能力。因为现代阅读观念不只着眼于信息的获取，而且还特别重视速度。所以在准备笔试的时候一定要提高做题速度。

2. 答题技巧

笔试成绩的高低，不仅与考生的实际水平和考前复习有关，还与考生的答题技巧有关。要提高答题技巧，就要有良好的心理状态，考试的心理要做到适度紧张和适度放松相结合。没有一点紧张的情绪，抱着无所谓或松弛的心情，也考不出最佳成绩。过于紧张，情绪慌乱，也考不出最佳成绩。因此，良好的心理状态是考试成功的前提，并且还要掌握以下答题技巧：

（1）读懂试卷。笔试题型多，内容多，又要限时答好，必须合理安排答题时间。拿到试卷，尽快了解试题内容、题目要求，根据先易后难、先简后繁的原则确定答题步骤。

（2）搞清题意。在具体答题时，必须认真审题，切实弄清题目的类型、要考查的知识点和考查目的等。因为求职笔试试题不同于平时学习过程的考试，它考查的面较广，而且随意性、灵活性大，试题不乏古怪、另类的问题，这时应聘者应该冷静思考，逐字逐句分析题意，按要求回答。

（3）积极思考，自我暗示。有些试题的设计，从理论和实践多方面考查学生的基础知识和技能，并以综合运用为主检验应聘者的实际水平和学习能力。因此，考试时一定要积极思考，努力回忆学过的知识，进行题目和知识的有效联系，找出正确答案。在考试过程中要对自己进行心理调节和自我暗示，不妨告诉自己"我遇到的麻烦，大家也同样遇到了"，"我学习成绩、个人能力都比较好，对于这类问题一样能处理好"，等等。

（4）卷面整洁，认真检查。答完试题后，要认真做一次全面复查。特别注意不要漏题、跑题，要纠正错别字、语法不妥之处，对某个问题不能确定对与错，最好的方法就是保留原有答案，往往第一感觉更可靠。

第十二章　　就业程序及就业权益

第一节　签　约

签约与报到是毕业生择业的最后一个环节。当毕业生与用人单位在洽谈、协商基础上决定互相接纳，达成工作意愿后，就可以以就业协议的形式将这种关系确定下来，即签约。

一、签约概述

（一）就业协议书

1. 就业协议书的内容

我国目前高校毕业生通用的就业协议是由教育部制定，省、自治区、直辖市就业主管部门印制的《全国普通高等学校毕业生就业协议书》。具体包括以下内容：

（1）毕业生情况及意见。包括：姓名、性别、年龄、民族、政治面貌、培养方式、健康情况、专业、学制、学历、家庭住址、应聘方式、应聘地点及应聘意见等。

（2）用人单位情况及意见。包括：单位名称、单位隶属部门、联系人、联系电话、邮政编码、通信地址、所有制性质、组织机构代码、工作职位类别、单位性质、户口（档案）转寄地址、用人单位意见、用人单位上级主管部门意见等。

（3）学校审核意见。包括：学校联系人、联系电话、邮政编码、学校通信地址、院系意见、学校毕业生就业部门意见等。

（4）附加内容。随着毕业生就业制度改革的深化，毕业生就业协议的内容也在进一步规范化、法律化。目前，一些用人单位或学校在就业协议书上已经附加上了劳动合同的内容，以保证毕业生的权益，进一步明确用人单位与毕业生之间的权利和义务。包括：服务期、工作岗位和工作内容、劳动保护和工作条件、工资报酬和福利待遇、劳动纪律、协议终止的条件、违反协议的责任等。

2. 就业协议书的其他注意事项

现行高校毕业生就业协议书一式三份，协议签订以后，其中一份由毕业生本人收存；一份交学校就业主管部门，列入学校就业建议方案，报学校上级主管部门，作为审核批准并予以派遣的凭据；一份交用人单位，作为接收毕业生就业的凭证，并以此做好相应的人事及其他安排。

（二）签约的内涵

约，即拘束、限制，也指共同议定的、要遵守的条款。在现实生活中，约与协议通用。协议即在组织之间或者个人之间，经过洽谈、协商，明确各自权利、义务而达成一致意见的书面文书。当毕业生与用人单位经过双向选择达成一致后，就需要以协议的形式将这种关系确定下来。毕业生与用人单位签订协议，并经学校就业主管部门审核鉴证或签证，即为签约。

（三）签约的程序

就业协议的签订是在毕业生和用人单位供需见面、双向选择之后达成一致意见的结果。签约要履行以下程序：

（1）学生领取就业协议书，认真如实填写基本情况，明确表达自己同意到选定单位应聘工作的意愿，同时签署本人姓名；

（2）单位签章（单位主管部门签章，如果该单位没有人事决定权，则还需要报送其上级主管部门签字盖章，予以批准认可）；

（3）院系签章（推荐作用）；

（4）毕业生所在学校就业主管部门签署意见并签字盖章；

（5）报学校上级主管部门审批。

完成以上程序后，就业协议就正式生效，并列入国家就业方案。以上程序最好不要打乱，按顺序进行更有利于维护三方的合法利益。有些毕业生嫌程序麻烦，要求学院先盖章，再交用人单位，这样容易给用人单位钻空子的机会，在就业协议中写上有损毕业生权益的条款，产生不利后果。最后由学校把关，意义还在于确认签约手续是否完备，否则由于手续不齐等原因，导致报方案时不通过，或派遣到用人单位无法报到，会给毕业生带来诸多不便。

还需说明的是，随着毕业生就业制度改革的不断深入，国家和高校的审批权力将日益弱化。目前，在一些地区和高校已经在此方面迈出重要一步，学校在就业协议上的签字已经不具有审批意义，而是起见证的作用。可以预想，在不久的将来，在签订毕业生就业协议时，毕业生和用人单位将拥有完全的自主选择权，学校和政府主管部门不再需要直接审批就业协议，而只需要掌握毕业生就业情况即可。

二、签约的注意事项

从毕业生就业工作的实践来看，毕业生在与用人单位签约时，要注意以下事项：

1. 认真审查协议书

首先审查协议书内容是否合法；其次审查和仔细推敲双方权利和义务是否合理；第三要审查除就业协议书外是否有附件（即补充协议），并审查清楚其内容，补充协议（附加说明）经双方签字盖章以后视为协议书的一部分。

2. 签约前应充分了解用人单位的基本情况

签约前应充分了解用人单位的基本情况，如单位性质、能否解决编制及户口、服务年限、工资及福利、违约责任等。同时，毕业生也要如实介绍本人的基本情况，表明自己的就业意见。

3. 审查单位主体资格是否合格

用人单位，不管是机关、事业单位还是企业（不包括私营企业），必须要有选人用人的权力，如果没有，则必须经其具有进人权力的上级主管部门批准同意。

4. 明确毕业生考取研究生或公务员的处理办法

如果同时面临多种选择机会，应当注意向用人单位说明，取得用人单位理解，不能以欺骗手段先签约，后违约，给个人和学校造成不良后果。

必须注意，毕业生一定不要隐瞒报考事实。否则，录取结果揭晓以后就可能面临比较尴尬的局面。如果用人单位对毕业生隐瞒报考事实的做法非常不满，即使最后同意与毕业生解除就业协议，但一般也要求毕业生为此付出较大的经济赔偿，而且肯定会对毕业生及学校产生不良的看法和影响；也有另外一种可能，就是尽管学校可以从中协调，但是无论毕业生采取怎样的弥补办法，用人单位也始终不同意，对此学校也将无能为力，毕业生也就无法顺利实现愿望。

案例

某毕业生在与用人单位洽谈之前，已经报考了研究生，该毕业生也如实向单位做了说明，但是并未在协议书上以文字形式明确。后来考研结果揭晓，该毕业生被录取为研究生，而用人单位不同意解约，理由是单位急需该毕业生，而且并未书面同意该毕业生上研究生，最终该毕业生不得不放弃读研究生的学习机会，去单位报到就业。

5.认真协商，慎重填写"乙方意见"

毕业生应就工作条件、工作待遇、工作时间、聘任方式等应聘要素与用人单位事先协商（最好同时征求家长意见），形成协议草稿（协议结果应书面化，不应只做口头协定），填入"乙方意见"栏，内容很多的话可在"备注"栏中填写。

6.明确违反协议的责任

当事人一方如果违反协议，另一方有权要求继续履行协议、支付违约金或赔偿损失。如果支付违约金，协议书中应就违约金的具体数额做出约定，对赔偿金额予以明确，以便任何一方发生违约时，就可以有据可依，避免无谓的损失。

7.注意与劳动合同衔接

由于毕业生就业协议签订在前，为避免在今后鉴订劳动合同时产生纠纷，应尽可能将后续待签订劳动合同的主要内容体现在协议条款中，并明确表示在今后订立劳动合同时予以确认。

三、各方的权利与义务

在高校毕业生就业活动中，主要涉及毕业生、用人单位和学校三方，各方的权利和义务主要有以下三个方面。

（一）毕业生的权利和义务

毕业生作为签订就业协议的主体之一，应该清楚了解自己的权利和义务。

1.大学毕业生享有平等就业和自主选择职业的权利

对大学毕业生而言，在求职择业过程中具有自主性，选择某一职业或不选择某一职业，都是毕业生享有的权利，任何单位或个人无权干涉，即使毕业生的家长和亲属也不能对毕业生选择职业进行干涉和强迫。当然，毕业生在做出职业选择前，应与家长和亲属进行沟通，在听取他们意见的基础上，做出符合自己意愿和实际情况的选择。

2.毕业生有全面了解用人单位情况的权利

选择职业、确定用人单位，关系到毕业

生未来的工作、生活状况和事业前途。毕业生在与用人单位签约前，完全有必要也有权利对用人单位的情况进行全面细致的了解，包括用人单位的用人意图、工作环境、生活待遇、服务时间等。用人单位有义务向毕业生和学校如实介绍本单位的情况，并尽可能提供能够证明这些情况的有关资料。

3. 毕业生有如实向用人单位介绍自己情况的义务

毕业生应如实向用人单位介绍自己的情况，具体包括培养方式、学习成绩、健康情况、在校表现、社会实践经历以及各方面能力，并如实提供可以证明自己情况的相关资料。这些毕业生的相关信息是用人单位准确了解毕业生的重要基础。

4. 毕业生有接受用人单位组织的测试或考核的义务

用人单位为了招聘到符合要求的毕业生，一般都要通过一些测试或考核手段来掌握毕业生的情况，以进行比较，从而做出是否录用的决定。毕业生应予以积极配合，接受测试和考核，充分展现自己的能力，获得期望的工作。

（二）用人单位的权利和义务

用人单位是与毕业生签订就业协议的另一主体。

1. 用人单位享有全面了解毕业生情况的权利

用人单位根据本单位对所需人员综合素质、知识水平和专业能力等方面的要求，通过学校有关部门或毕业生所在院（系）以及毕业生本人，有权了解毕业生各方面情况，并对毕业生进行测试、考核，最终决定是否录用。

2. 用人单位在招聘活动中，有如实向毕业生和学校介绍本单位情况的义务

用人单位需要向毕业生和学校介绍的情况，包括对毕业生的使用意图、工作环境、生活待遇、服务时间以及本单位的具体情况等。

（三）学校的权利和义务

学校作为毕业生培养单位，在毕业生就业过程中具有重要作用。其权利和义务对毕业生和用人单位都有直接影响。

（1）学校有义务对毕业生进行就业指导，向用人单位推荐毕业生。

（2）学校有义务向毕业生和用人单位介绍学校情况并提供有关介绍资料。

（3）学校对毕业生、用人单位双方当事人的资格和学生相关材料的真实性、合法性进行审核，根据国家的有关政策和规定，对毕业生与用人单位的就业协议签署给出是否同意的意见。

（4）根据毕业生和用人单位的需求，学校应向他们提供有关政策和就业信息指导、咨询等方面的服务。

四、就业协议与劳动合同的异同

（一）就业协议与劳动合同的相同点

两者都是劳动关系确立的标志，都具有法律效力，主要意思表达一致，双方自愿、平等达成协议，无强制、胁迫。

（二）就业协议与劳动合同的不同点

1. 二者主体不同

就业协议专指高等学校应届毕业生与用人单位签订的就业工作协议。而劳动合同是指劳动者与用人单位确立劳动关系、明确双方权利与义务的协议。其中涉及的劳动者既可以是高校毕业生，也可以是其他社会人员。

2. 二者内容不同

就业协议是高校毕业生与用人单位签订的初次工作协议，其主要意义在于将毕业生与用人单位双方互相选择的关系确定下来，一般并没有详细规定双方具体的权利与义务；而劳动合同则是指用人单位在与劳动者确定工作关系之后签订的关于双方权利与义务的协议，其具体内容包括劳动合同期限、工作内容、劳动保护和劳动条件、劳动报酬、社会保险和福利、劳动纪律、劳动合同终止的条件、违反劳动合同的责任等。

3. 二者发生问题处理的部门不同

在毕业生就业协议发生问题需要处理时，一般首先由毕业生和用人单位进行协商，如果取得一致意见，则报送毕业生所属的学校主管部门，由学校主管部门认可后，报上级主管部门批准，予以调整；而如果是劳动合同发生问题，则毕业生和用人单位需要向劳动争议调解委员会或劳动仲裁机构报送，根据《中华人民共和国劳动法》处理劳动纠纷。

4. 二者签订的时间不同

毕业生与用人单位签订了就业协议不能等同于签订了劳动合同。毕业生与用人单位在签订就业协议之后，还必须签订劳动合同，以保护各自的合法权益。目前，在实际操作过程中，通常是毕业生到工作单位之后，双方才签订劳动合同。这也就是"先协议，后合同"。

五、违约、解约及其责任

（一）违约

1. 违约的内涵

违约是指毕业生或用人单位不履行或不全面履行就业协议。一般毕业生违约较多

的具体表现为：①多头签约，再做取舍；②"得陇望蜀，见异思迁"；③介绍不实，条件不符（如未取得毕业资格、未取得学位证、外语水平未达到要求等）；④其他意外情况。

2. 违约的后果

毕业生违约，除本人应承担违约责任、支付违约金外，往往还会造成其他不良的后果，主要表现在：

（1）用人单位花费了人力、物力、财力，参加双选会，做了大量工作，录用人员的后期工作已考虑、安排，一旦毕业生违约，一切工作付诸东流，造成很多工作变得被动。

（2）用人单位往往将毕业生违约当成是学校管理不严，这也影响学校和用人单位合作关系。由于用人单位对学校的怀疑，以后可能不会再到学校选择毕业生。现在买方市场竞争激烈，没有需求，这也就造成没有毕业生在该单位就业。随着高校扩招，毕业生将不断增加，学校作为签字方之一不会为个别人的利益影响明年乃至今后就业工作的整体利益和声誉。

（3）某毕业生的违约对其他毕业生也有影响。一个单位，有的毕业生不去，别的毕业生可以去，用人单位不录用该毕业生，完全可以录用别人，录用该毕业生就不能录用其他毕业生，日后违约，当初想到该用人单位的毕业生却不能及时补缺，由此造成资源浪费。高校大学生应成为讲诚信、讲法制的践行者，因此毕业生在签约过程中要慎重选择，诚信就业，认真履约。

（二）解约

1. 解约的内涵

解约是指因不可抗力因素，或双方事前

约定的解约事项发生，毕业生和用人单位终止协议。以上情况双方均不承担法律责任。

2. 解约的程序

（1）已经签约的毕业生解约程序。

①毕业生在与原用人单位协商的基础上，取得用人单位同意，由用人单位向学校出具同意解除协议的公函；

②毕业生向学校就业部门递交解除协议的申请，经批准后学校向毕业生发放新协议书；

③由同意接收毕业生的新单位再与毕业生签订就业协议；

④学校就业部门接到以上材料，在规定的时间内报请上级主管部门批准，并办理毕业生报到有关手续。

（2）升学的解约程序。

①洽谈时如实告知单位自己准备或已经参加升学考试；

②经用人单位同意，在协议书备注栏内注明"如毕业生考取研究生，协议自行解除"，双方签字盖章；

③如毕业生考取研究生，应将录取通知书复印件交用人单位，在单位签署意见后，送学校就业部门备案。

第二节　报　到

一、报到证

（一）报到证的概念

报到证由原来的派遣证转化而来，报到证是毕业生就业的证明，是应届普通高等学校（普通全日制，也就是统招生）毕业生到就业单位报到的凭证，也是毕业生参加工作时间的初始记载和凭证。自考生、成教生、留学归国学生，没有报到证，只有中国统招高校才有。

（二）报到证的作用

①报到证是毕业生到单位报到的证明。毕业生到工作单位就业时，须持报到证，用人单位凭报到证为毕业生办理手续。

②就业单位所在公安部门凭报到证为毕业生办理落户手续。

③学校相关部门依据报到证为毕业生办理档案投递、组织关系转移和户籍迁移等手续。

④报到证正页由毕业生自行保管，到用人单位报到时交给用人单位。上面的日期是工龄的开始年限，与退休年龄和养老保险交纳年数都有关。报到证副页作为存根在大学生毕业后放入个人档案。

（三）报到证的办理

1. 初办

已签约毕业生凭与用人单位签订的就业协议书办理。如用人单位无人事权，不能接收档案，还须到其上级主管部门签章（签在"用人单位上级主管部门意见"一栏）；用人单位无上级主管部门的，则到当地的人才交流中心办理人事代理手续（在"用人单位上级主管部门意见"一栏处签章）。完成上述手续后，毕业生将就业协议书交由学校就业指导中心（办公室）在集中派遣期内统一办理。

未落实就业单位的毕业生则在毕业时统

一被派遣回原籍，回生源地人事局或省学生信息咨询与就业指导中心报到。

2. 改派

改派是指已办理了报到证的毕业生，在毕业后两年择业期内因找到工作或更换单位的，可办理改派手续，重新换发报到证。每位毕业生有且仅有一次改派机会。改派时间一般是从首次颁发报到证之日起算，两年时限内改派。不同省份和地区在改派时限上的具体政策有所不同，有的是一年，大部分是两年，个别甚至三年内均可改派。故毕业生一定要了解清楚毕业院校所在地区的具体政策后，在改派期限内办理。

按教育部门要求，对已经落实就业单位并领取报到证的毕业生，原则上两个月内不予受理改派手续。因此，按要求可以办理改派手续的，必须要原单位同意解除协议，原单位上级人事主管部门同意，新单位同意接收，新单位上级人事主管部门同意。如果新的单位没有上级人事主管部门，单位可以到省人才交流中心办理人事代理开户手续，由省人才交流中心作为单位的上级人事主管部门并提供改派表，再按照教育部门的改派程序和时间期限办理相关改派手续。

（1）毕业时已落实就业单位，后因更换就业单位办理改派的程序及材料如下：

①原单位同意解除协议并开具证明（退函）；

②新单位同意接收，并开具接收证明；

③原签约单位协议书原件；

④原报到证；

⑤携带上述材料到毕业院校填写改派申请表，申请改派。

（2）毕业时未落实就业单位派遣回原籍，后因找到就业单位办理改派的程序及材料如下：

①签约单位的接收证明或签订的就业协议；

②原报到证；

③个人填写回原籍申请书；

④携带上述材料到毕业院校填写改派申请表，申请改派。

3. 补办

毕业时已就业的毕业生其报到证颁发两年之内可以补办，毕业时未就业的毕业生其报到证颁发三年之内可以补办，由省就业主管部门开具报到证证明（加盖教育厅公章）；自毕业之日起超过补办时间的，不再补发报到证。如果毕业生将报到证不慎遗失，需补办报到证，须回到毕业学校所在省（市、自治区）毕业生就业主管部门申请补发。办理程序如下：

（1）本人填写报到证补办申请表，由学校就业指导中心在报到证补办申请表上加盖公章并开具证明；

（2）凭借毕业证书原件、协议书原件、报到证补办申请表及学校开具的证明到毕业学校所在省（市、自治区）毕业生就业主管部门办理。

二、档案、户口、党团关系的迁转

（一）毕业生档案包含的材料

具体包括：高考录取材料、学籍卡、学习成绩登记表、奖惩材料、入党（团）志愿书、体质健康登记卡、毕业生体检结果、报到证（白色报到证副本）、高等学校毕业生登记表、学年鉴定表等。

值得注意的是，毕业生落实档案去向的同时，应向用人单位或人才交流中心负责档案的同志确认档案袋内材料是否齐全，如有错误或遗漏应及时与学校档案室联系。

（二）毕业生毕业后的档案去向

（1）在国企事业单位、政府部门落实就业的，档案直接寄送到单位的人事部门；在其他性质单位就业并在人才中心办理了人事代理的，档案则寄到相关的人才交流中心；

（2）申请出国的毕业生档案寄送到生源地人力资源和社会保障局；

（3）考研毕业生档案寄送到录取学校；

（4）延长学制的毕业生档案保留在学校学生档案室，于学生完成学业时根据情况寄出。

学生档案在毕业生毕业离校后两周内统一由学校档案室通过邮政特快寄送，个人不许自提。毕业生如有需要，可在毕业后一年内，通过各级邮政业务主管部门或拨打电话11183查询档案是否投递妥当。

（三）户口迁移证的办理

（1）户口在学校的毕业生，已落实工作单位的，应将户口由学校迁转到工作单位所在地。工作单位所在地公安机关凭省级毕业生就业主管部门签发的报到证和用人单位主管部门的接收证明及学校所在地公安机关签发的户口迁移证办理落户手续。

（2）户口不在学校的毕业生，已落实工作单位的，凭省级毕业生就业主管部门签发的报到证和用人单位主管部门的接收证明，可将户口由原籍直接迁至工作单位所在地。户口迁出地公安机关凭报到证和用人单位主管部门的接收证明，直接办理户口迁移证。

（3）户口在学校的毕业生，要求将户口迁回原籍的，公安机关凭毕业生本人的毕业证和户口迁移证办理恢复户口手续。

（4）户口在学校的毕业生，暂未落实工作，如有意愿留在学校所在地，可根据当地政策要求持相关材料办理落户或户口托管手续。如要将户口迁回原籍，其父母户口已迁移到本省其他地区的，可直接将户口迁至其父母户口所在地；如果父母一方还在原籍居住的，毕业生的户口仍可迁回原籍。

无论属于以上哪种情况，都要注意户口迁移证上的地址要与报到证上的地址一致。

（四）户口办理注意事项

（1）毕业生档案和户口一般情况下不得分开，以下特殊原因除外：到非生源地工作的毕业生，由于个人原因，需要把户口迁回生源地的毕业生，经用人单位和生源地户口管理部门同意，其户口可以迁回生源地。

（2）报到证、户口迁移证应妥善保管，务必及时落户，如有遗失，将会给毕业生带来极大的损失和不必要的麻烦。

案例

案例一

2006年，小刘考上了西安一所高校，并把户口从汉中迁转到了学校。2010年毕业后，他在武汉找到了工作，但没有及时办理转户手续。没想到，2014年他准备在老家结婚登记时，才知道自己的户口在学校和当地派出所都已查不到，成了黑户。

案例分析：类似这种情况，大致可以分为两种，一种是学生毕业后学生直接到单位上班，户口也没再关注过，也不清楚在哪；另一种是毕业时，学生把落户材料拿到手里后，没有及时办理，导致过期或者丢失。万一出现像小刘这样的情况也不必担心，首先要到学校所属的派出所咨询并说明情况。如果是派回原籍，应该回原籍的派出所办理；如果派到就业单位，应该持报到证和户口迁移证到单位（所属）派出所办理。

案例二

许某老家在宝鸡市，2002年考取了西安某大学的硕博连读，把户口转到了学校。2008年他到徐州工作，因为没有接收单位，他没有办理转户。当时学校发给他一个报到证，说像他这种情况，只能把户口迁转回宝鸡原籍，让他持报到证到宝鸡市人事部门报到。

"我也没在意，没去报到，后来还把报到证丢了。"许某说，在徐州工作几年后他有机会把户口落到当地了，这时他去办理转户口手续时，却发现自己的户口已经查不到了。

案例分析：许某这种情况属于典型的"口袋户口"。他可以到省教育厅高校毕业生就业指导中心查阅当年上学时的档案，复印后盖章，可等同于报到证。凭此证到宝鸡市人事部门办理未报到证明，恢复户籍后再进行下一步的落户手续。尽管现在全国各地对城市落户政策都有所放宽，但户口在当前仍发挥着较大的作用，买房、结婚、给孩子上户口等都需要。所以，提醒广大毕业生：一定要在期限内办理落户手续，以免后续办理更加复杂。

（五）党组织关系转出手续

凡毕业生党员须到学校党委组织部办理组织关系转接手续。离校毕业生党员须在离校前转移党员组织关系，在所在院系登记组织关系转出单位，由学校组织部开具组织关系介绍信；暂缓就业的毕业生党员在离校前要填写相关联系资料，报所在院系和学校组织部备案。

三、报到时间及需要的材料

（一）报到期限

按照教育部的规定，高校毕业生的报到期限为两个月。

（二）报到需要的材料

（1）报到证。毕业生前往用人单位报到，本专科毕业生须持"全国普通高等学校本专科毕业生就业报到证"，毕业的研究生须持

"全国普通高等学校毕业研究生就业报到证"。用人单位凭报到证办理接收手续和接转档案、户口关系的相关手续。

（2）毕业证和学位证。自主择业的毕业生由毕业生本人携带毕业证和学位证。委培、定向毕业生的毕业证和学位证由学校主管部门在毕业生档案中寄送委培、定向单位人事主管部门。

（3）户口关系。毕业生本人在学校主管

部门办理户口关系迁转手续后，由本人携带，并到接收单位办理转入关系的手续。委培、定向生的户口关系由学校主管部门在毕业生档案中寄送委培、定向单位人事主管部门。

（4）档案关系。所有毕业生档案均不得由毕业生自己携带，而是由毕业生档案具体管理部门进行认真审核后，在毕业生离校后两周内，按照机要文件的要求，统一寄送到毕业生工作单位所归属的人事档案管理部门。

第三节　就业权益保护

从多年的实际情况看，即将步入社会的大学毕业生，往往会将注意力集中在简历制作、招聘信息收集、准备面试与笔试等方面，而忽视了对就业法律、法规及政策的学习和了解，再加上社会经验不足、自我保护意识差、就业竞争激烈、就业市场不够规范等多种原因，致使一部分毕业生在求职择业的道路上遭遇了各种各样的陷阱。因此，毕业生在就业过程中，一定要了解、熟知就业的相关政策法规，时刻保持清醒头脑，学会运用法律武器维护自己的合法权益。

一、法律保护

毕业生要熟悉和掌握国家就业相关法律、法规，强化自己的维权意识，一旦在求职应聘、签订就业协议和劳动合同的过程中发现权益受到侵害时，能够积极运用法律武器，争取和维护自己的合法权益。主要的法律、法规有：《中华人民共和国劳动法》《中华人民共和国劳动合同法》《中华人民共和国就业促进法》《中华人民共和国劳动争议调解仲裁法》《普通高等学校毕业生就业工作暂行规定》等。

（一）《中华人民共和国劳动劳动法》

《中华人民共和国劳动法》于 1994 年 7 月 5 日经第八届全国人民代表大会常务委员

会第八次会议通过，自 1995 年 1 月 1 日起施行，并于 2009 年、2018 年进行了修正。它根据宪法制定，目的是"为了保护劳动者的合法权益，调整劳动关系，建立和维护适应社会主义市场经济的劳动制度，促进经济发展和社会进步"。适用的范围是：在中华人民共和国境内的企业、个体经济组织和与之形成劳动关系的劳动者，国家机关、事业组织、社会团体和与之建立劳动合同关系的劳动者。内容包括：总则、促进就业、劳动合同和集体合同、工作时间和休息休假、工资、劳动安全卫生、女职工和未成年工特殊保护、职业培训、社会保险和福利、劳动争议、监督检查、法律责任。

毕业生应着重了解《中华人民共和国劳动法》中关于劳动者应享有的各项权利：平等就业和选择职业的权利、取得劳动报酬的权利、休息休假的权利、获得劳动安全卫生保护的权利、接受职业技能培训的权利、享受社会保险和福利的权利、提请劳动争议处理的权利以及法律规定的其他权利。

（二）《中华人民共和国劳动合同法》

《中华人民共和国劳动合同法》于2007年6月29日经第十届全国人民代表大会常务委员会第二十八次会议通过，自2008年1月1日起施行，于2012年修正。《中华人民共和国劳动合同法》从劳动合同的订立、履行、变更、解除到终止，明确了劳动合同双方当事人的权利和义务，重在对劳动者合法权益的保护。

《中华人民共和国劳动法》与《中华人民共和国劳动合同法》都是为了保护合法的劳动关系和双方的合法利益而制定的法律。《中华人民共和国劳动合同法》是《中华人民共和国劳动法》的特别法，在关于劳动合同的问题上，优先适用《中华人民共和国劳动合同法》。《中华人民共和国劳动合同法》并没有废止《中华人民共和国劳动法》，只是自然废止《中华人民共和国劳动法》中关于劳动合同的部分。

《中华人民共和国劳动合同法》突出了以下内容：一是立法宗旨非常明确，就是为了保护劳动者的合法权益，强化劳动关系，构建和发展和谐稳定的劳动关系；二是解决目前比较突出的用人单位与劳动者不订立劳动合同的问题；三是解决合同短期化问题。

案例

2008年1月10日，小王入职时，公司告知他有三个月的试用期，但是没有与小王签订书面的劳动合同。2008年3月15日，公司通知小王，由于他在试用期表现不佳，所以公司决定辞退他。小王觉得很委屈，因为在试用期内他确实努力工作而且自认为表现很好。在这种情况下，小王应该怎么办？

案例分析：公司应当在1月份之内与小王签订书面的劳动合同。根据《中华人民共和国劳动合同法》第十条规定：建立劳动关系，应当订立书面劳动合同。已建立劳动关系，未同时订立书面劳动合同的，应当自用工之日起一个月内订立书面劳动合同。由于公司截止到3月15日，仍然未与小王签订书面的劳动合同，因而违反了上述法律规定，根据《中华人民共和国劳动合同法》第八十二条规定：用人单位自用工之日起超过一个月不满一年未与劳动者订立书面劳动合同的，应当向劳动者每月支付二倍的工资。所以公司应当向小王支付2个月的双倍工资。

由于公司与小王之间没有订立书面劳动合同，根据《中华人民共和国劳动合同法》第十九条第四款规定：试用期包含在劳动合同期限内。劳动合同仅约定试用期的，试用期不成立，该期限为劳动合同期限。所以公司与小王口头约定的试用期是无效的。在此情况下，公司无权以小王在试用期表现不佳为由进行辞退。所以，公司辞退小王是一种违法的行为，按照《中华人民共和国劳动合同法》第四十八条的规定：用人单位违反本法规定解除或者终止劳动合同，劳动者要求继续履行劳动合同的，用人单位应当继续履行；劳动者不要求继续履行劳动合同或者劳动合同已经不能继续履行的，用人单位应当依照本法第八十七条规定，即依照本法第四十七条规定的经济补偿标准的二倍向劳动者支付赔偿金。所以，小王可以要求继续履行劳动合同，如果小王不要求继续履行劳动合同，用人单位应当按照经济补偿标准的二倍向小王支付赔偿金。

其他案例请扫描下面二维码扫码阅读。

（三）《中华人民共和国就业促进法》

《中华人民共和国就业促进法》于 2007 年 8 月 30 日经第十届全国人民代表大会常务委员会第二十九次会议通过，自 2008 年 1 月 1 日起施行，并于 2015 年修正。其制定的目的是为了促进就业，促进经济发展与扩大就业相协调，促进社会和谐稳定。人们普遍关心的禁止就业歧视、扶助困难群体、规范就业服务和管理等就业问题在这部法律中都有体现。

毕业生在就业中常常遭遇就业不平等、就业歧视等问题，《中华人民共和国就业促进法》给毕业生提供了明确的法律依据，应引起毕业生的特别关注。《中华人民共和国就业促进法》对公平就业、消除就业歧视、保障妇女、少数民族、残疾人、传染病患者等劳动权利都做了明确规定。用人单位违反《中华人民共和国就业促进法》实施就业歧视的，毕业生可以向人民法院提起诉讼，以维护自己平等就业的权利。

二、自我保护

毕业生就业权益保护的一个重要方面就是毕业生自我保护，主要体现在以下几个方面：

（一）增强意识

1. 增强自我保护的意识

（1）要端正求职心态，防止急躁情绪。激烈的就业竞争往往会使毕业生产生盲目、焦急和浮躁等不良心态，这就给一些不法单位和机构以可乘之机，诱骗毕业生。因此，毕业生要调整情绪，保持平稳心态，在求职前做好心理准备，防止因轻信他人而上当受骗。

（2）对用人单位进行全面深入了解，做到未雨绸缪。毕业生对用人单位有择业知情权，签约前，毕业生应通过多种途径了解用人单位的具体情况，最好能够实地考察，做到心中有数。

（3）慎签就业协议和劳动合同，不可盲目草率。签约时，毕业生应仔细阅读协议和合同的各项条款，以确保其中已明确了双方的权利和义务，没有漏洞，以免日后产生纠纷。

2. 增强法律意识

毕业生要用法律手段维护自己的权益，就必须学习掌握与就业有关的法律法规，增强法律意识，当自己权益遭受侵害时，能够积极运用法律武器，力争维护自己的合法权益。尤其是在签订就业协议、订立劳动合同和试用期这些用人单位容易钻空子的环节上，切记要确认是按法律程序进行。

3. 树立契约意识

毕业生与用人单位签订的就业协议是确立双方当事人之间劳动关系的一种契约，具有法律效力。毕业生在签约时要具备契约意识，一方面通过协议保护自己的合法权益，另一方面必须严格遵守就业协议，积极履行协议内容，未经对方同意时不得擅自毁约、违约，否则需要承担法律责任。

4. 增强维权意识

毕业生不但要明确自己在就业过程中享有哪些权利，还要具有维权意识，当权益受侵犯时，要敢于拿起法律武器据理力争，而不是选择忍气吞声，不了了之。只有这样，才能真正使自己处在与用人单位平等的地位上，自己的合法权益才能得到切实的保障。

（二）求助的途径

毕业生在自己权益受到侵犯时，不要惊慌失措，更不要冲动蛮干，要懂得运用合法途径保护自己的权益。

1. 依靠学校

求职中毕业生遇到问题，权益遭受侵犯时，应首先到学校的毕业生就业主管部门寻求帮助，学校有责任和义务维护学生的利益，学校对学生的保护最为直接。学校可以制定各项措施来规范用人单位的招聘行为，还有权抵制用人单位在招聘活动中不公正甚至是违法的行为。就业协议需三方同意才生效，对不符合规定的就业协议，学校有权不同意。对可以协商解决的问题，由学校与用人单位进行沟通，这有助于问题的顺利解决。

2. 依靠国家行政机关

当毕业生权益受到侵犯时，毕业生可向各级行政主管部门举报、投诉，主要部门包括毕业生就业主管部门、劳动监察部门、物价监察部门、技术监督部门、工商行政管理局等。这些部门会依法对侵犯毕业生合法权益的行为进行抵制和处理。

3. 借助新闻媒体

毕业生可以借助报纸、电视、网络等新闻媒体的力量，对自己遭受的权益受侵行为进行披露、报道，这样能够引起社会的关注和相关部门的重视，也充分发挥新闻媒体的舆论监督作用，从而促使问题的快速、有效解决。

4. 寻求法律援助

法律援助是指由政府设立的法律援助机构组织法律援助人员，为经济困难或特殊案件的人员给予免费提供法律服务的一项法律保障制度。法律援助是一项扶助贫弱、保障社会弱势群体合法权益的社会公益事业。毕业生遇到就业问题时也可以到当地的法律援助中心寻求法律帮助，主要形式有：刑事辩护和刑事代理，民事、行政诉讼代理，非诉讼法律事务代理，公证证明，法律咨询、代拟法律文书，其他形式的法律服务等。

5. 依靠司法机关

我国的《中华人民共和国民法通则》《中华人民共和国民事诉讼法》《中华人民共和国劳动法》《中华人民共和国行政诉讼法》《中华人民共和国刑事诉讼法》《中华人民共和国治安管理处罚条例》等法律、法规明确规定，被害人有权对侵犯其人身、财产权利的犯罪事实或犯罪嫌疑人，向公安机关、人民检察院或人民法院报案或提起诉讼。毕业生可在切身利益受到侵犯时，依靠司法机关保护自己的合法权益。

三、社会保险

社会保险是由国家通过立法，多渠道筹集资金，对劳动者在因年老、失业、生病、工伤、生育而减少劳动收入时给予的经济补偿，使他们能享有基本生活保障的一项社会保障制度。社会保险主要包括养老保险、失业保险、医疗保险、工伤保险和生育保险等，即为"五险一金"中的"五险"。"一金"是指住房公积金。其中养老保险、失业保险和医疗保险，这三种保险是由企业和个人共同缴纳保费（也就是通常所说的"三险"），工伤保险和生育保险完全是由企业承担的，个人不需要缴纳。社会保险费的缴纳情况见表 12-1。

表 12-1　社会保险费缴纳情况表

保险项目		保险费缴纳
养老保险	基本	国家、用人单位、职工
	补充	用人单位、职工
	个人储蓄	职工
医疗保险		用人单位（6%）、职工（2%）
工伤保险		用人单位
失业保险		国家、用人单位、职工
生育保险		用人单位

因此，找工作时一定要弄清楚用人单位是否为职工缴纳社会保险，不能只看表面薪资的高低，要看到社会保险是一种潜在福利和隐性待遇，眼光要放长远。有些社会保险如果中断，没有及时续缴，不够缴费年限，就会造成巨大损失。如养老保险必须累计缴纳满 15 年，方可按月领取基本养老金及丧葬补助费等。

案例

上班两年多的小李，离职后才发现公司一直没给他缴纳社会保险，于是他到劳动争议调解中心申请维权。不料当他要求原单位按应缴金额向其支付现金补偿时却遭到了驳回。律师解释为单位未缴社会保险，职工不能要求现金补偿，应到劳动监察部门投诉或举报，由其监督原单位为员工补缴。

案例分析： 为职工缴纳社会保险是用人单位的法定义务，公司未缴纳是违法行为。《中华人民共和国劳动法》要求用人单位和劳动者必须依法参加社会保险，缴纳社保费用，同时《中华人民共和国社会保险法》第四条也明确规定："中华人民共和国境内的用人单位和个人依法缴纳社会保险费，有权查询缴费记录、个人权益记录，要求社会保险经办机构提供社会保险咨询等相关服务。个人依法享受社会保险待遇，有权监督本单位为其缴费情况。"遇到单位未缴纳社保费时，职工可以到劳动监察部门举报投诉，由其监督单位补缴。如果合法权益因为单位未按时足额缴纳社保费而受到侵害，还可要求社会保险行政部门或社保费征收机构依法处理。

第四节　求职陷阱防范

大学生就业竞争日趋激烈，就业压力日渐加大，一些招聘单位、中介机构或个人，利用大学生社会经验不足、自我保护意识差、求职心切等弱点，以提供就业机会为诱饵，采用违背道德、违反法律等手段，与大学生达成权利与义务不对等的就业意向或协议，使大学生上当受骗，合法权益受到侵害。因此，广大毕业生在求职过程中应当学会识别和规避各种就业陷阱，增强自我保护意识。

一、求职陷阱的种类

（一）招聘面试阶段

1. 费用陷阱

一些用人单位在招聘中向毕业生收取各种名目的费用，加重了毕业生的负担，甚至有些根本就是骗取钱财。这些费用有风险抵押金、报名费、培训费、考试费、资料费、登记费、服装费等。有些毕业生不想错过机会，先把费用交了，但结果却是上当受骗。

还有一些非法人才中介机构以收取信息介绍费为目的，发布过时或子虚乌有的招聘信息，欺骗毕业生。我国《劳动力市场管理规定》第十条规定：用人单位招用人员时向求职者收取招聘费用、向被录用人员收取保证金或抵押金、扣押被录用人员的身份证等证件、以招用人员为名牟取不正当利益或进行其他违法活动等行为都是禁止的。

🔲 案例

某人才信息公司，一周时间内在网上发布招聘信息近千条，均为中介信息，并在每条信息的岗位描述中留下了该人才信息公司的邮箱和网址，要求求职者将个人简历直接发送至该信息公司的邮箱或登录用人公司网站应聘。求职者方小姐，在网上查询到了该公司的此类招聘信息，记下了该公司的邮箱和网站地址，没有在网上进行应聘，而是将个人简历通过 E-mail 发送到了该信息公司。该信息公司约见了方小姐，为其推荐了不少岗位，但要求方小姐每个岗位支付一定的介绍费用，并且如果面试成功，要支付给该信息公司首月工资的 50% 作为中介费用。

案例分析： 求职者切莫被这些中介公司描述的高薪或者高福利待遇所诱惑，这些有问题的招聘信息往往学历要求低，但报酬高，与市场规律不符，很具有诱惑力。求职者自身也要具有防范意识，对此类收费行为要坚决予以抵制。

2. 宣传陷阱

为了提高自身知名度，一些小企业会不失时机利用各种媒体和机会对企业或品牌形象进行宣传。对他们来说，在招聘会现场租下一个展位，或在网站、报纸等媒体上刊登一条招聘信息，最便宜的仅需几百元，却能赚足曝光度，他们在招聘会上挂出巨幅宣传画，将展位布置得极其鲜亮夺目，但其实并不是真的招聘员工，大学生在就业中应高度警惕这类企业。

案例

毕业生小李收到一家房地产公司的电子邮件，通知他去面试。由于小李并未向该公司投过简历，他怕遭遇"皮包公司"，为安全起见，决定上网先查一下。让小李惊讶的是，当他用谷歌搜索后发现，该公司居然用同一个电话、地址注册了4个公司，涉及医药、保险、建材等不同领域。该公司给求职毕业生的待遇异常优厚，而信息中对学历的要求竟然是中专以上即可。该公司以低学历要求求职的毕业生，却提出付相当高的工资，很值得怀疑。小李经向工商部门了解，该公司已不存在。这类公司是以低标准将毕业生招进来为公司干活，而其承诺的高工资是不会兑现的。

对此，求职毕业生应注意，如果接到一些自己并不熟知或者并未投递简历的公司的面试通知，应该事先向有关部门查询、核实该公司的真实情况，并上网搜索一下该公司的网站，确定其规模与用人需求，然后再去面试。

3. 传销陷阱

通俗来说，以销售或推销货品为名义，通过拉人入会，以收取入会费为主要营利途径的行为，即为传销。传销组织一般以推销商品、提供服务、项目投资等经营活动为名，要求参加者以缴纳费用或者购买商品、服务、投资等方式获得加入资格。鉴别传销的重要依据是其奖金制度是否具有金字塔分配特征。传销最大的特点就是"杀熟"，即指诱骗对象主要集中在"五同"，即同乡、同学、同室、同宗、同事，因为这些熟人之间更容易放松警惕。传销机构假借一些知名企业的名义发布虚假招聘信息，高薪诱骗毕业生进入非法传销团伙。

案例

西安某大学2010届毕业生贺某和其他毕业生一样，早早投入找工作的洪流，然而求职心切的她，却不慎被骗入一个传销团伙，并被诈骗万余元。

2010年3月初，贺某接到高中同学从山东打来的电话，告知山东某市有一单位在招聘，与贺某专业相符，而且待遇丰厚，希望贺某能来山东一起前往应聘。贺某听后深信不疑，简单告诉家人要去外地应聘，便急忙收拾行李，于两日后坐火车到达该市。一下火车，便受到高中同学的热情接待，不但替她安排住宿还全程陪同游玩，并约定第二天去公司应聘。第二天清晨，两人一起去所谓的"公司"应聘。"公司"在一个隐蔽的居民楼里，当两人到达"公司"时，贺某立即被几名陌生男子挟持进屋，将她随身携带的手机、钱包、证件等全部没收。慌乱中，贺某发现，高中同学此时已不见了踪影。在随后的几天里，贺某被三四名男子监视，根本无法走出房门一步，每顿饭也只有馒头和咸菜。除了吃饭睡觉之外，每天都有所谓的"老师"给他们洗脑。每次家人来电话、短信询问都要按管理人员的要求回答："一切挺好，请放心。"3月中旬，一男子要求她给家里人打电话，索要一万多元的会费，并威胁贺某，不交就不能离开。贺某只得打电话，对家长谎称在山东找工作时不小心损坏了他人的电脑，对方要求赔偿，大概需要一万元。家长信以为真，东拼西凑，凑够了一万元给贺某汇过去。传销人员收到钱后并没有如约放她，贺某处境依旧危难，只能听从安排，暗地寻找逃跑机会。在随后一次传销组织的大型聚会上，贺某借口上厕所，躲过了管理人员的监视，逃出了传销窝点，并向当地公安机关报案。

案例分析： 非法传销组织通常以"高薪""好工作"等美丽的幌子欺骗大学生，大学生涉世不深，社会经验不足，因求职心切而被同学、朋友以旅游、老乡会、同学聚会，甚至网友见面等借口欺骗，结果深陷泥潭，难以脱身。造成以上事件发生的原因有以下几方面。

（1）"发财就是成功"的观念扭曲了大学生的价值观和就业观。误入传销组织的学生大多数都是急于找工作，而忘记查阅单位资质、业界口碑，甚至连单位虚实都缺乏辨别能力。特别是当前就业竞争激烈，社会压力大，广大毕业生更想早日就业、创业，严重的功利心理扭曲了他们的价值观和就业观。

（2）初入社会，涉世不深，经验不足，导致大学生易轻信他人。大学生初入社会，生活阅历少，明辨是非能力差，容易轻信他人，特别是关系较好的同学、朋友。

（3）大学生辨识能力差，法律意识淡薄。对于非法传销的认识不足，急于求成，急功近利，在事情发生初期没有辨识出问题，事情发生后又因为法律意识淡薄，自我保护能力较弱，对自身心理和家庭造成了双重影响。

传销组织对于学校大学生的渗透和蛊惑是不遗余力的，他们除了采用常见的推销产品、一夜暴富等欺骗手段之外，还打着职业介绍、招聘兼职、网络营销等幌子，通过发传单、找中介或在招聘求职类网站发布信息，向在校大学生发送手机短信、电子邮件等方式，不择手段地进行诱惑欺骗，获取求职心切又缺少经验的大学生的信任。非法传销分子正是利用大学生难以抵御所谓的高薪引诱这种心理，借助一些新的营销理论来粉饰自己，用花言巧语攻破大学生心理防线，使其甘愿落入传销组织的圈套中无法自拔。毕业生在应聘过程中，一定要提高警惕，增强防骗意识，多借双慧眼看、多费些口舌问、多长个脑袋想、多设一根弦提防。一旦碰到用人单位工资待遇奇高，对人员聘用解答又支吾不清时，就要引起高度警惕，不要被"高待遇，高回报"的谎言骗入陷阱。对入职条件过于简单，欠缺一定手续的用人单位，毕业生要多加留意，应该在应聘或入职前了解清楚相关信息，还可以致电公司的人力资源部询问相关信息。

4. 安全陷阱

就业市场上鱼龙混杂，一些不法分子常常利用就业市场的平台，利用大学生求职心切的心态进行违法犯罪活动。一般类似KTV工作、侍者、伴游等不正当交易，女大学生千万要擦亮眼睛，不要以身试险。

5. 智力陷阱

一些公司以招聘为名，把该公司遇到的问题以考题的形式要求应聘者作答，或是针对与该公司有关的特定题目要求应聘者做案例分析等，进而窃取获得优秀的设计或方案，甚至知识产权，造成求职者工作没着落，成

果反被窃。因此在不能判断招聘单位真实意图，又想取得工作的情况下，求职者需要对自己的劳动成果进行保护。

6. 信息陷阱

有些不法分子将求职者的姓名、住址和电话号码及身份证号码转让给他人或中介机构牟取不正当利益。这种行为侵犯了求职者的隐私，有时会给求职者的生活带来困扰。大学生在应聘过程中要注意保护自己的信息资料，不要随意泄露。

7. 高薪陷阱

求职中，毕业生往往容易被优厚的待遇、高额的工资所吸引，但等到正式开始工作时才发现，用人单位以各种各样的理由和借口不予兑现招聘时做出的承诺，或是用人单位对薪酬中的不确定收入部分给予的是虚假或模糊的承诺，最终不能兑现。针对这些情况，毕业生一定要在求职时对用人单位做深入了解，不要盲目签约。

（二）签订就业协议书和劳动合同阶段

1. 试用期陷阱

试用期是用人单位与劳动者建立劳动关系后为相互了解、相互选择而约定的考察期，是毕业生工作的第一个阶段，也是和用人单位最容易出现纠纷的阶段。《中华人民共和国劳动合同法》第十九条对试用期劳动者的权益保护进行了明确规定："劳动合同期限三个月以上不满一年的，试用期不得超过一个月；劳动合同期限一年以上不满三年的，试用期不得超过两个月；三年以上固定期限和无固定期限的劳动合同，试用期不得超过六个月。"试用期陷阱主要有以下几种。

（1）在试用期内无正当理由辞退毕业生。由于毕业生可以在试用期内无条件地解除劳

动合同，很多用人单位就认为自己也可以拥有同样的权利，由此导致的结果就是用人单位在试用期即将结束时随心所欲地将毕业生辞退，甚至绝大多数毕业生也认为这是理所当然的事情。其实用人单位在试用期内辞退毕业生是有条件的，即毕业生只有在试用期间被证明不符合单位录用条件的，用人单位才可以随时解除劳动合同。

（2）试用期不签订劳动合同，试用合格后才签劳动合同。法律规定，劳动合同可以约定试用期，试用期应当包含在劳动合同期限内。因此，毕业生在被用人单位录用后就应该订立劳动合同，双方在法律、法规允许的范围内约定试用期。

（3）随意延长试用期。依据《中华人民共和国劳动法》及相关劳动法规的规定，试用期一般是三个月，最长不得超过六个月。一些用人单位为节省成本，经常规定过长的试用期，有的甚至达到一年。

（4）要求毕业生在试用期内承担违约责任。许多毕业生因工作不满意而在试用期内向单位提出辞职时，单位往往要求其承担违约责任，理由是试用期是劳动合同期限的一部分，毕业生此时提出辞职，已是在劳动合同生效之后，已属违约行为。殊不知劳动法设立试用期的目的就在于给予双方以相互考察、相互了解的期限，这个期限的特殊性就在于虽然劳动合同已经生效，但是任何一方因不满意对方而解除劳动合同时，都不需承担违约责任。

案例

小姜刚于某高校计算机系毕业，近日应聘了某广告公司的网络管理员岗位。该岗位的招聘信息中明确表示月薪1000～1500元，且工作性质为合同制，因此小姜便欣然前往应聘。小姜被录用后与单位签订了一份见习协议，在之后两个月的时间内，该单位每个月均仅支付给他420元的见习补贴，小姜察觉到其中可能有问题，立即到劳动部门进行核实。原来该广告公司并非见习基地，原则上不允许招收见习学员，它仅仅是想利用见习名义使用廉价劳动力。

案例分析：求职者在应聘见习岗位前必须要理解"见习"的真正含义。所谓职业见习是指组织学员进入企业在实际工作岗位上进行一段时间的实践性见习，以提高其动手能力，丰富其工作经验，增强上岗适应性，尽快实现就业。见习期内，见习学员与见习单位不建立劳动关系。发布见习岗位的用人单位必须具有见习基地资质，其他任何单位发布所谓见习岗位都不合法。上述单位以合同制为诱饵，骗取求职者廉价劳动力后，以见习的说法推脱法律责任则更为恶劣。

求职者与用人单位签订工作合同时要搞清楚"合同"与"见习协议"的区别，不要被用人单位的一面之词所误导。求职者在签订"见习协议"时要留心这家用人单位是不是具有见习基地资质。如果出现案例中的情况，应及时向劳动保障部门咨询或反映。

2. 合同陷阱

现实生活中，有些用人单位在与毕业生签订劳动合同时采用欺诈、胁迫等手段设置陷阱，严重侵害了毕业生的合法权益。合同陷阱一般有以下几种形式：①口头合同，用人单位与毕业生就责、权、利达成口头约定，不签订书面正式文本；②单方合同，用人单位在劳动合同里只约定毕业生的义务和用人单位的权利，而对毕业生的权利和用人单位的义务却很少，甚至是根本不提；③生死合同，一些高危行业的用人单位会要求毕业生接受合同中的"生死协议"，即一旦发生意外，企业不承担任何责任；④真假两份合同，假合同内容按照劳动部门的要求签订，以应付有关部门的检查，真合同往往是从用人单位利益出发的违法合同；⑤格式合同，用人单位采用的是根据劳动部门签订的合同示范文本打印的聘用合同，从表面上好像没有什么问题，但具体文字却表述不清，甚至可以有多种解释。

总而言之，与用人企业签合同时，一定要擦亮眼睛，谨慎签订。求职者要"三看"：一看企业是否经过工商部门登记以及是否在企业注册的有效期限，否则所签合同无效；二看合同字句是否准确、清楚、完整，不能用缩写、替代或含糊的文字表达；三看劳动合同是否有一些必备内容，包括：劳动合同期限、工作内容、劳动保护和劳动条件、劳动报酬、社会保险和福利、劳动纪律、劳动合同终止的条件、违反劳动合同的责任等。必须签书面合同，试用期内也要签合同。

案例

毕业生小潘在一次现场招聘会上看到一家单位非常适合自己，对招聘广告上"单位每月提供住房补贴500元"感到很满意。但后来，小潘发现她的工资单里并没有500元的住房补贴。她马上向办公室反映，办公室工作人员说该补贴单位已取消了，并拿出了双方签订的劳动合同给小潘看，合同上也没有约定单位要支付她该补贴。小潘哑口无言。

案例分析：一般来说，招聘广告中的承诺，在法律上并非是要约，而是要约邀请。用人单位对招聘广告中的内容并非必须承担履行义务。作为毕业生，如想要招聘单位兑现招聘广告中的承诺，最好将这些承诺写入双方的劳动合同条款中，由《中华人民共和国劳动法》的约束力来督促用人单位向毕业生履行承诺。如小潘，当初在与单位签订劳动合同时，就应该仔细查看合同内容中是否有关于住房补贴的条款。

此外还有薪酬缩水、待遇不兑现、保险问题、违法辞退、违法收取高额违约金等陷阱，毕业生求职路上一定要提高警惕，擦亮眼睛。

二、求职陷阱的防范——识别陷阱"二三四五法"

（1）坚持"两大原则"：不缴纳任何费用，不随便签字。

（2）注意"三忌"：一忌贪心，二忌急心，三忌糊涂心。

（3）运用"四法"：通过"望、闻、问、切"多种途径了解公司背景。

在求职者正式进入单位之前，想方设法加强对企业的了解，以免误入骗子设下的陷阱，比如注意招聘单位的营业执照等相关证件。

①望。仔细观察公司的外部环境和人员情况、办公所在地的环境、公司人员的基本素质等。这些基本情况都可以较为真实地传递出公司的基本情况。正规的单位都有固定的办公场所，若面试地点在临时租借的民房或者小宾馆，或是办公现场十分简陋，"一间门面，一部电话，几把椅子"，要格外提高警惕。

②闻。通过上网找资料、发帖询问等，了解用人单位的经营发展概况。对那些无法通过网站资源搜索找到的小公司，可以通过和公司的前台人员、保安、一般职员聊天来了解公司现状。

③问。关乎自己切身利益的事情，千万别不好意思张口，要对亲人、老师、专业人士、同学、朋友等进行有目的的探询。他们会站在第三者的客观角度提供行之有效的意见和建议。

④切。直接交手，试探虚实。在面试时，不能只做一个回答者，有提问的机会千万要牢牢把握，别轻易失去一次绝佳的了解企业的机会。在应聘过程中，留心观察工作人员的"形迹"，若是所谓"经理"没有任何专业素养，面试时只谈"收钱"的肯定是问题公司。

（4）学会"五大防身术"：所签合同必须合法，关注内容应仔细，相关知识不能少，劳动合同及时签，对合同文本要细推敲。

参考文献

[1] 张振刚，雷育胜，等．大学生学习与职业生涯规划 [M].北京：清华大学出版社，2014.

[2] 葛玉辉．职业生涯规划与管理 [M].北京：清华大学出版社，2014.

[3] 吴宝龙，张立新，张立莉．职业生涯规划与自我修炼 [M].北京：清华大学出版社，2014.

[4] 熊苹．职业生涯规划 [M].北京：清华大学出版社，2014.

[5] 侯同运，谷道宗，韦统友，等．大学生职业发展与就业创业指导 [M].山东：山东人民出版社，
2014.

[6] 潘旭阳，袁龙，初冬青．大学生职业生涯发展与素质训练 [M].天津：南开大学出版社，
2014.

[7] 李家华．创业基础 [M].北京：北京师范大学出版社，2013.

[8] 李家华，谢强．创业基础：教学手册 [M].北京：北京师范大学出版社，2014.

[9] 王艳茹，王兵．创业基础：课堂操作示范 [M].北京：北京师范大学出版社，2014.

[10] 康桂花，姚松．创新创业基础 [M].北京：科学出版社，2018.

[11] 刘志阳，李斌，任荣伟，等．创业管理 [M].上海：上海财经大学出版社，2016.

[12] 王艳茹．创业基础如何教：原理、方法与技巧 [M].北京：清华大学出版社，2017.

[13] 张利．第一桶金：大学生创业篇 [M].北京：中国纺织出版社，2015.

[14] 钟谷兰，杨开．大学生职业生涯发展与规划 [M].2 版．上海：华东师范大学出版社，2015.

[15] 李晓波，杨志春．大学生职业生涯规划与发展 [M].2 版．北京：化学工业出版社，2014.

[16] 吕厚超．职业生涯规划与辅导 [M].重庆：西南师范大学出版社，2014.

[17] 罗明忠．大学生职业生涯规划与就业指导 [M].北京：科学出版社，2015.

[18] 张光旭．孙彩惠，杨永宁．大学生职业生涯发展与规划 [M].北京：北京师范大学出版社，
2013.

[19] 杨俊峰．职业指导实务 [M].上海：复旦大学出版社，2013.

[20] 曾少华，钟芳勤．大学生就业指导与职业生涯规划 [M].北京：人民邮电出版社，2013.